# Mit Dialogmarketing zum Erfolg

Ein Praxisratgeber für den Mittelstand

**Impressum:**

**Herausgeber:**

Siegfried-Vögele Institut (SVI)
Internationale Gesellschaft für Dialogmarketing mbH
Ölmühlweg 12
D- 61462 Königstein/Ts.

**Verlag:**

Varus Verlag
Am Bonner Bogen 6
D- 53227 Bonn

Das Werk einschließlich aller seiner Teile ist urheberrechtlich geschützt. Jede Verwertung außerhalb der engen Grenzen des Urheberrechtsgesetzes ist ohne schriftliche Genehmigung des Verlages unzulässig und strafbar. Dies gilt insbesondere für Vervielfältigungen, Übersetzungen, Mikroverfilmungen und die Einspeicherung und Verarbeitung in elektronischen Systemen.

Die Rechte an den Abbildungen im Inhalt liegen bei den jeweiligen Autoren; diese haben dem Verlag zugesichert, dass dabei keine Rechte Dritter beeinträchtigt werden.

Alle Rechte vorbehalten: © Bonn 2010

Printed in Germany

ISBN 978-3-941231-04-7

*Liebe Leserinnen, liebe Leser,*

die heutige Zeit ist durch intensiven Wettbewerb, Preisdruck und immer geringere Kundentreue gekennzeichnet. Deshalb wird es für Unternehmen immer wichtiger, durch gezielte Maßnahmen bestehende Kundenbeziehungen zu erhalten – und neue Kunden zu gewinnen, die zum Unternehmen passen und langfristig bleiben.

Für kleinere und mittlere Unternehmen (KMUs) gelten dabei eine Vielzahl von Besonderheiten. Allerdings kennen gerade mittelständische Unternehmen ihre Kunden und deren Bedürfnisse meist sehr genau – und haben somit einen großen Vorteil gegenüber größeren Unternehmen, wenn es um das Unterbreiten gezielter Angebote an ihre Kunden geht.

Dialogmarketing ist in der Lage, diesen Vorteil schnell und effizient umzusetzen – beispielsweise durch gezielte Maßnahmen zur Kundenbindung und Neukundengewinnung. Bislang gab es jedoch keine Publikation, die ganz konkret auf mittelständische Unternehmen und ihre Besonderheiten zugeschnitten gewesen wäre.

Die Notwendigkeit, hier fundierte Unterstützung zu leisten, haben mir meine berufliche Tätigkeit und zahlreiche Gespräche immer wieder vor Augen geführt. Daraus entstand die Idee, Ihnen einen ebenso informativen wie praxisorientiert ausgerichteten Leitfaden für die Bewältigung der aktuellen Herausforderungen an die Hand zu geben.

Das Resultat sehen Sie vor sich: Vor Ihnen liegt der erste Dialogmarketing-Ratgeber, der speziell auf mittelständische Unternehmen zugeschnitten ist. Dieser Ratgeber unterstützt Sie verständlich, beispielorientiert und praxisgerecht dabei, durch gezielte Dialogmarketing-Maßnahmen bestehende Kunden zu halten und neue Kunden zu gewinnen.

Das vorliegende Buch ist in drei Teile geteilt: Dabei erläutert Teil I, welche Besonderheiten für KMUs im Bereich der Werbung gelten und warum sich gerade für diese Unternehmen Dialogmarketing als effizientes Instrument anbietet.

Teil II geht in die Details: Er zeigt die Vorgehensweise bei der Planung und Umsetzung von Dialogmarketing-Maßnahmen auf und verdeutlicht, welche Faktoren dabei zu beachten sind.

Zugleich erläutert er, welche Chancen die gezielte Kombination von Print- und Online-Maßnahmen bietet, und stellt bewährte Angebote zur einfachen, kosteneffizienten und praxisgerechten Umsetzung vor.

Wie erfolgreiches Dialogmarketing in der Praxis aussieht, belegen die „Best Cases" in Teil III. Die hier ausführlich in Wort und Bild dargestellten 31 Praxisbeispiele wurden von den Direkt Marketing Centern (DMCs) der Deutschen Post AG zusammengetragen und zeigen erfolgreiche Dialogmarketing-Aktivitäten aus acht Branchen, die bereits von Dialogmarketing profitieren – so u.a. Einzelhandel, Produzierendes Gewerbe, Handwerk und Dienstleistungen.

Der vorliegende Praxisratgeber trägt das Qualitätssiegel von Prof. Siegfried Vögele, der branchenübergreifende und dialoggerechte Regeln für die Gestaltung von Mailings entwickelt hat. Es bietet eine gelungene Zusammenfassung von Ideen, Prozessen und Instrumenten des Dialogmarketings und liefert zugleich eine Vielzahl von Anregungen, Hinweisen und Beispielen, die nicht nur praxisnah und verständlich, sondern auch sofort anwendbar und leicht umsetzbar sind.

Ich wünsche Ihnen eine interessante Lektüre und viel Erfolg beim Umsetzen der vielfältigen Lösungsvorschläge in Ihrem Unternehmen!

Bonn, im Oktober 2010

*Raimund Petersen*

### Danksagung

Ein gelungenes Buchprojekt bedarf einer Vielzahl von Personen, die die Realisierung „im Hintergrund" begleiten. Mein Dank gilt hier zunächst allen Kunden und den Leitern der Direkt Marketing Center. Ihre Fallbeispiele belegen, wie gerade mittelständische Unternehmen erfolgreich Dialogmarketing betreiben können; Sie haben so einen wichtigen Beitrag zur Praxisnähe des Buchs geleistet.

Zu besonderem Dank bin ich Prof. Siegfried Vögele verpflichtet, der dieses Werk in seinem Namen zertifiziert hat. Mein Dank geht zudem an die beteiligten Autoren – Thorsten Schäfer, Prof. Matthias Neu und Dr. Torsten Schwarz – und Co-Autoren – so u.a. Ingrid Hillen und Dr. Björn Stüwe. Danken möchte ich schließlich auch meinem Mitarbeiter Marc Köhler für sein besonderes Engagement bei der Koordination der Beteiligten sowie der Realisierung des Buchs.

### Hinweis

Für weiterführende Informationen zu den hier vorgestellten Praxis-Tools oder zur Prof. Vögele Dialogmethode® stehen Ihnen die zahlreichen Direkt Marketing Center (DMCs) der Deutschen Post AG als hilfreiche Ansprechpartner zur Verfügung. Dort erhalten Sie wertvolle Tipps und Unterstützung bei allen Fragen rund um die Konzeption, Kreation und Postauflieferung von Mailings oder Beratung zur optimalen crossmedialen Verzahnung von Dialogmarketing-Maßnahmen. Unsere Dialog Marketing Fachwirte beraten Sie selbstverständlich gratis und ganz persönlich – auf Wunsch auch in Ihrem Unternehmen.

Aktuelle und regionalspezifische Informationen zu Ihrem nächstgelegenen DMC-Standort finden Sie unter *www.direktmarketing-center.de*.

## TEIL I
### Erfolgsfaktor Dialogmarketing — 9

**1. Die KMUs – große Power im Verborgenen** — 10

**2. Massenansprache ist out – der Dialog zählt!** — 11
- Klassische Werbung vs. Dialogmarketing — 11
- Direktmarketing vs. Dialogmarketing — 12

**3. Dialog ist vielfältig** — 16

## TEIL II
### Dialogmarketing: Wie es funktioniert — 19

**1. Die vier Phasen des Dialogmarketings** — 20

**2. Die Bedeutung der Marktforschung** — 21
- Der Ablauf — 21
- Die Datengewinnung — 22

**3. Gute Planung macht sich bezahlt** — 23
- Fehler vermeiden! — 23
- Planungsebenen und -schritte — 24
- Planungsgrundlagen — 25
- Strategieplanung — 25
- Detailplanung — 26

**4. Wie bestimme ich „meine" Zielgruppe(n)?** — 27
- Wie können Zielgruppen segmentiert werden? — 27
- Was ist eine Lifestyle-Segmentierung und wie nutzt man sie? — 28
- Was bietet die mikrogeografische Segmentierung? — 29
- Zielgruppen-Segmentierung bei Geschäftskunden (B2B) — 30

**5. Wie komme ich an gute Adressen?** — 32
- Die Vorgehensweise bei einer Adressmiete — 32
- Miete und Nutzung von Business-Adressen (B2B) — 33
- Miete und Nutzung von Consumer-Adressen (B2C) — 34

**6. Von der Kundenzufriedenheit zur Kundenloyalität** — 36
- Was bedeutet Kundenzufriedenheit? — 36
- Was bedeutet Kundenbindung? — 38
- Der Zusammenhang zwischen Kundenzufriedenheit und Kundenbindung — 38
- Kundenbeziehungs-Management (CRM) — 39
- Aufgaben eines Kundenbindungs-Managements zur Sicherung der Kundenloyalität — 39

**7. Viele Wege, ein Ziel: Medien im Dialogmarketing** — 41
- Was versteht man unter „Integriertem Dialogmarketing"? — 43
- Die Verzahnung von Print- und Online-Maßnahmen am Beispiel Versandhandel — 44

**8. Stets bewährt: Das Mailing** — 46
- Die Bestandteile eines Mailings — 46
- Die Entwicklung eines Mailings in der Praxis — 47

**9. Wie wirkt's? Wertvolle Tipps für die Mailing-Gestaltung nach Prof. Vögele** — 49
- Das Produkt als Erfolgsfaktor — 49
- Strategien zur Gestaltung eines Mailings — 49
- Die Prof. Vögele Dialogmethode®: Das Mailing als schriftliches Verkaufsgespräch — 51
- Die Idee des schriftlichen Verkaufsgesprächs — 52
- Mündlicher und schriftlicher Dialog – die Unterschiede — 53
- Das Leseverhalten — 54
- Die Dialogformel — 55
- Erfolgreich Mailings texten – so funktioniert's! — 56

## 10. Wissenswertes über Response-Beilagen und -Anzeigen — 61
- Response-Beilagen als Verkaufs-Verstärker — 61
- Wie gestalte ich eine Response-Anzeige? — 61

## 11. Wichtig: Permission Marketing! — 63

## 12. Dialogmarketing im Business-to-Business — 64

## 13. Nachweisbar wirtschaftlich: Die Kontrolle von Dialogmarketing-Aktionen — 66
- Erfolgsmessung im „klassischen" Marketing — 66
- Erfolgsmessung im Dialogmarketing — 66
- Was bedeuten Effizienz und Effektivität? — 67
- Wie wird eine Kaufentscheidung getroffen? — 68
- Die „Black Box" des Käufers — 68
- Was ist die AIDA-Formel und wie kann sie auf die Mailing-Gestaltung übertragen werden? — 69

## 14. So funktioniert's! Response-Messung in der Praxis — 70
- Wie liest man eine Response-Statistik? — 70
- Wie verläuft eine typische Response-Kurve? — 70
- Wieviele Bestellungen konnte ich realisieren? — 71
- Welche Ergebnisse hatte meine Mailing-Aktion? — 71

## 15. Alles lässt sich testen! — 73
- Was kann im Dialogmarketing getestet werden? — 73
- Was ist bei Stichproben zu beachten? — 73

## 16. Vom Wert des Kunden — 75
- Welche Methoden der Kundenbewertung gibt es? — 75
- Welche Wirkung hat die Kontaktfrequenz auf unterschiedliche Kundengruppen? — 76
- Was sind Kundenportfolios zur Kundenbewertung? — 81
- Was ist „Customer Lifetime Value (CLV)"? — 82

## 17. Controlling konkret (am Beispiel Mailing) — 83
- Mailingkosten – die Bestandteile — 83
- Was ist ein Deckungsbeitrag? — 84
- War die Mailing-Aktion tatsächlich erfolgreich? — 84

## 18. Willkommen im Web 2.0! Regeln für erfolgreiche Online-Werbung — 86
- Welchen Nutzen bringt mir das Internet? — 86
- Wo steht das Online-Marketing heute? — 86
- Hohe Usability bedeutet zufriedene Besucher — 87
- Suchmaschinen-Optimierung bringt neue Kunden — 87
- Tipps zur Google-Optimierung — 88
- Banner- und Suchwortanzeigen — 89
- Affiliate- und Mobile-Marketing — 89
- Web 2.0 – das Mitmach-Web — 90
- Was verbirgt sich hinter dem Begriff „Twitter"? — 93
- E-Mail-Marketing im Web 2.0-Zeitalter — 94
- E-Mail-Adressen – Fehler vermeiden! — 95
- Wie gestalte ich responsestarke E-Mails? — 95
- Werbe-E-Mails – der erste Eindruck zählt! — 96
- Wie erreiche ich mehr Aufmerksamkeit mit meinen Werbe-E-Mails? — 96
- Wie werden meine E-Mails von Spam-Filtern nicht als Spam klassifiziert? — 98
- Welche Rechtsgrundlagen gelten für seriösen Werbe-E-Mail- und Newsletter-Versand? — 98

## 19. Wirkungsvolle Praxis-Tools im Dialogmarketing — 101
- Praxis-Tool „Augenkamera" — 102
- Praxis-Tool „Medienwirkungs-Analyse" — 107
- Praxis-Tool „ZielgruppenScout®" — 110
- Praxis-Tool „Mailingfactory" — 114
- Praxis-Tool „Dialog Manager Online (DMO)" — 117
- Praxis-Tool „Werbemanager" — 118
- Praxis-Tool „allesnebenan.de" — 121
- Praxis-Tool „Adressdialog" — 124

## TEIL III
### Best Practice (Fallbeispiele) — 127

**1. Autohäuser** — **130**
- Autohaus Langenstrassen: Mit Mailings, Events und ostfriesischem Flair zum Erfolg — 130
- Autohaus Hanko: Hervorragende Reaktion auf Aktionstage — 134
- Auto & Service PIA: 1.300 Besucher zur Einführung des VW Tiguan — 138
- Auto-Sport-Stopka: Spektakulärer Return on Investment! — 140

**2. Hotels und Gaststätten** — **144**
- Griesbacher Hof: Mit „Kelleradressen" zu neuen Gästen — 144
- Der Öschberghof: Wellness-Begeisterung dank „Badeschlappen"-Mailing — 148
- Hotel Prisma: 600 Buchungen in sechs Wochen — 152
- Hotel Hanse Kogge: Mit „Hanse-Kogge Urlaubswelten" ins Herz der Zielgruppe — 156

**3. Produzierendes Gewerbe** — **160**
- Uniphy Elektromedizin: Effiziente Direktansprache von Ärzten — 160
- Swagelok/B.E.S.T. Fluidsysteme GmbH München: Erfolgreicher dank Crossmedia — 164
- SenerTec Center: Erfolgreiches Dialogmarketing für den „Dachs" — 168
- Licharz: Adresspotenzial voll genutzt — 172
- Riebsamen: Mehr Bekanntheit für den Glasboy! — 176
- thermo-plastic: Spannen Sie den Bogen weiter! — 180
- Marburger STS: Sägewerke sind besonders attraktiv — 184
- ABT: Mit innovativem Mailing direkt zum Kunden — 188

**4. Groß- und Einzelhandel** — **190**
- frischeKISTE: Sonniges Hoffest, viele neue Kunden! — 190
- Metzgerei Winterhalter: Mit herzhaften Grüßen aus dem Schwarzwald! — 194
- Lemberg-Kaviar: Genuss auf Bestellung — 198
- Möbel Weber: Im kontinuierlichen Dialog mit den Kunden — 202
- Raiffeisen-Warenzentrale Kurhessen-Thüringen: Alte Liebe rostet nicht! — 206
- Landmetzgerei Schießl: Wurst- und Fleischpäckchen über alle Grenzen — 210
- Modehaus Grehn: Mit Sonnenblumen ins Herz der Neukundin — 214
- Fahrradies: Ein wahres Fahr(rad)vergnügen! — 218

**5. Handwerk und Bau** — **220**
- Freundlieb: Mit Werbemittelmix zu neuen Kunden — 220
- GaWaSan: Weihnachtsmann sorgt für bessere Auslastung — 222
- Malermeister Ingo Wehner: 84 Prozent Umwandlungsquote! — 226

**6. Banken und Versicherungen** — **228**
- Volksbank Neckartal: Ein KUSS für die Kunden — 228

**7. Dienstleistungen** — **232**
- SHK: Erfolgreiches Händlerkonzept für Badplaner — 232

**8. Verbände und Vereine** — **236**
- interkey: Marketing-Know-how vom Branchenverband — 236
- Winzerverein Deidesheim: Spitzenwein + Spitzenmailing = Spitzenerfolg! — 240

**Literatur- und Stichwortverzeichnis**

**Glossar**

# Teil I

**Erfolgsfaktor Dialogmarketing**

## 1. Die KMUs* – große Power im Verborgenen

Der Mittelstand steht für Unternehmergeist und Innovation. Aber nicht nur das – die KMUs bilden auch das Fundament der deutschen Wirtschaft! So erbringen die ca. drei Millionen mittelständischen Firmen nicht nur rund 47 % der Bruttowertschöpfung in Deutschland, sondern beschäftigen auch 71 % aller Mitarbeiter und bilden 83 % aller Lehrlinge aus.

Trotz ihrer enormen Bedeutung für die deutsche Wirtschaft arbeiten die meisten KMUs vorwiegend im Verborgenen. Diese Zurückhaltung mag am Charakter ihrer Produkte und Dienstleistungen sowie der oft vergleichsweise geringen Betriebsgröße liegen. Dabei stellen sich die KMUs dem täglichen Wettbewerb ungleich stärker als manche Großkonzerne; denn ihre Eigentümer tragen das Unternehmensrisiko in aller Regel selbst.

Kleinere Unternehmen können sich nur durch ständige Neuentwicklungen und eine große Marktnähe langfristig behaupten. Oft sind sie zudem stark spezialisiert und auf ein enges Marktsegment fokussiert.

Mittelständische Unternehmen zeichnen sich zugleich durch ihre hohe Innovationskraft aus: Gerade KMUs schaffen häufig erfolgreich neue Märkte im privaten und gewerblichen Bereich. Visionäre Unternehmer und engagierte Mitarbeiter sorgen dafür, dass KMUs in der globalisierten Weltwirtschaft oft sehr erfolgreich bestehen – und so manches Mal den Großen in puncto Qualität und Kundenorientierung sogar die entscheidende Nasenlänge voraus sind.

---

* KMUs = Kleine und Mittlere Unternehmen

## 2. Massenansprache ist out – der Dialog zählt!

### Klassische Werbung vs. Dialogmarketing

Bis vor Kurzem setzten insbesondere große werbetreibende Unternehmen vor allem auf „Klassische" Werbung". Darunter versteht man Werbung, die z.B. im Fernsehen, im Radio und in den Print-Medien erfolgt und keine Rückmelde- bzw. Rückkopplungsmöglichkeit bietet.

Eine solche „Massenansprache" ist jedoch meist sehr kostspielig, da sie sich an weitestgehend anonyme Empfänger richtet. Dies aber bringt häufig hohe Streuverluste mit sich, da ja nicht gesichert ist, ob beispielsweise ein TV-Spot auch tatsächlich die gewünschte Zielgruppe erreicht.

Heute hingegen setzen die meisten Unternehmen auf eine individuellere Kundenansprache. Sie pflegen einen dauerhaften Dialog mit ihren Kunden – und das im Idealfall über alle möglichen Kanäle. Denn Kunden werden immer anspruchsvoller: Sie möchten zunehmend selbst entscheiden, über welchen Kanal – z.B. E-Mail, Brief, Telefon, SMS, Fax oder Internet – sie mit einem Unternehmen in Kontakt treten. Deshalb reicht heute ein einziger Kommunikations- und Distributionsweg zum Kunden nicht mehr aus. Die Folge: Auch KMUs müssen ihren Kunden alle Kanäle aktiv anbieten – und dies zudem entsprechend kommunizieren.

Wer zu seinen Kunden eine Beziehung aufbauen möchte, sollte mit ihnen im Dialog stehen und ihnen zuhören. Denn dadurch lernt das Unternehmen die Bedürfnisse seiner Kunden kennen. Dies wiederum ermöglicht es dem Unternehmen, seinen Kunden individuelle Angebote zu unterbreiten – und genau damit diese Kunden langfristig an sein Unternehmen zu binden. Treue Kunden aber führen zu einem ebenso sicheren wie steigenden Gewinn.

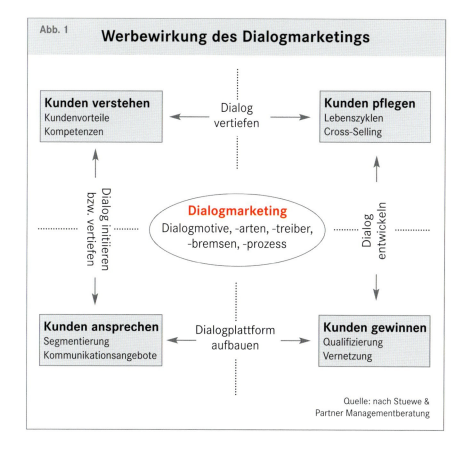

Abb. 1 Werbewirkung des Dialogmarketings

Quelle: nach Stuewe & Partner Managementberatung

### Direktmarketing vs. Dialogmarketing

Auch wenn beide Begriffe ähnlich klingen mögen; identisch sind sie nicht: Denn Direktmarketing setzt in erster Linie auf die einseitige Informationsvermittlung (also vom Unternehmen zum Kunden/Interessenten). Im Dialogmarketing hingegen geht es um beidseitige Kommunikation – also den Dialog mit den Kunden. Im Dialogmarketing wird der Kunde – ganz unabhängig vom verwendeten Medium, z.B. Brief, E-Mail oder Fax – stets über ein Antwort(Response)-Element zur aktiven Aufnahme des Dialogs ermutigt. Dieser Dialog ist eröffnet, wenn der Adressat einer Marketing-Aktion tatsächlich antwortet, die Maßnahme also eine aktive Response hervorruft.

Wer einen solchen Dialog in angemessenen Zeitabständen pflegt, gewinnt zunehmend mehr Wissen über seine Kunden. Dialogmarketing sorgt somit für eine aktuelle und breite Datenbasis. Diese aktuellen Daten sind ein entscheidender Erfolgsfaktor, wenn es darum geht, dem richtigen Kunden oder Interessenten zum richtigen Zeitpunkt das genau für diesen Kunden oder Interessenten richtige Angebot zu unterbreiten. Denn je besser ein Unternehmen seine Kunden kennt, desto passendere Angebote kann es ihnen machen!

Dialogmarketing dient aber nicht nur dazu, Kundennähe und somit Kundenbindung aufzubauen, sondern kann die Kunden oder Interessenten auch direkt zum Kauf eines Produktes oder einer Dienstleistung führen.

Warum aber ist dieser Dialog so wichtig? Die Antwort: um der Kundenfluktuation entgegenzuwirken. Denn erfahrungsgemäß verliert ein Unternehmen durchschnittlich 20 % seiner Kunden jährlich! Ein Beispiel: Angenommen, ein Unternehmen mit heute 1.000 Kunden möchte binnen eines Jahres insgesamt 1.300 Kunden im Bestand haben. Wieviele Kunden muss es gewinnen, um das angestrebte Ziel zu erreichen?

Bei 1.000 Bestandskunden bedeuten 20 % einen Verlust von 200 Kunden. Um also auf die beabsichtigten 1.300 Kunden

---

### Warum Dialog so wichtig ist

Stellen Sie sich vor, Sie würden sich ein Jahr lang nicht bei Freunden melden, und zudem nicht auf deren Anrufe und Besuche reagieren. Die Folge: Der Kontakt zu ihnen wird geringer oder bricht ganz ab.

Bei Kunden ist dies ähnlich. Unerschütterlich treue Stammkunden werden vielleicht auch weiterhin zu Ihnen kommen; einige aber werden sicher nicht mehr bei Ihnen kaufen.

Natürlich können Sie nicht mit allen Kunden in ständigem Kontakt sein; bei einigen lohnt es sich eventuell auch gar nicht. Deshalb ist es wichtig, dass Sie sich genau überlegen, wen Sie erreichen möchten (bei wem also Ihr Dialog wirken soll), welche Kunden Sie an Ihr Unternehmen binden und welche Interessenten Sie gern neu hinzugewinnen möchten.

Zu guter Letzt kommt es dann darauf an, dass Sie die richtigen Botschaften aussenden und diese „richtig" verpacken. Denn so erreichen Sie, dass Kunden und interessierte Nichtkunden sich an Sie erinnern und tatsächlich bei Ihnen kaufen.

zu kommen, benötigt das Unternehmen nicht 300, sondern sogar 500 Neukunden (vgl. Abb. 2)!

Die Gründe für die Veränderung des Kundenbestands können vielfältig sein:

- Umzug und Todesfälle;
- ein Wechsel zum Wettbewerber;
- der Kunde fühlt sich alleingelassen;
- ein unattraktives Leistungsangebot;
- unattraktive Konditionen;
- die Kundenbetreuer kennen oder verstehen Kunden nicht;
- Service- und Kommunikationsprobleme.

Was passiert, wenn man dieser Kundenfluktuation nicht entgegenwirkt, ist leicht nachvollziehbar. Dialogmarketing bietet hierfür ein hervorragend geeignetes Instrumentarium, denn es sorgt dafür, dass eine stetige und interaktive Kommunikation zwischen Unternehmen und Kunde stattfindet. Dadurch lernt der Anbieter (das Unternehmen) die individuellen Bedürfnisse des Kunden kennen und kann so ein langfristiges Geschäftsverhältnis zu ihm aufbauen.

In vielen Unternehmen werden Dialogmarketing-Aktivitäten durch sogenanntes CRM *(englisch: Customer Relationship Management/Kundenbeziehungs-Management)* begleitet. CRM widmet sich dem Aufbau langfristiger Beziehungen zu Bestandskunden und intensiviert die Bindung des Kunden an das Unternehmen. Dabei greifen beide Instrumente wie folgt ineinander: Durch intensiven Dialog mit seinen Kunden erkennt das Unternehmen rechtzeitig deren Bedürfnisse. Wenn es ihm gelingt, diese Bedürfnisse zu erfüllen und so eine individuelle Beziehung zu seinen Kunden aufzubauen, ist es für konkurrierende Unternehmen enorm schwierig, diese Beziehung zu stören und Kunden abzuwerben. Grundlage für gutes CRM ist somit eine hohe Kundenzufriedenheit *(Details s. Kapitel 5)*.

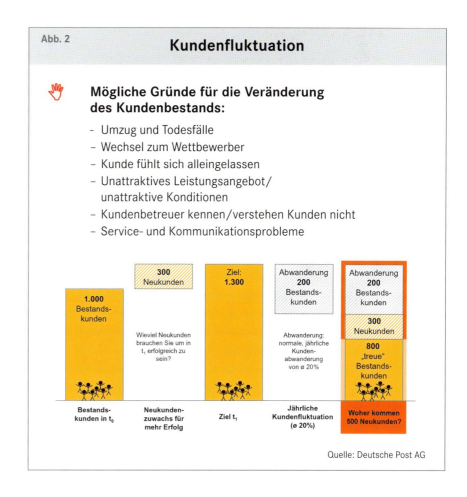

Quelle: Deutsche Post AG

Eine derart komfortable Situation ist natürlich nicht einfach zu haben: Denn wie in jeder guten Partnerschaft muss die Beziehung auf- und ausgebaut werden. Im Falle der Beziehung zwischen Unternehmen und Kunde muss eine solche Beziehung darüber hinaus auch noch kundenspezifisch gesteuert und stabilisiert werden.

Ein Unternehmen, das seine Kunden professionell und individuell pflegen und binden will, muss deshalb die Kundenbeziehungen erst einmal sorgfältig analysieren. Denn je mehr ein Unternehmen über seine Kunden weiß, desto individueller kann es auf sie eingehen.

*Abbildung 3* verdeutlicht, wie die Kundenstruktur eines Unternehmens in der Regel aufgebaut ist und wie sich diese Struktur durch Dialogmarketing verbessern lässt. Danach werden Kundenbeziehungen in fünf Gruppen unterteilt:

- Die sogenannten „Verweigerer" hatten noch nie Kontakt zum Unternehmen. Sie kennen dessen Produkte nicht und wissen auch nicht, wie sie von den Leistungen des Unternehmens profitieren können. Gelingt es, die Verweigerer zu aktivieren – bei ihnen also eine Reaktion auszulösen – werden sie zu Kennern.

- „Kenner" haben schon einmal etwas von dem Unternehmen gehört, kennen vielleicht sogar seine Leistungen und haben im besten Falle auch schon einen Kauf getätigt.

- „Vagabunden" bzw. „vagabundierende Kunden" haben bereits mehrfach bei dem Unternehmen gekauft, greifen im Falle eines scheinbar besseren Angebots aber auch gern auf Wettbewerber zurück (Beispiel: preislich günstigere Alternativen eines Markenprodukts beim Discounter).

- Bei „festen Kunden" ist diese Wechselbereitschaft deutlich weniger ausgeprägt; hier spricht man von Markentreue.

- „Fans" hingegen kennen die Produkte und Leistungen, die ein Unternehmen anbietet und nehmen sie regelmäßig in Anspruch. Sie sehen die Beziehung aber darüber hinaus als

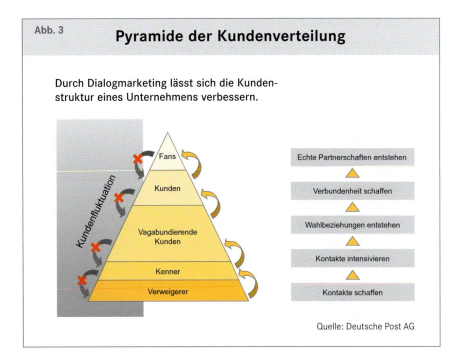

Abb. 3 **Pyramide der Kundenverteilung**

Durch Dialogmarketing lässt sich die Kundenstruktur eines Unternehmens verbessern.

Quelle: Deutsche Post AG

Partnerschaft an und tauschen sich – in z.T. weltweiten Fanclubs oder über Blogs und Chats – über die neuesten Produkte und Features aus (Beispiele: *Harley Davidson / House of Fire, Jaguar, MINI, Apple*).

Oberstes Ziel eines Unternehmens sollte es sein, die höchste Stufe zu erreichen, also alle seine Kunden durch regelmäßigen Dialog zu „Fans" zu machen. Zugleich sollte es durch gezielte, stufen- und kundenspezifisch ausgerichtete Dialogmaßnahmen Abwanderungen möglichst vermeiden und somit der Kundenfluktuation entgegenwirken.

Um eine möglichst hohe Kundenbindung zu erreichen, muss dabei jede der Kundengruppen – je nach Häufigkeit der Käufe und dem dabei getätigten Umsatz – mit unterschiedlichen Angeboten und in unterschiedlicher Häufigkeit angesprochen werden *(Details s. Kapitel 3)*.

**Hätten Sie's gewusst?**

Dialogmarketing sorgt für eine stetige Kommunikation zwischen Anbieter und Kunde. Dadurch kann der Anbieter (hier: das anbietende Unternehmen) gezielt die individuellen Bedürfnisse seiner Kunden kennenlernen und so ein langfristiges Geschäftsverhältnis zu ihnen aufbauen.

Gerade für kleinere Unternehmen ist es extrem wichtig, gute Beziehungen zu ihren Kunden zu pflegen. Denn gute Beziehungen schaffen neue Aufträge: Hat beispielsweise ein Handwerker oder der Vertriebsmitarbeiter eines Unternehmens erst einmal eine gute Kundenbeziehung aufgebaut, so ist es für ihn wesentlich einfacher, den Kunden besser zu beraten oder gezielt auf einen möglichen Zusatzbedarf anzusprechen.

## 3. Dialog ist vielfältig

Dialog kann auf vielfältige Weise stattfinden. Beim direkten Dialog müssen die Teilnehmer anwesend sein; hier findet Kommunikation von Angesicht zu Angesicht *(engl.: „face-to-face")* statt. Diese Form des Dialogs ist durch ständige Rückkopplung gekennzeichnet; sofortige Antworten oder Nachfragen sind also möglich. Beim indirekten Dialog hingegen wird für den Dialog ein technisches Medium verwendet (z.B. Telefon oder Internet). Im Unterschied zum direkten Dialog ist hier die Rückkopplung verzögert oder eingeschränkt (z.B., wenn technische Störungen auftreten).

Bei Dialogen muss es sich nicht zwingend um persönliche Gespräche handeln. Dies beweist Prof. Vögele mit seiner Dialogmethode® *(Details s. Kapitel 8)*, bei der er das persönliche Verkaufsgespräch konsequent ins Schriftliche übertragen hat.

Ein schriftliches Verkaufsgespräch kommt zustande, indem der Absender – z.B. per Brief – einen Kontakt zum Empfänger herstellt und dieser reagiert. Am Ende eines jeden Verkaufsgesprächs steht die positive Reaktion des Kunden.

Elemente, die den Dialog mit dem Kunden fördern, sind z.B.:
- neue Technologien;
- interessante Produkt-/Dienstleistungsangebote;
- eine individuelle Ansprache.

Dabei kommt dem Internet eine bedeutsame Rolle zu. Es hat sich in wenigen Jahren zu einem unverzichtbaren Bestandteil der geschäftlichen und privaten Kommunikation entwickelt und ermöglicht eine „Kommunikation rund um die Uhr".

Die Unternehmen profitieren von dieser technologischen Entwicklung – und von den damit einhergehenden Vorteilen. Als besonders wichtige Faktoren sind hier z.B. geringe Kosten und hohe Reichweite zu nennen *(Details s. Kapitel 7)*.

---

### Hätten Sie's gewusst?

Es gibt Elemente, die den Dialog fördern und solche, die den Dialog hemmen.

**Dialogtreiber** sind z.B.
- neue Technologien;
- interessante faszinierende Produkt-/Dienstleistungsangebote;
- individuelle Ansprache.

**Dialogbremser** sind z.B.
- unklare Adressierung;
- nicht zur Zielgruppe passende Argumente;
- langweilige Texte;
- unverständliche Texte.

"Dialogbremser" hingegen sind beispielsweise:
- eine unklare Adressierung;
- Argumente, die nicht zur Zielgruppe passen;
- langweilige oder unverständliche Texte.

Wer also langweilige Werbebriefe verschickt, darf sich nicht wundern, dass derartige Briefe im Papierkorb landen; möchte man wahrgenommen werden, ist Kreativität gefordert. Auch müssen die gesendeten Informationen verständlich sein. Denn unklare Argumente werden nicht verstanden; zudem ist der Empfänger dadurch weniger bereit, sich mit dem sonstigen Inhalt einer Werbesendung zu befassen.

Wer die Loyalität seiner Kunden gewinnt, sichert sich mehr Umsatz; denn loyale Kunden kaufen öfter und konzentrieren ihre Kaufkraft auf wenige Anbieter. Sie kaufen zudem mehr, da sie besser mit dem kompletten Angebot bzw. Sortiment vertraut sind. Außerdem sind loyale Kunden großzügiger und damit weniger preissensibel.

Dabei sollte das absendende Unternehmen eindeutig erkennbar sein, damit der stattfindende Dialog unverwechselbar einem bestimmten Unternehmen zuzuordnen ist. Denn die Märkte sind heute durch hohe Komplexität, Dynamik und Unsicherheit gekennzeichnet. Zudem ist die Konkurrenz in allen Märkten und Segmenten groß – und innerhalb kürzester Zeit gibt es Nachahmer, die am Erfolg teilhaben wollen.

Für ein Unternehmen ist es aber nicht nur von elementarer Bedeutung, eindeutig als Absender einer Botschaft erkannt zu werden. Vielmehr muss es auch die Anforderungen und Veränderungen seines Marktes und die Bedürfnisse seiner Kunden genau kennen – denn nur so kann es bei Veränderungen flexibel und schnell genug reagieren.

Diese Flexibilität ist heute auch in Bezug auf den Kunden gefragt. Denn Konsumenten lassen sich heute immer schlechter in bestimmte „Schubladen" einordnen. So verfolgt beispielsweise ein „multioptionaler" Verbraucher mehrere Konsumziele

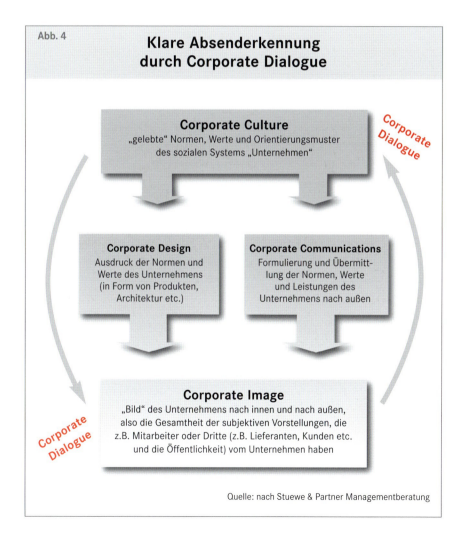

Abb. 4 Klare Absenderkennung durch Corporate Dialogue

Quelle: nach Stuewe & Partner Managementberatung

zugleich: Er kauft No-Name-Produkte bei einem Discounter und gleichzeitig Markenartikel aus dem Luxussegment. Das Verhalten eines „paradoxen" Konsumenten hingegen ist sogar in keiner Weise vorhersehbar. Diese Spontaneität erschwert den Aufbau von kontinuierlichen Marketingstrategien und macht deutlich, wie wichtig die klare „Absenderkennung" ist.

Der Unternehmensdialog *(engl.: Corporate Dialogue)* muss alle Corporate-Identity-Elemente beinhalten und den Markt und das Umfeld integrieren. Dies ist Aufgabe der Unternehmenskommunikation *(engl.: Corporate Communications)*. Sie hält den Dialog von Unternehmensseite aus in Gang und kommuniziert die Werte und Normen sowie die Leistungen eines Unternehmens schlüssig und überzeugend nach innen und nach außen.

Für ein Unternehmens ist eine einheitliche Kommunikationsstrategie von zentraler Bedeutung; denn nur so kommt bei Adressaten dieselbe Botschaft in derselben Sprache an. Denn werden z.B. unterschiedliche Aussagen vermittelt, erscheint das Unternehmen entweder als unglaubwürdig oder der Kunde kann kein klares bzw. einheitliches Bild vom Unternehmen und seinem Angebotsportfolio aufbauen *(siehe Abb. 4)*.

# Teil II

**Dialogmarketing:
Wie es funktioniert**

# 1. Die vier Phasen des Dialogmarketings

Dialogmarketing (und „Klassisches" Marketing) lassen sich in vier verschiedene Phasen aufteilen. Dabei bestimmt der Inhalt der Phase zugleich, welche Aktivitäten in dieser Phase stattfinden *(vgl. nebenstehende Grafik)*:

- *Phase 1* und Ausgangsbasis aller Entscheidungen ist die sogenannte Lagediagnose. Hier wird beispielsweise das Markt- und Wettbewerbsumfeld analysiert. Die für die Diagnose erforderlichen Marktdaten erhält das Unternehmen mithilfe der Marktforschung.

- *Phase 2* ist die sogenannte Lageprognose. Sie umfasst die Festlegung der Ziele, die Planung der Strategien und die Prognosen über den Erfolg der Dialogmarketing-Maßnahmen.

- In *Phase 3* werden die in Phase 2 festgelegten Ziele und Strategien operativ umgesetzt.

- In *Phase 4* werden die Ergebnisse kontrolliert und – falls erforderlich – einzelne Maßnahmen verbessert oder Ziele angepasst. Dabei ist von Vorteil, dass sich sämtliche Dialogmarketing-Maßnahmen gut messen lassen.

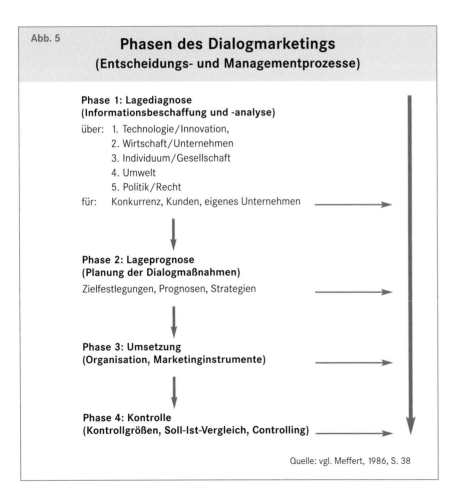

Abb. 5: Phasen des Dialogmarketings (Entscheidungs- und Managementprozesse)

Quelle: vgl. Meffert, 1986, S. 38

## 2. Die Bedeutung der Marktforschung

Marktforschung ist für erfolgreiches Dialogmarketing von großer Bedeutung. Sie dient der Beschaffung, Verarbeitung und Auswertung von Daten und Fakten, die für den Erfolg eines Unternehmens wichtig sind.

Im Rahmen der Marktforschung werden Informationen über quantitative und qualitative Marktsachverhalte und -entwicklungen gesammelt. Die so gewonnenen Informationen stellen die Basis für Marketingziele und -strategien sowie für einen bestmöglichen und effizienten Marketingeinsatz dar.

### Der Ablauf

Marktforschung legt den folgenden Fragenkatalog zugrunde; dieser bestimmt zugleich die erforderlichen Arbeitsschritte:

– *Welche Daten werden benötigt?*

  In diesem Arbeitsschritt wird genau festgelegt, welche Daten mithilfe der Marktforschung eigentlich ermittelt werden sollen. Daraus leiten sich dann die entsprechenden Fragen und die Untersuchungsthematik ab.

– *Welche Zielgruppe soll mit welcher Methode untersucht werden?*

  In diesem Arbeitsschritt werden die zu untersuchenden Zielgruppen und die Untersuchungsmethoden – also die Erhebungsformen und die Auswahlverfahren – festgelegt.

– *Wie können die Daten ausgewertet werden?*

  Die Auswertung der gewonnenen Daten erfolgt meist mit Standardprogrammen (so z.B. SPSS, SAS, OSIRIS) oder einer eigens programmierten Datenauswertungssoftware.

– *Welche Erkenntnisse lassen sich aus den gewonnenen Daten gewinnen?*

  Die Dokumentation der Ergebnisse (z.B. in Form eines Forschungsberichts) ist sehr wichtig. Sie hat die Funktion eines unternehmensinternen „Beraters" und bestimmt die Marketingentscheidungen maßgeblich mit.

---

**Hätten Sie's gewusst?**

Marktforschung ist ein wesentlicher Baustein für effizientes Dialogmarketing.

Unternehmen sollten dabei zunächst alle Möglichkeiten der sekundären Marktforschung nutzen. Dies spart Zeit und Kosten!

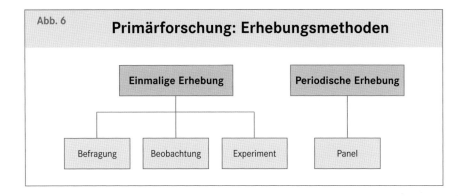

Abb. 6 **Primärforschung: Erhebungsmethoden**

Abb. 7 **Quellen der Sekundärforschung und ihre Kanäle**

## Die Datengewinnung

Marktforscher unterscheiden zwei Forschungsverfahren: die Primär- und die Sekundärforschung.

*Primärforschung:*

Die in der Marktforschung dominierende Methode ist die Primärforschung, auch Feldforschung (field research) genannt. Die Primärforschung unterteilt sich in qualitative und quantitative Marktforschung:

– Qualitative Primärforschung

Forschungsziele der qualitativen Primärforschung sind subjektive Sachverhalte; dazu zählen z.B. Einstellungen, Motive, Bedürfnisse und Wertsysteme der Probanden. Qualitative Marktforschung kommt häufig bei Image- und Akzeptanzanalysen, psychologischen Grundlagenstudien und Konzeptionstests oder für Tests von audio-visuellen Werbemitteln, Anzeigen in Print-Medien, Verpackungen etc. zum Einsatz.

– Quantitative Primärforschung

Forschungsziele der quantitativen Primärforschung sind objektive Sachverhalte, etwa die Ermittlung numerischer Werte von und über Märkte oder Nachfrager. Wird die Erhebung – zum Beispiel in Form einer Befragung oder Beobachtung – regelmäßig durchgeführt, spricht man von einem Panel. Grundsätzlich unterscheiden die Marktforscher bei der Datenerhebung zwischen einer Befragung (mündlich, schriftlich, telefonisch), einer Beobachtung und einem Experiment.

*Sekundärforschung:*

Die Sekundärforschung wird auch als Schreibtischforschung (desk-research) bezeichnet. Sie beschafft und verarbeitet bereits existierende Daten und wertet diese aus. Ihre Informationen bezieht sie aus geeigneten unternehmensinternen und -externen Quellen. Für die Sekundärforschung sprechen im Vergleich zur Primärforschung zwei wirtschaftliche Faktoren: Zeitersparnis und geringere Kosten.

## 3. Gute Planung macht sich bezahlt

Der Anspruch ist hoch: Ziel ist, das richtige Produkt mit dem richtigen Preis und dem richtigen Service über den richtigen Kanal und der richtigen Botschaft zum richtigen Zeitpunkt an die richtigen Kunden zu kommunizieren. Dies zeigt, wie wichtig Kundendaten als Basis für alle Aktivitäten sind.

Dabei muss ein Unternehmen die Bedürfnisse der Zielgruppe kennen und dann aktiv werden, wenn ein Bedürfnis auftaucht. Besser noch: kurz davor. Dies erlebt man jeden Frühling: Die Baumärkte haben schon Gartenstühle und blühende Pflanzen in der Vermarktung, während man noch darüber nachdenkt, wie man seinen Winterspeck wieder los wird ...

**Fehler vermeiden!**

Ein Vorteil des Dialogmarketings ist die Flexibilität, mit der sich seine Instrumente einsetzen lassen. Dieser Flexibilitätsvorteil führt allerdings leider auch so manches Mal dazu, dass Dialogmarketing in der Praxis als „Feuerwehr-Maßnahme" missbraucht wird – so, um beispielsweise festgestellte Fehler kurzfristig auszugleichen, schnell noch den Absatz anzustoßen oder in Gefahr geratene Zielsetzungen doch noch zu retten. Derlei Maßnahmen sind meist schlecht abgestimmt, nicht sorgfältig geplant und damit auch nicht optimal ausgeführt. Das zwangsläufige Resultat: Der gewünschte Erfolg bleibt aus *(vgl. Holland 2004, S. 43)*!

Dialogmarketing-Kampagnen sollten immer mit dem klassischen Marketing abgestimmt sein, um möglichst hohe Synergieeffekte zu erzeugen. Ebenso wichtig ist ein einheitliches Erscheinungsbild des Unternehmens nach außen, auch Corporate Identity oder CI genannt. *(vgl. bei diesen und den folgenden Ausführungen Holland 2004, S. 43 ff. sowie Holland 2001, S. 18 ff.).*

Darüber hinaus gibt es einen dritten Fehler, der im Dialogmarketing leider häufiger als vermutet gemacht wird: Das

Abb. 8 **Warum das Wissen über den Kunden so wichtig ist**

Kundenwissen ist die Basis für die Ansprache Ihrer Kunden.

Quelle: Deutsche Post AG

## Hätten Sie's gewusst?

**Wichtige Grundregeln für Dialogmarketing-Maßnahmen:**

1. **Unterbreiten Sie passende Angebote!**

   Wenn Sie im Winter Campingstühle anbieten, Mietern einer Hochhaussiedlung ein Angebot für Rasenmäher unterbreiten oder Vegetarier zum Schlachtfest einladen, wird ihr Mailing ebenso scheitern wie das eines Tiefkühlkost-Anbieters, der berufstätigen Frauen seine Produkte anbot, die Lieferung der Ware aber nur zwischen 10 und 15 Uhr erfolgen konnte.

2. **Nutzen Sie die Regeln der Angebotspolitik**
   - Bieten Sie möglichst Produkte an, bei denen ein hoher Abverkauf zu erwarten ist.
   - Sorgen Sie für einen modernen werblichen Auftritt Ihrer Aktion.
   - Nutzen Sie „Verkaufsverstärker" (Promotions, kleine Geschenke, Coupons).

3. **Nutzen Sie die Möglichkeiten des Dialogmarketings!**
   - Messen Sie die Reaktionen der Kunden und werten Sie diese aus.
   - Setzen Sie Dialogmarketing ein, um mehr über Ihre Kunden zu erfahren – und nutzen Sie dieses neue Wissen, um Ihren Kunden Angebote zu unterbreiten, die möglichst optimal auf deren Interessen und Bedürfnisse zugeschnitten sind.

werbetreibende Unternehmen schenkt zwar der ersten Stufe seiner mehrstufigen Dialogmarketing-Aktion große Aufmerksamkeit, vernachlässigt aber die nachfolgenden Schritte. Dies sieht dann in der Praxis wie folgt aus:

- Interessenten, die auf Mailings antworten und Kataloge oder Informationen anfordern, erhalten erst nach mehreren Wochen eine Antwort, in manchen Fällen sogar nie. Die Aktion hat also zwar ihr Ziel erreicht und Interessenten gewonnen – leider verpufft sie aber im schlimmsten Fall wirkungslos, weil das Unternehmen nicht professionell reagiert.

- Unternehmensauftritte im Internet weisen vielerorts auf eigens eingerichtete E-Mail-Adressen hin, über die der Website-Besucher Informationen anfordern soll – aber auch dort lassen Unternehmen oft unverhältnismäßig lange auf eine Antwort warten. Dabei zeichnet sich gerade das Internet durch seine Schnelligkeit aus, weswegen die Nutzer von Online-Diensten völlig zu Recht eine sehr schnelle Antwort auf eine E-Mail-Anfrage erwarten; das heißt im Idealfall: binnen Stunden statt nach Tagen!

- Die Dialogmarketing-Maßnahme enthält zwar eine Hotline für Interessenten; der genannte Ansprechpartner wurde aber zuvor nicht informiert und/oder hat keine Ahnung von der Aktion. Diese Marketing-Aktion kann gar nicht erfolgreich sein – und birgt zudem noch die Gefahr eines Imageverlusts für das Unternehmen beim Kunden!

### Planungsebenen und -schritte

Die sorgfältige Planung von Dialogmarketing-Maßnahmen hilft, Fehler zu vermeiden. Dabei sind mehrere Planungsebenen zu beachten. Diese betreffen:

- die Planungsgrundlagen (z.B. die Zielsetzung der Aktion, Situationsanalyse);

- die Strategieplanung (z.B. die Zielgruppen- und Medienauswahl, Berücksichtigung rechtlicher Bestimmungen, Verfolgung der Ergebnisse *(engl.: Follow-Up)*);

- die Durchführung (z.B. die Werbemittelherstellung und -streuung);
- die Kontrolle (z.B. die Erfolgskontrolle, Nachbearbeitung).

Dabei laufen die Planungsschritte nicht chronologisch nacheinander, sondern oft parallel ab und weisen zahlreiche Rückkopplungsschleifen auf.

### Planungsgrundlagen

Am Anfang der Planung einer Dialogmarketing-Aktion steht immer die Situationsanalyse. Sie offenbart den genauen gegenwärtigen Stand des Unternehmens und ermittelt die Faktoren, die das Dialogmarketing des Unternehmens entscheidend beeinflussen *(vgl. Löffler, Scherfke, S. 121 f.)*. Zugleich hilft die Situationsanalyse, die Ziele zu definieren, die mit der Aktion verfolgt werden sollen.

Dies ist ein grundlegender Erfolgsfaktor jeder Aktion; denn nur wenn die Ziele klar definiert sind, können Entscheidungen getroffen werden, die zur Zielerreichung führen. Dabei sind die Ausgangssituation des Unternehmens am Markt und seine generelle Zielrichtung zu berücksichtigen.

Dialogmarketing-Aktionen können viele Ziele verfolgen:
- die Kundengewinnung, -bindung oder -rückgewinnung;
- den Verkauf von Produkten oder Dienstleistungen;
- Einladungen zu bestimmten Anlässen (z.B. Neueröffnung/Jubiläum/Messe);
- das Sammeln von Spenden, u.v.m.

### Strategieplanung

Auf Situationsanalyse und Zieldefinition folgt als erster Schritt der Umsetzung die Einbettung der geplanten Dialogmarketing-Aktion in die strategische Unternehmens- und Marketingplanung. Denn die Aktion sollte zu den übergeordneten Unternehmens-Zielen und zum Auftritt und zum Erscheinungsbild *(engl.: Corporate Identity)* des Unternehmens passen.

## Hätten Sie's gewusst?

**Vorüberlegungen und Ziele**

Wer Dialogmarketing erfolgreich einsetzen will, sollte sich zunächst Gedanken über die Ausgangslage des Unternehmens (z.B. Wettbewerbssituation; generelle Zielrichtung) und die Zielrichtung der beabsichtigten Maßnahmen machen!

Ziele einer Dialogmarketing-Aktion können sein:
- das Gewinnen neuer Kunden (Kundengewinnung);
- die Festigung der Kundenbeziehung zu bestehenden Kunden (sog. Bestandskunden; Kundenbindung);
- die Rückgewinnung verloren gegangener Kunden (Kundenrückgewinnung);
- der Verkauf von Produkten oder Dienstleistungen;
- Einladungen zu bestimmten Anlässen (z.B. Messe, Tag der Offenen Tür, Firmenjubiläum);
- Informationsübermittlung;
- das Sammeln von Spenden, u.v.m.

**Typische Fehler vermeiden**

Ein Großteil der Fehler bei der Umsetzung von Dialogmarketing-Maßnahmen wäre durch sorgfältige Planung leicht vermeidbar! Hauptfehler sind:
- der Missbrauch von Dialogmarketing-Aktionen als „Feuerwehr";
- die mangelnde Abstimmung der verschiedenen Marketing-Instrumente;
- zu lange Reaktionszeiten;
- uninformierte Ansprechpartner.

## Detailplanung

Sobald Ziele und Zielgruppe definiert sind, werden die einzelnen Arbeitsschritte für die geplante Dialogmarketing-Aktion zeitlich festgelegt. Dabei wird zugleich ermittelt, welche (z.B. personellen/finanziellen) Ressourcen in den einzelnen Arbeitsschritten erforderlich sind. Diese betreffen:

- den Vorlauf/die Aufgabenstellung;
- die Wahl der Werbemedien und die Ermittlung der Zielgruppen;
- die Konzeption (Text, Grafik, Fotos) und Präsentation;
- die Einholung von Angeboten, die Auftragserteilung und Adressenbestellung;
- die Druckvorstufe: Satz/Reinzeichnung, evtl. Fotografie;
- das Fulfillment: Adressenabruf, Lettershop und Posteingang beim Kunden.

Die durch eine Dialogmarketing-Aktion gewonnenen Kunden oder Interessenten werden im Rahmen der Nachbearbeitung *(engl.: Follow-Up)* betreut. Dies ist deshalb notwendig und sinnvoll, da Dialogmarketing oft als mehrstufige Kampagne geplant wird, die in mehreren Schritten z.B. von der Interessentengewinnung über den ersten Kauf bis zu Folgekäufen führen soll. Schon bei der Planung der ersten Stufe sollte deshalb genau festgelegt werden, wann und mit welchen Werbemitteln die nächste Stufe folgt.

Zugleich müssen dafür rechtzeitig Kapazitäten für die Auftragsnachbearbeitung und Auftragsabwicklung bereitstehen. Außerdem muss die Kundendatenbank immer aktuell gehalten werden. (Dies ist allerdings eine Grundvoraussetzung für den Erfolg von Dialogmarketing-Maßnahmen überhaupt.)

Darüber hinaus sollten bereits in diesem frühen Stadium spätere Kundenbindungs-Maßnahmen mit in die Planung der Aktion einbezogen und berücksichtigt werden.

---

## Dialogmarketing-Aktionen: Planung und Umsetzung

 TIPP

Erfolgreiche Dialogmarketing-Maßnahmen weisen eine (eher strategische) Planungsphase und eine – in der Praxis oft durch parallel erfolgende Schritte und Abläufe gekennzeichnete – Umsetzungsphase auf.

**Planungsphase:**
- Aufgabenstellung
- Wahl der Werbemedien/Ermittlung der Zielgruppen
- Konzeption (Text, Grafik, Fotos) und Präsentation

**Umsetzungsphase:**
- Einholung von Angeboten und Auftragserteilung; Adressenbestellung
- Herstellung (Satz/Reinzeichnung, Druckfreigabe, Lithografie, Druck)
- Realisierung (Adressenabruf, Lettershop und Posteingang beim Kunden)

# 4. Wie bestimme ich „meine" Zielgruppe(n)?

**Wie können Zielgruppen segmentiert werden?**

Das Kaufverhalten von Kunden wird immer komplexer und lässt sich heute immer weniger in „Schubladen" einordnen. Die Ansätze für eine Segmentierung der Kunden werden zwar laufend weiterentwickelt; die zunehmende Wechselbereitschaft von Konsumenten, die sich je nach Situation ganz unterschiedlich verhalten, macht den Marktforschern ihre Arbeit aber immer schwerer.

Diese Wechselbereitschaft äußert sich beispielsweise wie folgt: In einem Moment sind die Verbraucher sehr preisbewusst und kaufen bei einem Discounter ein; wenig später jedoch shoppen sie in einem teuren Fachgeschäft. Oder sie essen mittags bei einer Fast-Food-Kette und besuchen abends ein exklusives Spezialitäten-Restaurant, fliegen mit dem Last-Minute-Superschnäppchen-Angebot in den Urlaub und erwerben dort sündhaft teure Designer-Jeans.

Bisher wurde eine Zielgruppen-Segmentierung vorwiegend nach soziodemografischen und geografischen Kriterien vorgenommen. Diese sind jedoch heute nicht mehr geeignet, das Einkaufsverhalten zu erklären. Denn zwei Menschen, die gleich alt sind, den gleichen Beruf, das gleiche Einkommen und den gleichen Familienstand haben, können sich in ihrem Kaufverhalten extrem unterscheiden.

Viele Unternehmen nutzen deshalb zunehmend psychologische Kriterien oder bilden neue Typologien, wie die sogenannte Lifestyle-Segmentierung. Die Lifestyle-Segmentierung basiert auf psychografischen und zahlreichen anderen Kriterien über die Zielpersonen. Auch Daten der Soziodemografie und des Kaufverhaltens werden genutzt.

Ein Beispiel bietet die Firma Tesco: Tesco ist die größte Handelskette in Großbritannien und die drittgrößte der Welt. Das

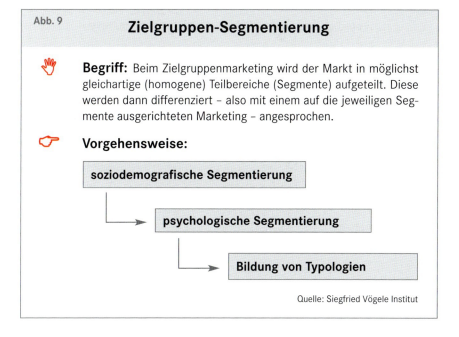

Abb. 9 **Zielgruppen-Segmentierung**

**Begriff:** Beim Zielgruppenmarketing wird der Markt in möglichst gleichartige (homogene) Teilbereiche (Segmente) aufgeteilt. Diese werden dann differenziert – also mit einem auf die jeweiligen Segmente ausgerichteten Marketing – angesprochen.

**Vorgehensweise:**

soziodemografische Segmentierung
→ psychologische Segmentierung
→ Bildung von Typologien

Quelle: Siegfried Vögele Institut

Unternehmen hat seinen Umsatz im Geschäftsjahr 2007 im Vergleich zum Vorjahr um 8 % gesteigert (aktuell: 58,3 Mrd. Euro) und bewertet seine Kunden nach Lebenszyklus, Deckungsbeitrag, Kaufgewohnheiten und Einstellungen. Tescos Ziel dabei ist, Kunden systematisch aufzubauen – und zwar auf Basis des Wissens, das sie bereits über die Kunden erworben haben.

### Was ist eine Lifestyle-Segmentierung und wie nutzt man sie?

Die Sinus-Milieus gehen nicht von sozioökonomischen Größen aus, sondern konzentrieren sich auf die Lebenswelt und den Lebensstil der Zielgruppe. Dabei gehen grundlegende Wertorientierungen ebenso in die Analyse ein wie Alltagseinstellungen zu Arbeit, Familie, Freizeit und Konsum.

Das Marktforschungsinstitut Sinus hat auf der Basis umfangreicher Erhebungen zehn sogenannte Milieus ermittelt. In ihnen sind Menschen zusammengefasst, die sich in ihrer Lebensauffassung und Lebensweise ähneln. Man könnte diese Milieus somit auch als „Gruppe Gleichgesinnter" bezeichnen.

Aus diesen Milieus hat Sinus zehn Lifestyle-Typen abgeleitet *(vgl. Abbildung)*. Dabei wird auf der senkrechten Achse die soziale Lage dargestellt und auf der waagerechten Achse die Werteorientierung.

Für die Erstellung der „Typologie" werden folgende Merkmale berücksichtigt:

- Freizeit und soziales Leben (z.B. Freizeitaktivitäten);
- Interessen (z.B. Themen, Gruppen-Mitgliedschaften);
- Stilpräferenzen (z.B. Wohnstil, Kleidungsstil);
- Outfit (z.B. Einstellung zum Outfit, „Body-Image");
- Konsum (z.B. Einstellungen zu Essen und Trinken, Geld und Konsum);
- Grundorientierung (z.B. Lebensphilosophie, Moral);
- Arbeit (z.B. Arbeitseinstellungen, Berufserwartungen);

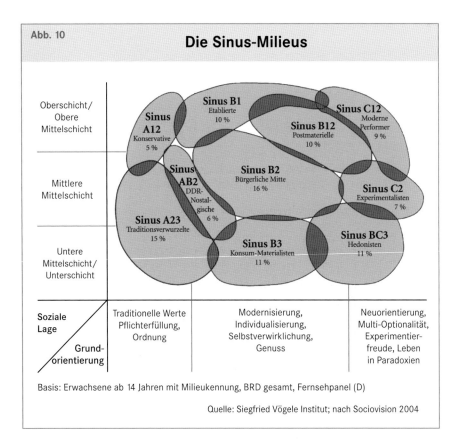

Abb. 10 Die Sinus-Milieus

Basis: Erwachsene ab 14 Jahren mit Milieukennung, BRD gesamt, Fernsehpanel (D)

Quelle: Siegfried Vögele Institut; nach Sociovision 2004

- Familie (z.B. Einstellung zu Familie, Partnerschaft, Rollenbilder);
- Politik (z.B. politisches Interesse, Parteien-Sympathie).

Über die so ermittelten zehn Lifestyle-Typen liegen vielfältige Informationen vor, die beispielsweise die Mediennutzung und das Kaufverhalten betreffen. So ist beispielsweise nachgewiesen, dass die „Modernen Performer", die „Etablierten", die „Postmateriellen" und die „Experimentalisten" überdurchschnittlich oft Online-Medien nutzen.

Das Kundenpotenzial der einzelnen Gruppen ist ebenso bekannt wie deren soziale Lage, Alter, Lebenssituation, Bildung, Beruf, Einkommen, Freizeitverhalten, Konsum, Produktinteressen, typischer Wohnstil sowie ihr Umgang mit Geld.

Unternehmen, die mit diesem Modell arbeiten, erhalten also eine genaue Einsicht in ihre Zielgruppen und können diese auf Basis der vorliegenden Informationen zielgruppengerecht ansprechen.

## Was bietet die mikrogeografische Segmentierung?

Die mikrogeografische Marktsegmentierung erweitert gewöhnliche Segmentierungs-Modelle durch geografische Informationen. Auf diese Weise werden neben den soziodemografischen und psychografischen Daten auch Daten über das Wohnumfeld eines Menschen berücksichtigt.

Die Grundidee dieser Kombination aus personenbezogenen und geografischen Daten basiert darauf, dass Menschen, die in unterschiedlichen Gebieten oder in unterschiedlichen Eigentums-/Mietverhältnissen wohnen, bei einer Werbemaßnahme auch unterschiedlich angesprochen werden sollten, da sie höchstwahrscheinlich verschiedene Bedürfnisse und Interessen haben. So reagieren Menschen, die in Einfamilienhäusern auf dem Land leben, voraussichtlich anders als solche, die ein Hochhaus in einer Großstadt bewohnen.

---

**Abb. 11** **Mikrogeografische Segmentierung**

 **Begriff:** Erweiterung gewöhnlicher Segmentierungsmodelle durch geografische Informationen

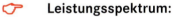 **Leistungsspektrum:**
- Umsatz-, Markt- und Potenzial-Analysen
- Gebietsstruktur- und Standort-Analysen
- Kunden-, Penetrations-Analysen
- Interessenten- und Neukunden-Gewinnung
- Qualifizierung von Neukunden
- Optimierung der Kundendatenbank
- Qualifizierung und Selektion von Kunden
- Risiko-Analysen
- Steuerung werbliche Maßnahmen (Postwurf, Mailings)

Quelle: Siegfried Vögele Institut

Experten gehen davon aus, dass sich der Lebensstil und das Kaufverhalten von Personen durch ihre Wohnverhältnisse nach dem Prinzip „gleich und gleich gesellt sich gern" erklären lassen. Menschen tendieren dazu, ihre Wohnung so zu wählen, dass ihr eigener Lebensstil dem der Nachbarn entspricht.

Die mikrogeografische Segmentierung kann für zahlreiche Aufgaben im Marketing eingesetzt werden. Dies erfolgt, indem mikrogeografische Daten mit unternehmensinternen Kundendatenbanken und Informationssystemen verbunden werden.

Dies kann den Erfolg einer Werbemaßnahme – in Verbindung mit dem jeweils gewählten Werbemittel – erheblich beeinflussen. Beim Einsatz von Mailings beispielsweise können auf diese Weise ganz gezielt kleine Kundengruppen angesprochen werden. Bei flächendeckenden, unadressierten Werbemaßnahmen hingegen – z.B. bei Haushaltswerbung – dient die mikrogeografische Segmentierung dazu, Zielgruppenkriterien zu gewinnen und mit deren Hilfe dann die relevanten Märkte zu selektieren.

### Zielgruppen-Segmentierung bei Geschäftskunden (B2B)

Wenn ein Unternehmen nicht Endverbraucher (sogenannte Business-to-Consumer- oder B2C-Kunden), sondern gewerbliche Kunden anspricht (sogenannte Business-to-Business- oder B2B-Kunden), gelten andere Kriterien für die Segmentierung. Denn in B2B-Märkten werden Kaufentscheidungen von einer Organisation (bzw. von einzelnen Person für die Organisation) und nicht für den privaten Lebensbereich getroffen. Oft sind an der Entscheidung zahlreiche Personen beteiligt – bei großen Unternehmen und hohen Kaufvolumina können über 50 Personen in eine Kaufentscheidung involviert sein.

Die Kaufentscheidung gewerblicher Kunden ist also rationaler. Jedoch treffen auch hier immer Menschen die Entscheidung. Somit spielen auch bei Gewerbekunden psychologische Kriterien eine wichtige Rolle.

Abb. 12 Marktsegmentierung in B2B-/Business-to-Business-Märkten

Quelle: Siegfried Vögele Institut

Unternehmen, die einen Segmentierungsansatz für Geschäftskunden finden möchten, sollten die Größe des kaufenden Unternehmens, die Branche, den Standort und die Verflechtungen zu anderen Unternehmen berücksichtigen. Diese relativ allgemeinen Kriterien lassen sich gut in öffentlich zugänglichen Quelle wie z.B. Firmenverzeichnissen recherchieren.

Außerdem gilt es zu bedenken, welche Personen im Unternehmen an der Kaufentscheidung beteiligt sind und welche Rollen diese spielen. Um diesen Kreis zu identifizieren, ist es hilfreich, wenn bereits Geschäftsbeziehungen zwischen Verkäufer und Käufer bestehen.

Weitere Kriterien sind die Risikofreudigkeit und die Lieferantentreue sowie die Dringlichkeit des Bedarfs: Handelt es sich um eine kurzfristige Ersatzbeschaffung oder um einen langfristig geplanten Kauf? Von großer Bedeutung – wenn nicht gar entscheidend – sind zudem die Höhe des Auftragsvolumens und die Art des Kaufs: Handelt es sich um einen erstmalige Kauf oder einen Wiederholungskauf?

## Kunden gezielt auswählen

Machen Sie sich Gedanken darüber, welche Art von Kunden Sie haben (d.h. welche Merkmale typisch für Ihre Kunden sind), welche Kunden Sie gerne haben möchten und in welchem Umfeld (Milieu) Sie diese Kunden finden können!

Doch Vorsicht: Kunden lassen sich schon lange nicht mehr durch einfaches „Schubladendenken" einteilen. Versuchen Sie deshalb, Kundengruppen zu ermitteln, indem Sie (Zuordnungs-/ Einteilungs-)Kriterien wählen, die über Alter, Geschlecht und Wohnort hinausgehen. Einen Ansatz dafür liefern Ihnen sogenannte **Lifestyle-Segmentierungen** wie beispielsweise die Sinus-Milieus.

Die Einbeziehung geografischer Informationen (sogenannte **mikrogeografische Segmentierung**) erweitert diese Zuordnungsmöglichkeiten noch. So lassen beispielsweise Wohnverhältnisse Rückschlüsse auf Lebensstil und Kaufverhalten zu („gleich und gleich gesellt sich gern"). Sie können somit potenzielle Kunden auch je nach Wohnsituation bei einer Werbeaktion unterschiedlich ansprechen.

Die Kaufentscheidung von **Geschäftskunden** (B2B-Sektor) ist wesentlich rationaler als die von privaten Endverbrauchern (B2C-Sektor.) Doch bedenken Sie, dass auch hier immer Menschen die Entscheidung fällen! Beziehen Sie daher neben allgemeinen Kriterien zum Unternehmen, z.B. Firmengröße und Standort, auch psychologische Kriterien mit ein.

## 5. Wie komme ich an gute Adressen?

**Die Vorgehensweise bei einer Adressmiete**

Ein Unternehmen, das mithilfe von Dialogmarketing-Aktionen neue Kunden gewinnen möchte, benötigt zunächst einmal deren Adressen, um diese überhaupt ansprechen zu können.

Für die (Neu)Kundenansprache gibt es verschiedene Methoden, so z.B. Coupon-Anzeigen, Beilagen mit Rücklauf-/Antwortmöglichkeiten, Gewinnspiele oder Freundschaftswerbung. Der Haken an Gewinnspielen (obwohl auf den ersten Blick besonders attraktiv, da scheinbar rücklaufstark): Bei Gewinnspielen geht es den Teilnehmern meist nur um die ausgelobten Gewinne (und eher nicht um die Produkte und/oder Leistungen eines Unternehmens). Deshalb erweisen sich gerade die durch ein attraktives Gewinnspiel gewonnenen Adressen für Unternehmen häufig als eher wertlos und lohnen kaum eine weitere Bearbeitung.

Für Dialogmarketing-Aktionen zur Neukundengewinnung werden daher die Adressen meist gemietet (sogenanntes Listbroking). Dies erscheint auf den ersten Blick verwirrend, da man ja Geld für die Adressen zahlt und diese somit vermeintlich kauft: Rechtlich gesehen handelt es sich aber um Miete und nicht um Kauf, da die Adressen in der Regel nur zur einmaligen Nutzung überlassen werden.

Antwortet der Adressat auf die Aktion – aber nur dann –, darf das Unternehmen die angemietete Adresse zur weiteren (kostenfreien) Nutzung in seinen Kundenbestand übernehmen; andernfalls ist sie für das anmietende Unternehmen verloren.

Vorsorglich haben gleich mehrere Institutionen ein Auge darauf, dass bei der Adressmiete alles mit rechten Dingen zugeht:

1. Der Vermieter der Adressen: Er kontrolliert die Verwendung der Daten, indem er sogenannte Kontrolladressen einstreut.

---

**Abb. 13 Die Adressmiete** *(engl.: Listbroking)*

**Begriff:** Beim Listbroking verleihen oder verkaufen Unternehmen bzw. Makler, die als Listbroker (Adressbroker) auftreten, die Adressen von Unternehmen und Privatpersonen zu Marketingzwecken.

**Vorgehensweise:**

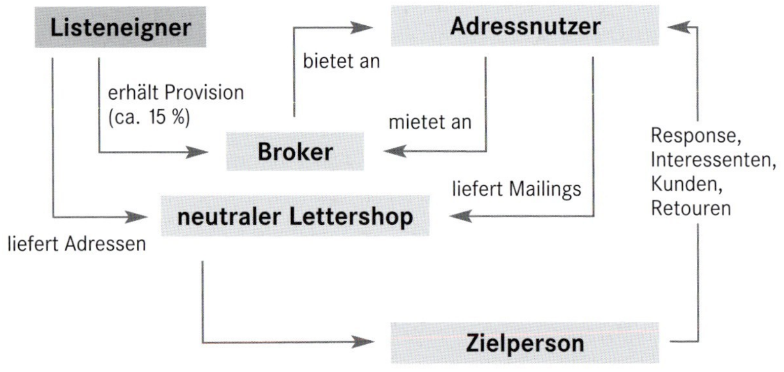

Listeneigner → bietet an → Adressnutzer
Listeneigner → erhält Provision (ca. 15 %) → Broker
Broker → mietet an ← Adressnutzer
Listeneigner → liefert Adressen → neutraler Lettershop
neutraler Lettershop → liefert Mailings → Adressnutzer
neutraler Lettershop → Zielperson
Zielperson → Response, Interessenten, Kunden, Retouren → Adressnutzer

Quelle: Schefer, D., in: Holland, H. (Hrsg.), Das Mailing, 2002, S. 63

2. Das Bundesdatenschutzgesetz (BDSG): Es schreibt vor, dass die gemieteten Adressen nicht beim Verwender, sondern ausschließlich bei einem neutralen Dritten – beispielsweise der Druckerei oder dem Lettershop – verarbeitet werden dürfen. Darüber hinaus muss das Mailing seit der 2. Novelle des BDSG im Herbst 2009 einen Hinweis darauf enthalten, aus welcher Quelle (also von welchem Vermieter) die Daten stammen.

Doch an wen kann man sich für die Anmietung von Adressen wenden bzw. wer darf solche Adressen überhaupt vermieten? Grundsätzlich können alle Unternehmen ihre Kundenlisten anderen (nicht-konkurrierenden) Unternehmen zur Verfügung stellen; aufgrund der erforderlichen Adressmengen handelt es sich dabei jedoch erfahrungsgemäß hauptsächlich um Versandhandelsunternehmen, Zeitschriftenverlage oder Reiseveranstalter. Darüber hinaus gibt es große Adressverlage, die Adressenlisten von verschiedenen Unternehmen bewerben und weitervermieten.

### Miete und Nutzung von Business-Adressen (B2B)

Wie bei der Segmentierung von Zielgruppen wird auch bei der Miete von Adressen zwischen privaten Interessenten/Endverbrauchern (B2C) und geschäftlichen Interessenten (B2B) unterschieden. In Deutschland beispielsweise existieren über vier Millionen Firmenadressen, die von den Adressverlagen auf einem möglichst aktuellen Stand (tagesaktuell) gehalten werden. Für die Sammlung dieser Adressen nutzen die Verlage eine Vielzahl unterschiedlicher Quellen, die großteils öffentlich zugänglich sind.

Business-Adressen dürfen für eine adressierte oder telefonische Werbeaktion in der Regel nur einmal genutzt werden. Die Mehrfach- und Dauernutzung des Adressmaterials ist nur mit besonderer Vereinbarung gestattet. Die Preise liegen etwa zwischen 70 und 190 Euro pro tausend Adressen und hängen

---

**Abb. 14 Die Miete von Business-/B2B-Adressen**
(Preise, Bedingungen, Besonderheiten)

 Für die Nutzung von B2B-Adressen gelten eine Vielzahl von datenschutzrechtlichen Besonderheiten. Dies gilt auch, wenn die Daten nicht gekauft (richtiger: gemietet), sondern selbst ermittelt wurden (z.B. durch die Auswertung von Adressverzeichnissen, eigenen Datenbanken etc.). Bei einer Miete von Adressen ist meist nur die einmalige Nutzung der Adressen erlaubt; Details liefern die AGBs der Listbroker.

 **Hinweise:**
- Eine Mehrfach- und Dauernutzung von gekauftem (gemietetem) Adressmaterial mit B2B-Adressen darf nur mit besonderer Erlaubnis erfolgen.
- Die Überprüfung einer eventuellen unerlaubten Nutzung erfolgt durch sogenannte Kontroll-Adressen.
- Die Mietpreise pro tausend Adressen liegen i. d. R. zwischen 70 und 190 € (150 € Mindestauftragswert, 60 € Datenbank-Pauschale).
- Retouren werden mit 0,30 bis 0,50 €/Stück vergütet (Qualitäts-Garantie).

Quelle: nach AZ Bertelsmann Direkt

davon ab, wie stark die Adressen selektiert beziehungsweise mit welchen zusätzlichen Informationen sie versehen sind. Die Anbieter geben eine Qualitätsgarantie und erstatten Retouren bei fehlerhaften Adressen.

In den Adresskatalogen sind die Business-Adressen nach Branchenzugehörigkeit gegliedert. Firmenadressen werden heute in über 10.000 Selektionen angeboten.

In den großen deutschen Unternehmen sind die sogenannten Entscheider – also die verantwortlichen Personen im Unternehmen – namentlich nach Funktion und hierarchischer Stellung bekannt. Sie könnten durch den Einsatz dieser Entscheider-Adressen direkt und namentlich angesprochen werden. Das vermeidet kostspielige Streuverluste: Denn ein persönlich adressiertes Mailing an „Max Mustermann, Leiter Marketing" ist verständlicherweise wirksamer als ein unadressierter Werbebrief „An den Leiter Marketing", da die persönliche Ansprache die Chance auf eine Antwort/Reaktion des Empfängers erhöht.

### Miete und Nutzung von Consumer-Adressen (B2C)

Bei der Miete von Endverbraucher- beziehungsweise Consumer-Adressen (B2C) sind nicht nur die zur Verfügung gestellten Informationen, sondern auch die Selektions- und die Verwendungsmöglichkeiten durch das Bundesdatenschutzgesetz (BDSG) eingeschränkt. So darf seit Herbst 2009 bei Endverbrauchern beispielsweise keine Erstakquisition über das Telefon (sogenannte Kaltakquise) mehr erfolgen.

Die zur Anmietung und Verwendung freigegebenen Daten beschränken sich auf folgende Informationen:

- die Zugehörigkeit des Adressaten zu der (vom Listbroker in der betreffenden Liste zusammengefassten) jeweiligen Personengruppe;

- die Berufs-, Branchen- oder Geschäftsbezeichnung;

---

**Abb. 15 Die Miete von Consumer-/B2C-Adressen**
**(Preise, Bedingungen, Besonderheiten)**

Für die Endverbraucher(B2C)-Nutzung von Adressen gelten eine Vielzahl von datenschutzrechtlichen Besonderheiten. Diese sind gegenüber den Bedingungen für die Nutzung von B2B-Adressen verschärft. Für adressierte Werbeaktionen ist in der Regel nur die einmalige Nutzung der Adressen erlaubt (s. AGBs).

**Hinweise:**
- Die Überprüfung einer eventuellen unerlaubten Nutzung erfolgt durch sogenannte Kontroll-Adressen.
- Die Mietpreise pro tausend Adressen liegen zwischen 100 und 200 € (Mindestauftragswert, Datenbank-Pauschale).
- Retouren werden nicht vergütet.

Quelle: nach AZ Bertelsmann Direkt

- Name, Titel, akademischer Grad;
- Anschrift;
- Geburtsjahr.

Nachdem einige „schwarze Schafe" durch unseriöse Nutzung der Daten beinahe die gesamte Branche in Verruf brachten, haben zahlreiche Unternehmen diesen Erscheinungen aktiv entgegengewirkt. So haben sich beispielsweise Listbroker, Adressverlage und -verarbeiter, die Mitglied im Deutschen Dialogmarketing Verband (DDV) sind, über die Anforderungen des BDSG hinaus zusätzliche Qualitäts- und Leistungsstandards auferlegt und entsprechende Verpflichtungserklärungen abgegeben, um zu gewährleisten, dass mit den Daten sorgsam umgegangen wird.

**Hätten Sie's gewusst?**

Wenn Sie Neukunden gewinnen möchten, bietet es sich an, Adressen von sogenannten Listbrokern zu mieten. Erste Ansprechpartner können hier z.B. Versandhandels-Unternehmen, (Adress-)Verlage oder Reiseveranstalter sein.

Qualitativ hochwertige B2B-Adressen können Sie schon zu verhältnismäßig günstigen Preisen und ohne großen Aufwand beziehen. Retouren, die z.B. durch fehlerhafte oder veraltete Adressen entstehen, werden Ihnen in der Regel vom Anbieter erstattet. Die Adressen können Sie entsprechend Ihrer Anforderungen nahezu unbegrenzt selektieren.

Welche Informationen bei Endverbraucher (sogenannten B2C)-Adressen gespeichert und wie diese verwendet werden dürfen, richtet sich nach dem Bundesdatenschutzgesetz, das im Jahre 2009 erheblich verschärft wurde. Grundsätzlich ist die Speicherung und Nutzung dieser Adressen aufgrund datenschutzrechtlicher Bestimmungen wesentlich eingeschränkter als bei B2B-Adressen. Ansonsten sind die Bedingungen weitgehend identisch mit denen im B2B-Bereich. Wichtigste Neuerung: Eine telefonische Erstakquise von Endverbrauchern (sogenannte Kaltakquise) ist nicht mehr erlaubt!

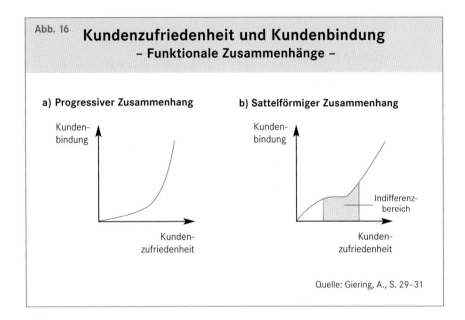

Quelle: Giering, A., S. 29–31

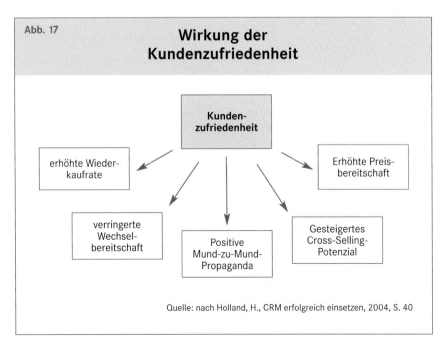

Quelle: nach Holland, H., CRM erfolgreich einsetzen, 2004, S. 40

## 6. Von der Kundenzufriedenheit zur Kundenloyalität

**Was bedeutet Kundenzufriedenheit?**

Kundenzufriedenheit ist eine der wichtigsten Voraussetzungen für den langfristigen Geschäftserfolg; dies gilt besonders in Zeiten, die durch verschärften Wettbewerb und durch steigendes Anspruchsdenken auf Kundenseite gekennzeichnet sind. Seit Beginn der 90er-Jahre ist deshalb die Zufriedenheit ihrer Kunden für viele Unternehmen ein erklärtes Ziel.

Die Zufriedenheit eines Kunden hängt von zwei Dingen ab: von seinen Erwartungen vor dem Kauf und von der Erfahrung, die er dann tatsächlich mit dem gekauften Produkt bzw. der angebotenen Leistung macht. Zufriedenheit und Unzufriedenheit sind deshalb zwei Extrempunkte, zwischen denen ein Bereich der Unsicherheit und Indifferenz liegt *(s. Grafik oben)*.

Eine hohe Kundenzufriedenheit wirkt sich in vielerlei Hinsicht positiv aus *(vgl. Holland H., CRM erfolgreich einsetzen, 2004, S. 40; s. dazu auch die Grafik unten)*:

– *Erhöhte Wiederkaufrate und damit Steigerung der Kundentreue*

Je öfter ein Kunde bei einem Unternehmen kauft, desto eher kann das Unternehmen bei ihm „Beziehungskosten" einsparen. Denn die Gewinnung eines Neukunden ist fünf bis siebenmal so teuer wie die Bindung eines bestehenden Kunden. Im Allgemeinen entfallen fast 70 % des Umsatzes auf Wiederkäufe. Allerdings kauft der Kunde auch nur dann mehrmals bei einem Unternehmen, wenn das Produkt/die Leistung seine Erwartungen voll erfüllt und er zufrieden ist.

– *Verringerung der Wechselbereitschaft und Abwanderungsrate*

Damit der Kunde nicht zur Konkurrenz wechselt, müssen Wettbewerbsvorteile gesucht und konsequent genutzt werden. Dies wird u.a. durch strikte Kundenorientierung erreicht, die die Zufriedenheit des Kunden zum Ziel hat.

– *Positive Mund-zu-Mund-Propaganda*

Individuelle Empfehlungen haben einen weitaus größeren Einfluss auf die positive Wahrnehmung eines Unternehmens als Massenwerbung. Denn Mundpropaganda geht von Freunden und Bekannten aus und ist somit persönlicher und glaubhafter, als es anonyme Marketingkommunikation jemals sein könnte. Wichtig: Die Qualität von Empfehlungen hängt unmittelbar davon ab, wie zufrieden der Kunden ist!

– *Steigerung des Cross-Selling-Potenzials*

Eine interessante Möglichkeit, den Umsatz zu steigern, besteht darin, dem Kunden – neben dem Produkt oder der Dienstleistung, die er immer kauft – zusätzlich weitere Produkte oder Leistungen anzubieten (sogenanntes Cross-Selling). Auf diese Weise kann der Kunde zusätzlich an das Unternehmen gebunden werden, das Unternehmen mehr über die Bedürfnisse und Interessen des Kunden erfahren und zugleich der Umsatz erhöht werden.

– *Erhöhung der Preisbereitschaft*

Zufriedene Kunden weisen eine höhere Treue (Loyalität) zum Unternehmen auf. Sie haben deshalb oft mehr Verständnis bzw. sind weniger sensibel für manchmal erforderliche Preiserhöhungen. Diese sollten aber dennoch nicht zu drastisch erfolgen, sondern nur sehr behutsam.

*Beispiele* für Unternehmensleitsätze:

– *Hertz Autovermietung*: Zufriedene Kunden sind unser größtes Unternehmensvermögen.
– *Toyota*: Wir wollen in der Bundesrepublik die Automobilmarke mit der höchsten Kundenzufriedenheit werden.
– *TUI Gruppe*: An erster Stelle steht bei uns die Kundenzufriedenheit.

## Kunden begeistern

Nutzen Sie die Zufriedenheit Ihrer Kunden für Ihren Geschäftserfolg. Stellen Sie Ihre Kunden nicht nur zufrieden, sondern begeistern Sie diese! Denn begeisterte Kunden empfehlen Sie weiter – und nichts wirkt glaubwürdiger als positive Mund-zu-Mund-Propaganda.

Begeisterte Kunden unterstützen Ihren Erfolg auch in mehrfacher anderer Hinsicht. Kennzeichnend sind:

– die höhere Bereitschaft, bei Ihnen erneut etwas zu kaufen (Wiederkaufrate),
– eine stärkere Kundentreue (Kundenloyalität),
– höhere Umsätze bei Cross-Selling-Maßnahmen und
– eine geringere Sensibilität bei notwendigen Preiserhöhungen.

Erst wenn Sie es schaffen, Ihren Kunden langfristig an sich zu binden, können Sie dessen Potenzial in vollem Maße ausschöpfen. Dies ist dann der Fall, wenn Ihr Kunde nicht nur wieder und vermehrt bei Ihnen kauft, sondern Sie auch an Freunde und Bekannte weiterempfiehlt.

Die Zufriedenheit Ihres Kunden ist zwar keine ausschließliche Bedingung für dessen (langfristige) Bindung an Ihr Unternehmen (Kundenloyalität); sie ist aber dennoch notwendig. In den meisten Fällen hängen beide Merkmale stark voneinander ab.

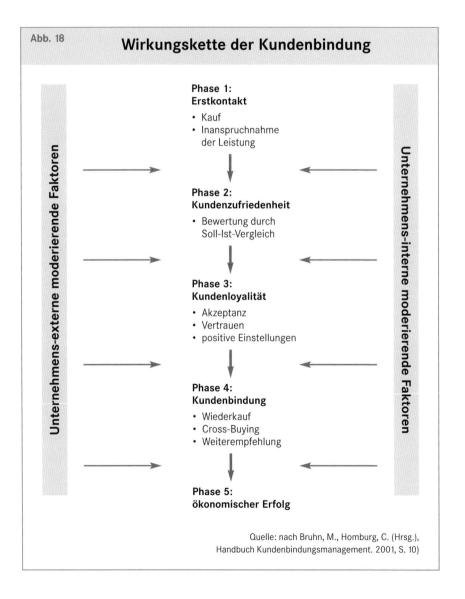

Abb. 18 **Wirkungskette der Kundenbindung**

Quelle: nach Bruhn, M., Homburg, C. (Hrsg.), Handbuch Kundenbindungsmanagement. 2001, S. 10)

## Was bedeutet Kundenbindung?

Kundenbindung bedeutet, den Kunden durch bestimmte Maßnahmen (enger) an ein Unternehmen zu binden und somit seine Treue zum Unternehmen langfristig zu sichern. In diesem Zusammenhang verwenden Unternehmen oft den Begriff des Kundenbindungs-Managements bzw. Kundenbeziehungs-Managements *(engl.: Customer Relationship Management/CRM)*.

Die nebenstehende Abbildung zeigt die klassische Wirkungskette. Sie erstreckt sich über fünf Phasen – vom Erstkontakt über Kundenzufriedenheit, Kundenloyalität und Kundenbindung bis zum wirtschaftlichen Erfolg. Das Potenzial des einzelnen Kunden kann erst durch langfristige Kundenbindung ausgeschöpft werden. Es gilt deshalb, bestehende Kunden durch Wiederholungskäufe zu erhalten sowie ihr Potenzial durch Zusatz- und Folgekäufe auszubauen. Dabei spielen kundenbindende Maßnahmen eine tragende Rolle.

Die tatsächliche Treue eines Kunden lässt sich allerdings nicht ausschließlich über seine Kaufgewohnheiten ermitteln. Auch die positive Einstellung des Kunden gegenüber dem Unternehmen spielt eine wichtige Rolle: Indizien dafür sind sein Weiterempfehlungs-Verhalten und die künftige Kaufabsicht.

## Der Zusammenhang zwischen Kundenzufriedenheit und Kundenbindung

Die Zufriedenheit eines Kunden ist keine Garantie für die Kundenbindung: Zwischen 65 und 85 % der Kunden, die den Anbieter wechseln, waren mit ihrem früheren Anbieter zufrieden! Für Kunden, die den Anbieter wechseln, obwohl sie mit ihm zufrieden waren, spielen häufig andere Faktoren eine Rolle – z.B. die Bequemlichkeit (der neue Anbieter ist in nächster Nähe), Konkurrenz-Aktionen, Preise oder schlicht die Lust, etwas Neues auszuprobieren *(engl.: variety seeking)*.

Einer Studie zufolge *(BMC Churn Index Survey, November 2008)* führt jedoch regelmäßiger Kundendialog bei 65 % der Angesprochenen zu deutlich höherer Kundenloyalität.

## Kundenbeziehungs-Management (CRM)

In den letzten Jahren hat ein neuer Begriff das Dialogmarketing erobert – das Thema Kundenbeziehungs-Management *(engl.: Customer Relationship Management/CRM)*.

CRM wird sehr unterschiedlich verstanden: Einerseits nehmen viele Software-Hersteller den Begriff für sich in Anspruch. Dadurch entsteht bei Marketing-Entscheidern oft der Eindruck, dass der Einsatz von CRM-Software automatisch die Erreichung einer höheren Kundenbindung und der Marketingziele garantiere. Dies ist jedoch ein Trugschluss.

Andererseits behaupten Marketing-Spezialisten, dass zu einem erfolgreichen CRM sehr viel mehr gehöre als nur die entsprechende Software. Die sei zwar die Basis für den CRM-Ansatz, reiche aber allein noch lange nicht aus, um erfolgreiches CRM zu betreiben.

Wieder andere Manager halten CRM für eine „Eintagsfliege" oder einen modischen Trend, mit dem man sich nicht beschäftigen muss und der in Kürze wieder vergessen sein wird.

Fest steht: CRM ist kein isoliertes Instrument, sondern muss als strategischer Ansatz in die Unternehmensprozesse einfließen, wenn es in einer konsequenten Kundenorientierung münden soll. Die Einbeziehung eines CRM-Software-Werkzeugs ist dabei eine wichtige Voraussetzung.

### Aufgaben eines Kundenbindungs-Managements zur Sicherung der Kundenloyalität

Versteht man das Kundenbindungs-Management als Prozess, der die Kette Kundenzufriedenheit – Kundenbindung – Kundentreue unterstützen soll, lassen sich seine Aufgaben in vier Phasen unterteilen:

1. Aufbau des Kundenkontaktes
2. Transaktion
3. Fulfillment
4. Service.

**Abb. 19 Kundenbeziehungsmanagement (CRM)**
– Kernaussagen –

**CRM ...**
- ist kein „alter Wein in neuen Schläuchen";
- ist kein Mode-Thema und keine Software;
- ist ein ganzheitlicher Ansatz zur Unternehmensführung;
- integriert und optimiert permanent sowie abteilungsübergreifend alle kundenbezogenen Prozesse;
- basiert auf einer Database;
- stellt nicht das Produkt, sondern den Kunden in den Mittelpunkt;
- setzt die Ansprüche des Relationship-Marketings und der Kundenorientierung in die Tat um;
- koordiniert die Kommunikation über alle Kanäle, Produkte und Serviceleistungen hinweg;
- ermöglicht dem Kunden die Entscheidung darüber, wie er mit dem Unternehmen in Interaktion treten will.

nach: Holland, H. (Hrsg.), CRM im Direktmarketing, 2001, S. 21

## Ganzheitlicher strategischer Ansatz: CRM

Customer Relationship Management (CRM) hat die optimale Kundenorientierung zum Ziel und umfasst das gesamte Unternehmen und den gesamten Kundenlebenszyklus. Mithilfe von CRM können Sie sämtliche interaktiven Prozesse mit den Kunden planen, steuern und kontrollieren. CRM erstreckt sich deshalb auch auf das Management von Datenbanken.

1. Einen Neukunden zu gewinnen, kostet etwa das Fünffache dessen, was Sie investieren müssen, um eine bestehende Kundenverbindung zu erhalten.
2. Marketing konzentriert sich heute immer noch überwiegend auf die Erzielung von Erstkäufen (also die Neukundengewinnung). Dabei wird übersehen, dass der größte Teil des Umsatzes mit Stammkunden erfolgt!
3. 5 % weniger Abwanderungen von bestehenden Kunden steigern den Kundenwert um bis zu 75 %!
4. Die Wahrscheinlichkeit, dass ein sehr zufriedener Kunde nachbestellt, ist dreimal höher als bei einem nur zufriedenen Kunden.
5. Ein Kunde, der über einen längeren Zeitraum mit einem Unternehmen zufrieden ist, gibt seine Erfahrungen an durchschnittlich 3, ein unzufriedener Kunde hingegen an 11 Personen weiter.
6. Jeder Prozentpunkt nachhaltig erhöhter Kundenzufriedenheit steigert die Rentabilität (gemessen als *Return on Investment*/ROI) um 7,25 %.

*zu 1.: Aufbau des Kundenkontaktes*

Ein Unternehmen kann potenzielle Kunden dadurch „identifizieren", indem es beispielsweise seine vorhandene Datenbank auf die Kundenstruktur hin analysiert und daraus Rückschlüsse für die Neukundengewinnung zieht. Diese potenziellen Kunden – z.B. Anforderer von Informationsmaterial, allgemeine Interessenten – werden zu einem Erstkauf geführt und der Kontakt mit ihnen wird gepflegt. Wie bereits ausgeführt, sollte schon in der Phase der Kundengewinnung auch die spätere Kundenbindung bedacht werden.

*zu 2.: Transaktion*

In Stufe 2 des Prozesses erhalten die Kunden die angeforderten Angebote sowie Lieferinformationen; dabei stellt das im Unternehmen eingesetzte (CRM-)System sicher, dass die Verträge mit den Kunden erstellt und abgeschlossen werden. Der reibungslose Ablauf dieser und der nächsten Stufe *(s. unten 3.)* sichert die Voraussetzungen für die Zufriedenheit der Kunden.

*zu 3.: Fulfillment*

Inhalt der dritten Stufe sind die Abwicklung des Kaufs, die Lieferung und die Rechnungstellung. Auch diese Stufe sollte durch das Kundenbindungs-Management überwacht und kontrolliert werden, da der Kunde nur so dauerhaft zufriedengestellt werden kann.

*zu 4.: Service*

Die wichtigste Rolle im Kundenbindungs-Prozess spielt das sogenannte After-Sales-Marketing, also die Maßnahmen, die auf den getätigten Abschluss folgen. Hier werden Aktivitäten des Unternehmens wie beispielsweise Serviceleistungen, Kundendienst und andere Dienstleistungen im CRM-System koordiniert und gesteuert, um die Loyalität des Kunden aufzubauen.

# 7. Viele Wege, ein Ziel: Medien im Dialogmarketing

Im Dialogmarketing unterscheidet man zunächst adressierte und unadressierte Werbesendungen:

- *Adressierte Werbesendungen* sind solche, bei denen die Sendung die vollständige Adresse des Empfängers aufweist. Klassischerweise ist dies der Werbebrief, also das Mailing. Auch der Katalog oder Prospekt, der (z.B. in einem adressierten Umschlag oder mit einem entsprechenden Adresseindruck versehen) an einen bestimmten Kunden oder Interessenten versendet wird, gehört in diese Kategorie.

- *Unadressierte Werbesendungen* weisen keine aufgedruckte Adresse des Empfängers auf. Sie werden meist durch einen Postboten (per Postwurfsendung) oder über eine Verteilerorganisation, die sich auf sogenannte Haushaltswerbung spezialisiert hat; in den Briefkasten des Empfängers zugestellt.

- Die *teiladressierte Werbesendung* (so z.B. Postwurf Spezial) ist eine Zwischenform. Sie weist Adresse und Postleitzahl, nicht aber den Namen des Empfängers auf (Beispiel: „An die Anwohner der Musterstraße 1, 12345 Musterstadt")

Wählt ein Unternehmen für seine Dialogmarketing-Aktionen nicht den Postweg, kommen beispielsweise Telefon- bzw. Faxwerbung oder eine Werbung über die „Neuen Medien" in Betracht. Beim Telefonmarketing unterscheidet man

- das *aktive Telefonmarketing (engl.: Outbound Call)*; hier geht die Initiative vom Unternehmen aus;

- das *passive Telefonmarketing (engl.: Inbound Call)* bei dieser Variant wird der Kunde oder Interessent aufgefordert, das Unternehmen anzurufen.

Das Outbound-Telefonmarketing ist im B2C-Bereich (also in Fällen, in denen sich Unternehmen an private Endverbraucher als Adressaten wenden) rechtlich stark eingeschränkt.

**Tab. 1 — Medien des Dialogmarketings**

| | |
|---|---|
| Adressierte Werbesendungen | • Mailing<br>• Katalog<br>• Prospekt |
| Unadressierte Werbesendungen | • Postwurf-Sendung<br>• Haushaltswerbung<br>• teiladressiert |
| Telefon, Fax | • Aktiv (Outbound)<br>• Passiv (Inbound) |
| Neue Medien | • E-Mail<br>• E-Newsletter<br>• Internet<br>• SMS, MMS |
| Print (Zeitschrift, Zeitung) | • Anzeige<br>• Beilage |
| Fernsehen/TV | • Werbespots<br>• Direct Response Television (DRTV)<br>• Tele- und Homeshopping |
| Hörfunk/Radio | • Werbespots<br>• Direct Response Radio (DRR) |
| Sonstige | • Außenwerbung<br>• Rechnungs- und Paketbeilagen<br>• On-Pack<br>• POS-Werbung |

Quelle: Holland, H., Direktmarketing, 2004

### Tab. 2 Vergleich der Medien im Dialogmarketing

| Medien | Vorteile | Nachteile |
| --- | --- | --- |
| Adressiertes Mailing | direkte und individuelle Ansprache | relativ hohe Kontaktkosten |
| Postwurf-Sendung/Haushaltswerbung | kostengünstig, geografisch selektierbar | Streuverluste, geringere Beachtung als personalisierte Ansprache |
| Telefon-Marketing | unmittelbarer Dialog, Nachfass-Instrument | rechtliche Grenzen |
| Plakat mit Response-Element | emotionale Bilder, andere Zielgruppen | Streuverluste, flüchtige Wahrnehmung, einfache Response-Möglichkeit notwendig (Telefon) |
| Anzeige mit Response-Element | Gestaltungsmöglichkeiten, emotionale Bilder, Response-Alternativen | Streuverluste, Kosten |
| Pressebeilage (in Zeitg./Zeitschr.) | Zielgruppe je nach Medium | Streuverluste abhängig vom Medium |
| Hörfunk/Radio | regional einsetzbar | Kosten, Streuverluste, flüchtige Wahrnehmung, Einblendung Response-Kanal |
| Fernsehen/DRTV | multisensorisch; Adressgewinnung bei nicht zu eng definierten Zielgruppen | Kosten, Streuverluste, Response-Kanal muss eingeblendet werden |
| Telefax | effizient bei bestehenden Kontakten | rechtliche Grenzen |
| Neue Medien/Internet (Homepage) | weltweite Präsenz, Image-Wirkung, möglicher Vertriebskanal | Aktualisierungs-Bedarf |
| Neue Medien/E-Mail | schnell und effizient, Dialogmöglichkeit | Antwort-Organisation erforderlich, Permission erforderlich |

So ist mit der Datenschutznovelle 2009 beispielsweise eine telefonische Neukunden-/Erstakquise verboten.

Das Online-Dialogmarketing nutzt die Kanäle Internet, E-Mail, E-Mail-Newsletter sowie die mobile Kommunikation einschließlich SMS und MMS.

Anzeigen und Beilagen in einer Zeitschrift oder Zeitung gelten dann als Dialogmarketing-Maßnahme, wenn sie den Leser beispielsweise über einen Coupon, eine Telefonnummer oder eine E-Mail- bzw. Internet-Adresse zu einer Reaktion auffordern. Gleiches gilt für Werbe-Spots im Fernsehen oder Radio, die darauf abzielen, eine Reaktion (Response) hervorzurufen. In beiden Varianten haben die Reaktionen zum Ziel, eine individuelle Beziehung zwischen Unternehmen und Kunde aufzubauen; der Dialog ist somit eröffnet.

Darüber hinaus gibt es viele weitere Kanäle, die einen direkten Kontakt aufbauen, so beispielsweise

- die Außenwerbung, die beispielsweise eine Telefonnummer oder die Aufforderung zum Senden einer SMS beinhaltet;
- Beilagen zu Rechnungen und Paketen, sobald sie eine Rückmeldemöglichkeit beinhalten;
- die sogenannte *On-Pack-Promotion*, also eine Werbung, die auf oder in der Packung erfolgt, sowie
- Direktwerbung per Verkaufsstand *(engl.: Point-of-Sale-Werbung oder kurz POS-Werbung genannt)*.

Die Medien des Dialogmarketings sind vielfältig. Welche Medien Sie einsetzen, hängt stark von Ihrem Budget und von Ihrem Produkt bzw. Ihrer Dienstleistung ab. Alle Medien des Dialogmarketings lassen sich hervorragend kombinieren – allerdings sollten Sie eine Kombination in jedem Fall zeitlich und inhaltlich aufeinander abstimmen.

Die unterschiedlichen Vor- und Nachteile der jeweiligen Medien entnehmen Sie bitte der nebenstehenden Tabelle.

**Was versteht man unter „Integriertem Dialogmarketing"?**

Ziel des sogenannten Integrierten Marketings ist es, alle Marketing-Aktivitäten im Sinne einer „Orchestrierung der Marketing-Instrumente" sorgfältig aufeinander abzustimmen und somit in einen Gleichklang zu bringen. Auch in einem Orchester geht es ja nicht darum, dass jeder Musiker nur sein eigenes Spiel optimiert. Nur durch den gleichzeitigen und aufeinander abgestimmten Einsatz aller Musikinstrumente entsteht eine wohlklingende Symphonie – das Gesamtergebnis ist effektiver als die Summe der einzelnen Resultate.

Die Abstimmung aller Aktivitäten rund um die Kundenansprache nennt man „Integrierte Kommunikation". Die systematisch aufeinander abgestimmten Kommunikationsinstrumente – und damit auch die verschiedenen Dialogmarketing-Medien – erzielen eine optimale Wirkung und vermitteln ein einheitliches Erscheinungsbild des Unternehmens. So sorgt beispielsweise eine visuelle oder akustische Vereinheitlichung dafür, dass der Kunde sofort wiedererkennt, um welches Unternehmen oder welche Marke es sich handelt.

Einheitliche Farben, Logos, Firmen-Slogans, Melodien oder Schrifttypen (Corporate Design) fördern die Wahrnehmung und die Präsenz von Unternehmen und Marken. Darüber hinaus müssen die Werbebotschaften auch inhaltlich und zeitlich abgestimmt sein, wenn sie die oben beschriebenen Synergie-Effekte bewirken sollen. Die Integrierte Kommunikation wird deshalb als „Königsdisziplin des Marketings" bezeichnet.

Diese Anforderungen wirken sich auch auf die Gestaltung von Mailings aus. Damit hier die gewünschten Synergie-Effekte zustande kommen können, ist es besonders wichtig, Bilder und Texte formal und inhaltlich so aufeinander abzustimmen, dass sie im Einklang mit dem Unternehmensauftritt stehen.

Außerdem muss auf den Zeitpunkt der Aussendung geachtet werden: So kann es beispielsweise sinnvoll sein, vor der Aus-

---

**Hätten Sie's gewusst?**

Integriertes Marketing geht weit über die reine Kombination unterschiedlicher Marketing-Aktivitäten innerhalb eines Mediums oder verschiedener Medien hinaus. Vielmehr ist es wichtig, alle Ihre marktgerichteten Aktivitäten im Sinne einer „Orchestrierung der Marketing-Instrumente" sorgfältig aufeinander abzustimmen und in einen Gleichklang zu bringen. Erst wenn Sie für ein einheitliches Erscheinungsbild sorgen und Ihre Werbebotschaften inhaltlich und zeitlich koordinieren, funktioniert das integrierte Konzept!

Achten Sie daher beispielsweise bei der Erstellung eines Mailings darauf, dass die verwendeten Bilder und Texte auch zu Ihrem Unternehmensauftritt passen. Achten Sie auch auf den Zeitpunkt der Aussendung (Ferien und Feiertage beachten!) und erhöhen Sie die Aufmerksamkeit, indem Sie z.B. unmittelbar vor dem Mailing einen Radiospot oder eine Anzeige schalten.

sendung des Mailings einen Radio-Spot oder eine Anzeige zu schalten, da auf diese Weise Interessenten über verschiedene Kanäle erreicht werden (z.B. bei der Neueröffnung eines Geschäfts). Crossmediale bzw. integrierte Marketing-Kampagnen bewirken nicht nur eine höhere Werbeerinnerung bei den Adressaten, sondern erzielen auch deutlich bessere Response-Zahlen.

Als erfolgreichste Kombination in der Praxis hat sich dabei die crossmediale Verzahnung von Print und Online, also eine Kombination aus sogenannten Offline- und Online-Maßnahmen erwiesen. Dabei dient ein Print-Mailing als Leitmedium und Online als Zielmedium. Anders formuliert: Durch eine Offline-Maßnahme (das Mailing) wird zunächst Aufmerksamkeit geschaffen; direkt miteinander kommuniziert wird dann Online. Das entscheidende Erfolgskriterium bei medienübergreifend (crossmedial) angelegten Mailings ist, die jeweiligen Offline- und Online-Maßnahmen gestalterisch, inhaltlich und zeitlich perfekt aufeinander abzustimmen.

**Die Verzahnung von Print- und Online-Maßnahmen am Beispiel Versandhandel**

Bei einigen Versendern geht die Online-Vernetzung bereits so weit, dass der Printkatalog beispielsweise gar kein Bestellformular mehr erhält; somit muss der Kunde zwingend die Website des Versenders besuchen, um Ware zu bestellen. Andere Versender wiederum nutzen das Internet, um Informationen mit Mehrwert-Charakter zu präsentieren:

So druckt der Versender *JD Williams* in seinem Unterwäsche-Katalog eine www-Adresse ab, die Interessenten passende Outfits zu der jeweiligen Unterwäsche bietet (sogenannte „Hidden Secrets"). Bei der Firma *Littlewoods* hingegen animieren im Katalog zwei aus dem Fernsehen bekannte Stylistinnen den Konsumenten, die Website zu besuchen. Und der Versender *3 Suisses* hat gar auf seiner Website eine Online-Verkaufsbörse eingerichtet, in deren Rahmen die Interessenten Produkte kaufen und verkaufen können (vergleichbar mit *eBay*). Ebenso können diese mit einem Online-Konfigurator aus Schnitten und Stoffen eigene Produkte oder Kollektionen zusammenstellen.

Auf der Website von *H&M* wiederum ist eine virtuelle Anprobe von Kleidungsstücken möglich: das „Model" wird dabei durch die eigenen Maße und das Hochladen des eigenen Fotos personalisiert. Als besonderes „Schmankerl" bietet H&M den Besuchern der Website außerdem Städteführer durch Modemetropolen an.

*La Redoute* beispielsweise hat ein eigenes Modemagazin mit interaktiven Elementen wie Videoclips, Modeschauen und Interviews mit Prominenten in seine Website eingebunden.

Und beim Versender *Wehkamp* erhalten Interessenten im Internet eine individuelle Styling-Beratung, bei der eine virtuelle Beraterin den Nutzer in Bezug auf Aussehen, Farbe, Figur und Geschmack befragt und schließlich mehrere Styling-Varianten vorschlägt.

Das Internet bietet aber auch eine Vielzahl von Möglichkeiten zur Nutzung von technischen Innovationen: So animieren bei manchen Versendern Videoclips von aktuellen Modeschauen sowie Trendvorstellungen durch Jungdesigner und Stars die Nutzer zum Kauf; andere Versender hingegen nutzen bereits die sogenannten Social Networks wie z.B. *Facebook* oder *Myspace* und binden diese in ihre Dialogmarketing-Maßnahmen ein.

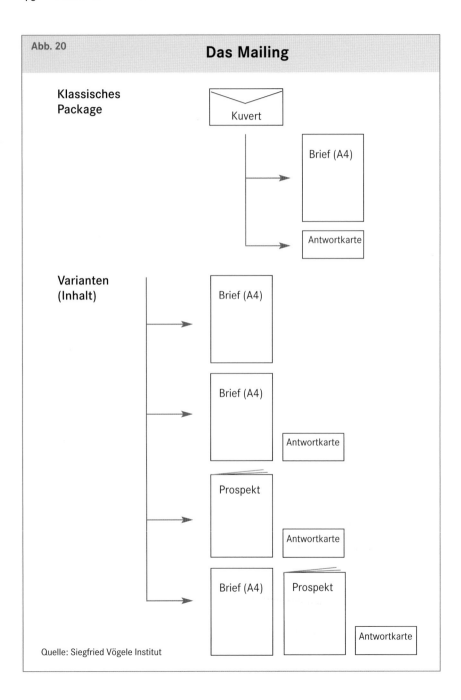

Abb. 20 Das Mailing

Quelle: Siegfried Vögele Institut

## 8. Stets bewährt: Das Mailing

Ein erfolgreiches Mailing ist durch eine gute Idee, eine interessante Aufmachung und eine gelungene Umsetzung gekennzeichnet. Zunächst soll jedoch kurz erläutert werden, welche Bestandteile ein Mailing enthält und welche Funktionen die einzelnen Bestandteile erfüllen.

### Die Bestandteile eines Mailings

Ein Mailing besteht grundsätzlich aus der Versandhülle (dem Kuvert) und einem Werbebrief. Zusätzlich finden sich in Werbebriefen häufig Prospekte, Produktproben, Gewinnspiele oder kleine Geschenke.

Das Kuvert hat die Aufgabe, die Bestandteile des Mailings zusammenzuhalten und auf dem Transportweg zu schützen. Das Kuvert ist der erste Kontakt, den der Empfänger mit dem Werbemittel hat; es sollte deshalb einen guten Eindruck auf ihn machen und sein Interesse und seine Aufmerksamkeit wecken.

Der Brief gibt Auskunft über den Absender und seine Absicht und enthält das Angebot. Er eröffnet mit der persönlichen Anrede den Dialog mit dem Kunden. Je nach Grad der Personalisierung (adressiert, unadressiert, teiladressiert) lassen sich verschiedene Briefformen unterscheiden – und je nach Zielsetzung des Mailings (z.B. Neukundengewinnung, Adressgenerierung Information über Termine) hat das Anschreiben dabei unterschiedliche Aufgaben. In einem sogenannten Mail-Order-Package beispielsweise übernimmt der Werbebrief Aufgaben, die denen eines Außendienstmitarbeiters ähneln, der ein Verkaufsgespräch führt.

Der einem Mailing beigelegte Prospekt dient der genauen Produkt- bzw. Angebotsbeschreibung. Er kann ebenfalls verschiedene Formen haben. Besonders häufig sind:

- ein einfacher, einseitiger und kleinformatiger „Stuffer";
- ein Angebots-Flyer (gefalzt oder geheftet);
- eine Broschüre;
- ein umfangreicher Katalog.

Darüber hinaus sollten Mailings immer sogenannte Response-Elemente enthalten. Dies sind Bestandteile, die eine Reaktion des Empfängers auslösen bzw. erleichtern sollen, also z.B. eine voradressierte Antwortkarte oder ein Bestellschein mit Rücksendeumschlag. Das Response-Element bildet den Abschluss des „schriftlichen Verkaufsgesprächs". Es stellt die letzte Hürde dar, die genommen werden muss, um das Ziel – die Reaktion des Lesers – zu erreichen. Bei der Gestaltung von Response-Elementen sollte dem Empfänger deshalb das Ausfüllen so leicht wie möglich gemacht werden.

### Die Entwicklung eines Mailings in der Praxis

Jeder Werbebrief sollte ein möglichst individuelles Erscheinungsbild aufweisen. Dies betrifft die äußeren Erkennungszeichen eines Briefes, so z.B.

- Briefkopf und Headline;
- Anrede und Text;
- Typografie (verwendete Schriften und Schriftgrößen);
- Absätze;
- Unterstreichungen und Fettdruck;
- Abbildungen;
- Unterschrift;
- Postskriptum (PS);
- Aufbau und Länge des Textes;
- Lesekurve;
- Personalisierung.

Der Briefkopf bietet zahlreiche Möglichkeiten zur Visualisierung; auf ihn fällt der Blick des Lesers im Allgemeinen zuerst. Briefköpfe von Mailings enthalten meist entweder Adresse und Logo des absendenden Unternehmens, das sich auf diese

**Abb. 21**

## Die Mailing-Bestandteile und ihre Aufgaben

**Kuvert**
Schutz, Aufmerksamkeits-Gewinnung

**Brief**
- Kontakt zum Kunden;
- Auskunft über den Absender;
- Vorstellung des Angebots;
- Führen eines Verkaufsgesprächs;
- zum Weiterlesen motivieren;
- Interesse an dem Angebot erzeugen;
- von Vorteilen und Problemlösungen überzeugen.

**Prospekt**
Genaue Produkt-Beschreibung, Bilder zur genauen Angebots-Beschreibung

**Response-Element**
Abschluss des „Verkaufsgesprächs":
- einfach auszufüllen;
- klar und übersichtlich gestaltet;
- begrenzte Anzahl an Alternativen;
- so weit wie möglich (vor-)ausgefüllt.

Quelle: Siegfried Vögele Institut

## Hätten Sie's gewusst?

Achten Sie bei der Erstellung Ihres Mailings stets darauf, welche Aufgaben es erfüllen soll. Denn je nachdem, ob es informieren, Produkte anpreisen oder zu einer Veranstaltung einladen soll, ergeben sich daraus u.U. Besonderheiten für die einzelnen Bestandteile. Halten Sie sich bei der Erstellung des Mailings an die im Text genannten Regeln.

Achten Sie zudem darauf, dass die folgenden äußeren Erkennungsmerkmale Ihres Briefes beim Empfänger einen möglichst individuellen Eindruck machen:

- Briefkopf;
- Headline;
- Anrede;
- Text;
- Typografie;
- Absätze;
- Unterstreichungen und Fettdruck;
- Bilder;
- Unterschrift;
- Postskriptum;
- Aufbau des Textes;
- Länge des Textes;
- Lesekurve;
- Personalisierung.

Weise unmittelbar dem Empfänger vorstellt, oder sind werblich gestaltet, beispielsweise mit einer Abbildung des angebotenen Produkts.

Briefe gelten als eher „persönliche" Medien in der zwischenmenschlichen Kommunikation. Der Werbebrief sollte deshalb in jedem Fall die namentliche Anrede des Empfängers enthalten, da dies den persönlichen Charakter des Briefes unterstreicht.

Die Überschrift *(engl.: Headline)* über dem Text des Briefs wirkt als „Schlagzeile". Sie soll den Blick des Lesers beim Überfliegen des Textes stoppen, sein Interesse wecken und ihn kurz über den Inhalt des Angebots informieren.

Unterstreichungen und Fettdruck führen den Blick des Lesers beim ersten Überfliegen durch den Text. Sie beeinflussen den Blickverlauf und lenken die Aufmerksamkeit auf die wichtigsten Hinweise und Vorteile, damit sich der Leser ausführlicher mit dem Werbemittel beschäftigt.

Die Unterschrift darf nicht fehlen und sollte möglichst durch blaue Farbe hervorgehoben sein. Sie gehört zu den visuellen Bestandteilen eines Werbebriefes, auf die der Leser schon beim ersten Überfliegen achtet. Der Leser sucht nach einer Bezugsperson und findet diese in Form der Unterschrift. Da Unterschriften meist schwer lesbar sind, ist es ratsam, den Name darunter noch einmal in Druckbuchstaben zu setzen.

Im Postskriptum (PS) von Werbebriefen wird entweder das Angebot mit seinen Vorteilen noch einmal in Kurzform beschrieben, oder auf einen Zusatzanreiz aufmerksam gemacht.

## 9. Wie wirkt's?
### Wertvolle Tipps für die Mailing-Gestaltung nach Prof. S. Vögele

**Das Produkt als Erfolgsfaktor**

Es klingt banal, kann aber gar nicht oft genug wiederholt werden: „Ihr" Produkt – also das Angebot, das im Mailing beworben wird – ist der Faktor, der den Erfolg eines Mailings am meisten beeinflusst!

Sollten Sie mehrere Produkte gleichzeitig vertreiben (bzw. über das Mailing bewerben) wollen, ist bei der Produktauswahl auf eine sinnvolle Mischung zu achten. Ihre Produktauswahl sollte dann möglichst folgende Bestandteile kombinieren:

- ein Basisangebot („Zugpferd(e)/Renner");
- differenzierende Produkte (z.B. das Angebot von Produktpackages, mit denen Sie sich zugleich vom Wettbewerb abheben) und
- „Exoten" und Innovationen.

Selbst wenn das Produkt stimmt, muss die Werbebotschaft aber so gestaltet sein, dass sie beim Empfänger ankommt und von diesem auch gelesen wird. Zugleich muss man sich dabei auch noch von seinen Mitbewerbern abheben. Dies gelingt, wenn man gewisse Regeln und Strategien beachtet.

**Strategien zur Gestaltung eines Mailings**

Für die Gestaltung erfolgreicher Mailings existieren zahlreiche Regeln und Empfehlungen. Die wichtigsten seien nachfolgend kurz erläutert:

- *den Vorteil für den Kunden herausarbeiten*

  Prof. Siegfried Vögele, Pionier und Wegbereiter des Dialogmarketings, fand heraus, dass dem Leser eines Mailings schon beim ersten Überfliegen des Werbebriefes relevante Vorteile ins Auge fallen müssen, um ihn zum Weiterlesen zu motivieren *(vgl. Vögele, S., Dialogmethode, 2002, S. 92).*

Abb. 22 **Das Produkt als Erfolgsfaktor**

Viele Zugpferde und wenige Exoten machen Ihr Produktangebot attraktiv.

Quelle: Deutsche Post AG

Bereits innerhalb dieses ersten Kurzdialogs muss der Leser vom Nutzen des Angebots überzeugt werden – denn erst dann steigt er in ein intensiveres Lesen ein. Andernfalls verfehlt das Mailing seine Wirkung und übersteht die sogenannte erste Wegwerf-Welle nicht *(siehe hierzu ausführlich den nächsten Abschnitt: „Die Prof. Vögele Dialogmethode®: Das Mailing als schriftliches Verkaufsgespräch")*.

– *den Werbebrief dramatisieren*

Bei konventionellen Mailings überzeugen die Verkaufsargumente für das Angebot den Leser häufig nicht sofort; oft ist das Produkt auch erklärungsbedürftig oder der USP *(engl.: Unique Selling Proposition/das Alleinstellungsmerkmal)* nicht sofort erkennbar. Deshalb versuchen viele Anbieter, beim Leser Emotionen zu wecken, indem sie ihr Mailing durch eine sogenannte Dramatisierung interessanter und attraktiver machen. Andere Mailings sprechen den Spieltrieb des Lesers an und animieren ihn so, sich aktiv mit dem Mailing zu beschäftigen.

Auch Gewinnspiele haben große Bedeutung. In vielen Mailings finden sich darüber hinaus Lose, Rubbelflächen, heraustrennbare Bestandteile oder auch Duftproben, um mehr als nur ein Sinnesorgan des Lesers anzusprechen und damit den Werbeerfolg zu erhöhen.

– *die DDPC-Formel nutzen*

Die DDPC-Formel gibt Hinweise zum richtigen Aufbau eines Briefes. Sie steht für:

– Dramatic (Dramatischer Einstieg);
– Descriptive (Beschreibung des Angebotes);
– Persuasive (Besitzwunsch wecken);
– Clinching (Zum Abschluss drängen).

– *die vier P einsetzen*

Die vier P stehen für wichtige Elemente, die Ihr Mailing unbedingt (auch in dieser Reihenfolge) beinhalten sollte:

---

Abb. 23

**Strategien zur Gestaltung eines Mailings**

 Damit Ihr Mailing eine möglichst hohe Resonanz beim Kunden hervorruft, sollten Sie folgende Regeln beachten:

- Vorteile für den Kunden klar herausarbeiten;
- den Werbebrief „dramatisieren";
- die „KISS-Methode" anwenden (also das Mailing kurz und einfach halten; *engl.: keep it short and simple*);
- den Werbebrief nach der „DDPC-Formel" aufbauen;
- die „4 P" verwenden;
- nach „Star, Chain, Hook" strukturieren.

Quelle: Holland, H. (Hrsg.), CRM im Direktmarketing, 2001, S. 21

- *Picture* (dt.: Bild): eine möglichst bildhafte Beschreibung des Angebots; mit diesem Element sollte der Brief beginnen;
- *Promise* (dt.: Versprechen): die Annahme des Angebots verspricht eine Problemlösung;
- *Prove* (Beweis): Testimonials (sogenannte O-Töne) von anderen Nutzern (insbesondere Prominenten), die beweisen sollen, dass das Angebot „funktioniert"/mit persönlichen Vorteilen für den Empfänger verbunden ist;
- *Push* (Stoß): der Anstoß zur Handlung; dieses Element sollte zum Abschluss des Briefes stehen.

- *Star, Chain, Hook beachten*

  Diese drei Begriffe stehen für Elemente, die Sie im logischen Aufbau des Mailings beachten sollten:
  - *Star* (Stern): eine strahlende Idee als Aufhänger;
  - *Chain*: eine starke Kette überzeugender Argumente;
  - *Hook* (Angelhaken): ein Anreiz, der eine Reaktion des Empfängers auslösen soll.

**Die Prof. Vögele Dialogmethode®:**
**Das Mailing als schriftliches Verkaufsgespräch**

Die Prof. Vögele Dialogmethode® für das Entwickeln und Gestalten von Mailings baut auf dem echten Verkaufsgespräch auf. Dieses ist durch folgende Elemente gekennzeichnet:

1. Im persönlichen Gespräch steuert der Verkäufer den gesamten Ablauf von der ersten Kontaktstufe bis hin zur Abschlussphase.
2. Der Kunde hat Fragen und erwartet eine gute Antwort.
3. Ein guter Verkäufer beantwortet zu früh gestellte Fragen, die in die Abschlussphase gehören, nicht sofort. Er schiebt die Antwort hinaus.
4. Manche Fragen beantwortet er, auch wenn sie der Kunde nur gedacht, aber noch nicht ausgesprochen hat.

> **Gewusst wie!**
>
> Sorgen Sie bei der Erstellung eines Mailings dafür, dass der Leser bereits beim ersten Überfliegen des Briefs seine persönlichen Vorteile erkennt. Nur so motivieren Sie ihn zum Weiterlesen!
>
> Sprechen Sie mit Ihrem Mailing mehr als nur ein Sinnesorgan an und wecken Sie Emotionen, beispielsweise durch Gewinnspiele oder Rubbellose!
>
> Nutzen Sie die vielfältigen Formeln für die Ansprache Ihrer Kunden in Ihrem Mailing! Sie sind einfach einzuprägen und liefern wertvolle Anhaltspunkte für den zielführenden Dialog mit Ihren Kunden.

5. Der Verkäufer kennt diese Fragen aus Erfahrung. Es sind die unausgesprochenen Käufer-Fragen.

6. Während des Dialogs sendet der Kunde sehr viele kleine Zustimmungen (kleine „Jas"), bevor er dem Angebot mit einem großen „JA" zustimmt.

7. Man spricht hierbei von sogenannten Kaufsignalen (Verstärker). Dazwischen liegen auch kleine „Neins" (Filter).

**Die Idee des schriftlichen Verkaufsgesprächs**

Wenn der persönliche Besuch des Verkäufers zu teuer ist, kommt es zu „Ersatzbesuchen" per Brief, Telefon, Coupon-Anzeige oder Internet. Dabei wird das persönliche Gespräch möglichst authentisch „nachgestellt".

Es gibt viele Arten solcher Kundengespräche. Sie alle haben einen ähnlichen Aufbau und ihr Ziel ist stets die positive Reaktion des Kunden. Die Art der Reaktion hängt dabei von der Art des Gesprächs ab: Denn ein Verkäufer beispielsweise führt nicht nur Verkaufsgespräche im engeren Sinne (also mit dem Ziel eines sofortigen Abschlusses), sondern auch Informations-, Kontakt-, Service- oder Bedarfsanalyse-Gespräche.

Informationen ohne Reaktion sind Monologe! Sie können zwar zur Verbesserung des Bekanntheitsgrades und des Images beitragen (und sind damit der sogenannten „Klassischen Werbung" zuzurechnen), stellen aber keinen Dialog dar.

Auch im schriftlichen Dialog gibt es Fragen und Antworten: Angefangen von „Woher hat diese Firma meine Adresse?" über Fragen wie „Brauche ich das? Was bringt mir das? Was will diese Firma von mir?" bis hin zur Schlussfrage „Was soll ich jetzt tun?". Einige dieser Fragen konzentrieren sich auf den Brief (persönliche Fragen), andere auf die Beilagen (Produktfragen) und auf das Response-Element (Abschlussfragen).

Darüber hinaus gibt es weitere Ähnlichkeiten zum echten persönlichen Gespräch: Auch im Dialogmarketing spricht

---

**Abb. 24**

**Das Mailing –**
„Behalten" oder „Wegwerfen"?

 Der Empfänger eines Mailings entscheidet innerhalb von ca. 20 Sekunden, ob das Mailing gelesen oder weggeworfen wird. Wie aber fällt die Entscheidung „nützlich" oder „wegwerfen"?

 **Vorgehen:**
- Zuerst reines Überblicken
- Unsere Augen fixieren auf einer DIN-A4-Seite etwa 10 Punkte.
- Wahrgenommen werden:
  - Bilder;
  - Headlines;
  - Hervorhebungen im Text.
- Wir suchen:
  - etwas Bekanntes/Vertrautes;
  - etwas, das neugierig macht (z.B. Rätsel);
  - etwas Einfaches; (leicht Verständliches).

**Vorteil ! Vorteil ! Vorteil ! Vorteil !**

Quelle: Siegfried Vögele Institut

man mit Personen einer Zielgruppe und wartet auf eine Reaktion (möglichst ein großes „JA"). Auf dem Weg vom ersten Kontakt bis zur Reaktion per Unterschrift erkennt man bei Untersuchungen des Blick- und Leseverhaltens im Labor viele Response-Signale positiver oder negativer Art. Diese kleinen „Jas" (Zustimmungen) und „Neins" (Ablehnungen) des Lesers bestimmen das weitere Verhalten: entweder komplette Ablehnung – dann landet das Mailing im Papierkorb – oder steigendes Interesse am Weiterlesen – dann kommt es nach dem ersten zu einem zweiten Lesedurchgang.

Wichtig: Die Botschaft allein ist kein Dialog-Ersatz. Sie muss ankommen, muss gelesen und verstanden werden. Ob dies tatsächlich geschehen ist, zeigt die Response. Erfolgreiche schriftliche Dialoge führen heißt: den Erfolg durch Reaktionen beweisen!

Ein Empfänger reagiert aber erst, wenn er sich mit der Botschaft ausführlich genug beschäftigt hat. Damit ist das Reaktionsverhalten abhängig vom Leseverhalten der Zielgruppe. Das Leseverhalten wiederum hängt stark von der Gestaltung des Werbemittels ab.

### Mündlicher und schriftlicher Dialog – die Unterschiede

Anders als beim mündlichen Dialog, bei dem die Informationen nach und nach präsentiert werden können, liegen beim schriftlichen Dialog die einzelnen Bestandteile des Gesprächs „sofort auf dem Tisch". Denn das, was ein Interessent im persönlichen Verkaufsgespräch nacheinander hört, sieht der Empfänger eines Mailings nahezu gleichzeitig, auf einen Blick.

Allerdings gibt es eine bestimmte Reihenfolge, in der die Informationen aufgenommen werden. Je eher diese Reihenfolge auch bei schriftlichen Informationen der Reihenfolge beim mündlichen Dialog entspricht, desto mehr Chancen hat die Botschaft, auch tatsächlich beim Empfänger „anzukommen" und somit die gewünschte Reaktion auszulösen.

**Abb. 25**

### Grundlagen der Werbewahrnehmung (I)

 Die ersten zwei Sekunden entscheiden, ob das Mailing gelesen wird oder nicht.

 **Wichtige Regeln:**
- Das Auge sucht Fixpunkte, um
- mit dem Lesen zu beginnen:
  - Bilder vor Grafiken;
  - Headlines vor Fließtext;
  - Farben vor schwarzweiß.
- Möglichst eine personalisierte und individualisierte Ansprache statt einer unpersonalisierten Ansprache wählen.
- Durch den Aufbau und Inhalt des Textes folgende Leserfragen beantworten:
  - Wer schreibt mir?
  - Warum bekomme ich diesen Brief?
  - Was soll ich tun?

Quelle: Siegfried Vögele Institut

> **Hätten Sie's gewusst?**
>
> Bei Mailings werden die Informationen nach einem bestimmten „Blickmuster" aufgenommen. Bei **Textinformationen** gilt folgende Reihenfolge:
>
> - große vor kleinen Headlines;
> - kurze vor langen Headlines;
> - einzeilige vor mehrzeiligen Headlines;
> - positive Schrift (d.h. schwarz auf weiß) vor negativer;
> - groß-klein-Schreibweise vor Versalien;
> - unterstrichene vor nicht unterstrichenen Textstellen,
> - kurze Wörter in den Headlines vor langen;
> - einfache Wörter vor komplizierten Fachwörtern (insbesondere in den Headlines).
>
> **Bildinformationen** hingegen werden in folgender Reihenfolge wahrgenommen:
>
> - große vor kleinen Bildern;
> - farbige vor schwarz-weißen Bildern;
> - „warme" vor „kalten" Farbtönen;
> - grelle oder sehr dunkle Farbtöne vor mittleren;
> - Bild-Sequenzen vor Einzelbildern;
> - Menschen vor Produkten;
> - Kinder vor Erwachsenen;
> - Menschengruppen vor einzelnen Menschen;
> - „Aktion" vor „Ruhe";
> - „Porträts" vor Aufnahmen der ganzen Person;
> - „Auge"- vor „Porträt"-Aufnahmen;
> - Tiere vor Pflanzen;
> - senkrechte vor waagrechten Flächen;
> - diagonale vor senkrechten Flächen;
> - Kreisflächen vor rechteckigen Flächen.
>
> Quelle: Vögele/Bidmon 2002, S. 450 f.

Die Gestaltung eines Mailings ist somit nicht die alleinige Erfolgsursache für eine Reaktion des Lesers. Sie ist aber entscheidend für das Leseverhalten. Das richtige Produkt, die passende Angebotsform, die richtige Zielgruppe, das Ziel – all das sind Voraussetzungen für die ersehnte Reaktion. Sie nutzen jedoch wenig, wenn die Botschaft – z.B. die Information über ein gutes Produkt – dem Leser durch schlechte Gestaltung verborgen bleibt oder nur unzureichend zur Geltung kommt.

### Das Leseverhalten

Bei Mailings lässt sich ein weit verbreitetes Blickmuster feststellen. Bereits nach nur wenigen aufgenommenen Informationen fällt zudem die Entscheidung darüber, ob man weiterliest oder das Mailing wegwirft.

Für das Öffnen, Entfalten und Überfliegen eines einfachen 20-Gramm-Mailings stellen die ersten 20 Sekunden (durchschnittlich 2 Sekunden pro DIN-A4-Seite) eine wichtige Schwelle dar: Alle Seiten wurden ein erstes Mal angeschaut. Spätestens jetzt hat sich der „erste Eindruck" gebildet, und zwar meistens aufgrund der gesehenen Bilder, Grafiken und Headlines. Der Text wird erst gelesen, wenn dieser erste Eindruck zum Lesen motiviert. Der erste Kurzdialog muss dem Betrachter signalisieren: Das bringt Vorteile für mich! Das Lesen hat einen Sinn! Denn für Sinnloses opfert niemand wertvolle Zeit.

Einerseits sind 20 Sekunden wenig Zeit, um Vorteile zu erkennen. Anderseits sind 20 Sekunden beinahe zehnmal mehr, als man für die durchschnittliche Beachtung einer klassischen Anzeige misst. Während dieser 20 Sekunden hält das Auge 50- bis 100-mal an. Alle diese sogenannten Fixationen (mindestens 0,2 Sekunden Verweildauer) bergen Chancen und Risiken für das Weiterlesen. Sobald die kleinen „Neins" überwiegen, wird der Lesevorgang abgebrochen. Es kommt zu einem negativen Urteil über den gesamten Inhalt. Diese

„negative Prädisposition" kann dazu führen, dass sogar nachfolgende positive Informationen falsch verstanden werden.

Ein Mailing muss auch einmal den Preis der Ware nennen und vom Bezahlen sprechen. Das sind Themen, die den Leser nicht immer positiv stimmen. Informationen dieser Art sind ungefährlich, solange sie erst spät, nach den positiven Informationen (kleine „Jas"), registriert werden. Die Dialogreihenfolge muss daher im schriftlichen Gespräch bewusst gesteuert werden. Anderenfalls läuft man Gefahr, das Verkaufsgespräch beim Preis oder den Zahlungsbedingungen zu beginnen, also von hinten! Die „Neins" kommen dann zu früh, die späteren „Jas" haben keine Chance mehr.

Grundsätzlich lässt sich der Blickverlauf eines Lesers beim Ansehen eines gedruckten Werbemittels vorhersagen. Dies gilt auch für den oben beschriebenen ersten Kurzdialog eines Empfängers mit einem Mailing.

Für einen Gestalter ist es deshalb wichtig zu wissen, welche Elemente zuerst gesehen werden. Als Hilfe dient die Liste im *Tipp-Kasten auf S. 54*; sie beruht auf Untersuchungen des Blickverlaufs mit der sogenannten Augenkamera.

### Die Dialogformel

Für die Werbepraxis bedeutet dies: Der Empfänger von Mailings, Response-Anzeigen oder anderen Dialogmarketing-Instrumenten sucht Vorteile und Antworten auf seine Fragen, bevor er mit einer Response reagiert. Seine Augen folgen dabei bestimmten Gesetzmäßigkeiten. Dieser Blickverlauf muss identisch sein mit der Reihenfolge der gesuchten Vorteile und Antworten.

Der sicherste erste „Blickpunkt" sind Bilder, Fotos oder bildähnliche Elemente. Der zweite Blickpunkt sind deutliche Headlines, der dritte Blickpunkt Hervorhebungen in Textstellen usw. Wer um diesen Blickverlauf weiß, kann bisherige Mailings, Anzeigen oder Beilagen zum einen besser beurteilen

**Abb. 26** **Grundlagen der Werbewahrnehmung (II)**

Typischer Blickverlauf eines Lesers beim Lesen eines gedruckten Werbemittels

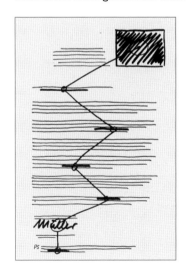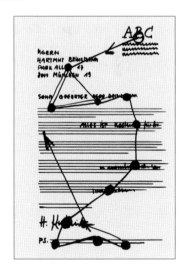

• Haltepunkte (Fixationen)

Quelle: Vögele, S., Dialogmethode, 2005, S. 214, 218

und zum anderen neue Dialog-Werbemittel erfolgreicher gestalten. Die Beachtung der in *Abbildung 27* dargestellten Dialogformel sorgt dabei für mehr Erfolg, mehr Umsatz und mehr große „JAs" im Kundendialog.

**Erfolgreich Mailings texten – so funktioniert's!**

Für die Gestaltung erfolgreicher Mailings existieren zahlreiche Regeln und Empfehlungen. Hier die wichtigsten:

– *Das richtige Sprachniveau wählen*

Zunehmende Informationsüberflutung und wachsender Zeitdruck veranlassen den Leser, Werbebriefen nur wenig Aufmerksamkeit zu schenken; die Folge sind verminderte Konzentration und geringe Lese-Bereitschaft. Diesem ablehnenden Verhalten kann durch ein vereinfachtes Sprachniveau entgegengewirkt werden.

Etwas zu begreifen, vermittelt dem Leser ein Erfolgserlebnis. Direktwerbung muss Reaktionen auslösen. Dies aber gelingt nur, indem der Leser den Vorteil des Angebotes rasch versteht. Es ist deshalb wichtig, sich beim Texten seine Zielgruppe genau vorzustellen und dann das Sprachniveau entsprechend anzupassen. Denn sind Werbetexte zu kompliziert, erscheinen sie dem Leser als zu aufwändig zu lesen und er wird ihnen nur geringe Aufmerksamkeit schenken. Nicht der Einsatz möglichst vieler Fremdwörter erhöht somit die Response, sondern genau das Gegenteil.

– *Von Roh- zu Reintexten schreiben*

Neben dem richtigen Sprachniveau gilt es, den richtigen textlichen Inhalt für die entsprechende Zielgruppe zu finden. Dies gelingt am besten, wenn man in seinem Text auf eine Liste unausgesprochener Leserfragen Antworten gibt. Es handelt sich dabei um die Fragen, die sich jeder Leser beim Öffnen eines Mailings stellt, so z.B.:

– Wer schreibt mir?
– Was will er von mir?

**Abb. 27: Die Dialogformel**

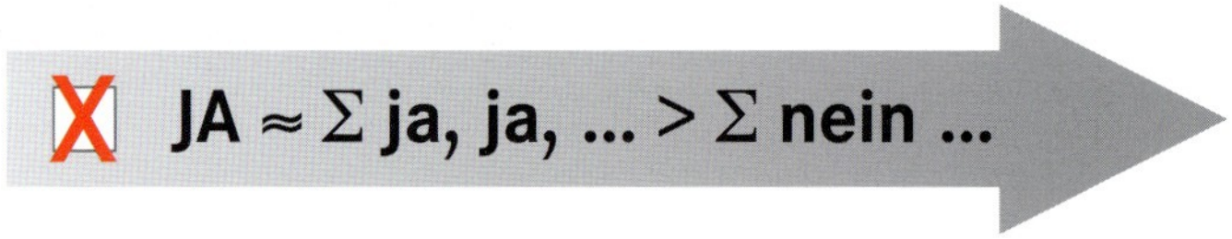

$$\boxed{X} \ JA \approx \Sigma \ ja, ja, \ldots > \Sigma \ nein \ldots$$

Quelle: Siegfried Vögele Institut

- Soll ich den Brief lesen?
- Was bringt mir der Brief?
- Warum schreibt er gerade mir?
- Habe ich diesen Bedarf?
- Wie habe ich das Problem bisher gelöst?
- Welchen Vorteil bietet das Produkt/Angebot (u.U. gegenüber bisherigen Lösungen)?
- Wer beweist das?
- Wer unterschreibt?
- Wie kann ich mehr erfahren?
- Was ist zu tun und wie kann ich mich anmelden?

Seinen Rohtext sollte man nun noch einmal kritisch überarbeiten und vor allem kürzen. Wenn die folgenden Tipps beachtet werden, entsteht aus diesem Rohtext nach und nach der redigierte Reintext.

- *Kurze Sätze verwenden*

Als besonders erfolgreich haben sich Sätze mit durchschnittlich zehn bis zwölf, maximal 15 Wörtern erwiesen. Schachtelsätze und zu viele Nebensätze sind zu vermeiden. Zudem ist ein Gedanke pro Satz zu empfehlen – in diesem Fall wird auch der Vorteil innerhalb des Satzes auf Anhieb verstanden. Hierbei darf der Rohtext ersatzlos um Silben, Wörter oder sogar ganze Sätze gestrichen werden.

- *Keine Wortmonster verwenden*

Zweisilbige Wörter versteht man am schnellsten; verwenden Sie deshalb besser „Antwort" statt „Rückantwort" oder „senden" anstelle von „übersenden". Oft kann man lange Wörter auch einfach aufteilen; aus „... die Teppichqualität ..." wird dann „... die Qualität Ihres Teppichs ...". Als weitere Möglichkeit bietet sich die Verwendung von Synonymen (sinnverwandten Wörtern) an. Eine wertvolle Hilfe stellen hierbei entsprechende Wörterbücher dar. Oder Sie setzen einfach Bindestriche zwischen zwei Wortteile, wenn

Abb. 28 **Erfolgreich Mailings texten (I)**

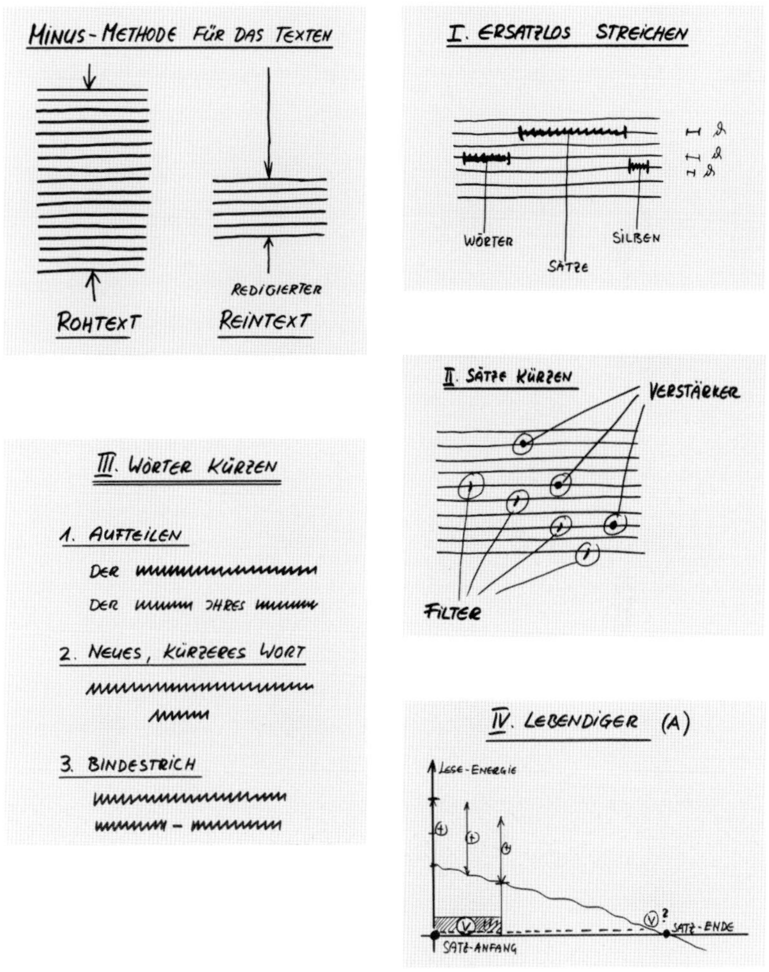

Quelle: Vögele, S., Dialogmethode, 2005, S. 309, 312, 315, 318, 320

**Abb. 29: Erfolgreich Mailings texten (II)**

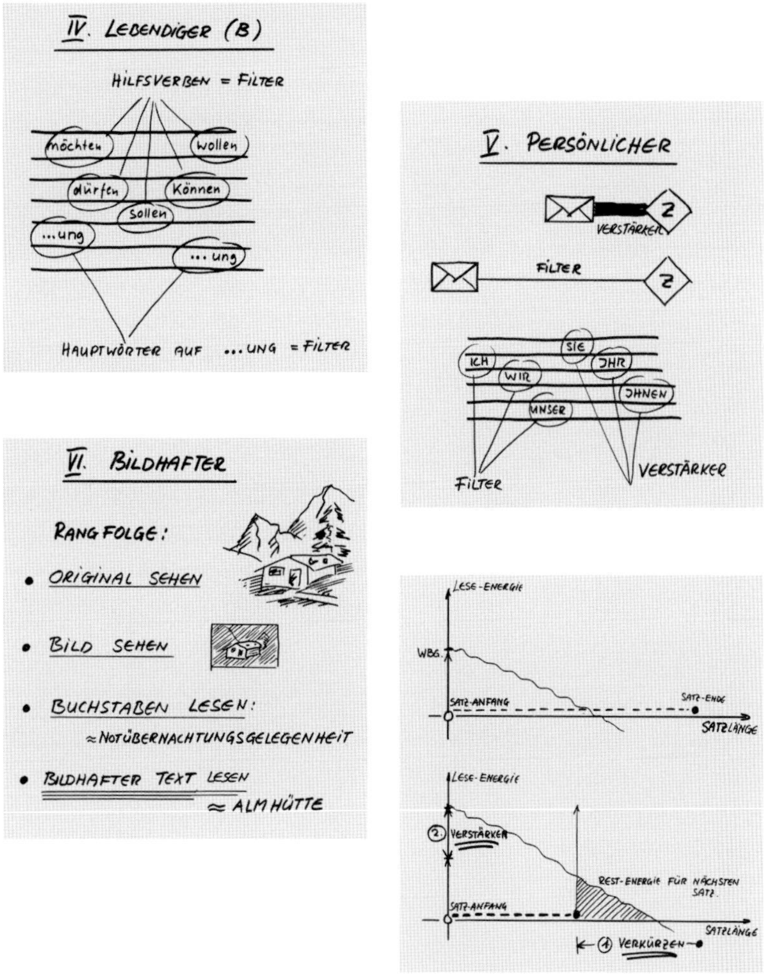

*Quelle: Vögele, S., Dialogmethode, 2005, S. 324, 327, 329, 331*

das Wort sonst zum Wortmonster oder zu schwer lesbar wird, also z.B. „Quellwasser-Qualität" statt „Quellwasserqualität".

– *Lebendiger schreiben*

Am schnellsten werden Texte verstanden, die bereits existierende Bilder aus unserem Gehirn abrufen. Dies gelingt am besten mit sogenannten lebendigen Texte. Dort stehen die Verben (also die Wörter, die eine Tätigkeit beschreiben), am Satzanfang.

Bildhafte Verben, wie „stolzieren", „baumeln" oder „schlendern" helfen zusätzlich, Stimmungen auszudrücken. Auch Adjektive (Eigenschaftswörter) helfen, Dinge genauer zu beschreiben und bildlicher darzustellen (blau, süß, schnell, etc.). Hilfsverben wie z.B. „können", „wollen" oder „dürfen" sollten hingegen vermieden werden, da sie Texte bzw. den Lesefluss „bremsen". Schreiben Sie also besser „Bestellen Sie …" statt „… können Sie bestellen" – dies hat zudem Aufforderungscharakter und verstärkt das Auslösen der gewünschten Reaktion.

– *Vorteile rasch erkennen lassen*

Verben sind sogenannte Reaktions-Verstärker. Sie sollten an erster oder zweiter Stelle eines Satzes stehen, um möglichst schnell eine Reaktion auslösen zu können. Nachfolgend einige *Beispiele*:

– „Sparen Sie 50 Euro …"
– „Gewinnen Sie mehr Zeit …"
– „Überzeugen Sie sich selbst …"
– „Sie sparen …"
– „Sie gewinnen …"

– *Inhalte „auf den Punkt" bringen (KISS-Formel)*

Man sollte seine Leser nicht raten lassen, sondern so konkret wie möglich sein. Anstelle von „leicht, schwer, groß, klein, …" sind genaue und spezifische Angaben wie zum

Beispiel „drei Kilogramm schwer" oder „fünf Meter hoch" deutlich verständlicher.

- *Die persönliche Ansprache wählen*

Neben der postalischen Personalisierung gibt es auch beim Schreiben weitere Möglichkeiten, den Text auf den Leser zu beziehen: Die Verwendung von persönlichen Fürwörtern wie „Ihnen", „Sie" oder „Ihr" verstärkt die positive Einstellung des Lesers gegenüber dem Werbebrief. Dagegen sollten Fürwörter, die das Unternehmen beschreiben – „wir, ich, unser, ..." – nur sehr reduziert im Text eingesetzt werden.

- *Referenzen anbieten*

Man sollte Referenzen nutzen, um die Qualität seines Produkts oder seiner Dienstleistung zu bestätigen. Denn dies erhöht die Glaubwürdigkeit und somit die Wirksamkeit der Texte. Hierzu eignen sich zum Beispiel positive Kundenbriefe, Testergebnisse oder Expertenmeinungen. Übertreibungen jedoch sind zu vermeiden, denn das könnte die Glaubhaftigkeit wieder verringern.

- *Zusammenfassungen anbieten*

Man sollte dem Leser alle Vorteile noch einmal in einer Übersicht zusammenfassen und ihm genau erklären, wie und wo er reagieren soll. Beispiel: „Füllen Sie die beiliegende Anmeldekarte gut leserlich aus und senden Sie diese an ...".

- *Klare Strukturen schaffen*

Der Leser benötigt klare Strukturen, um die vielen Informationen richtig einordnen zu können. Dabei stellen Bilder und Überschriften eine sehr wirkungsvolle Hilfe dar. Sie machen neugierig und helfen, das Interesse des Lesers für den gesamten Text zu wecken und aufrecht zu erhalten.

Der Text sollte klare Absätze aufweisen und die wichtigen Vorteile in den Vordergrund rücken (z.B. durch Fettungen, Unterstreichungen oder Aufnahme in die Headline). Dies trägt nachweislich dazu bei, den Leser vom Mailing bzw. vom Angebot zu überzeugen und Reaktionen auszulösen!

- *Die richtige Schrift verwenden*

Beim Verfassen eines Werbebriefs ist auch auf Schriftgrad, Ausrichtung des Textes und die Art der Schrift zu achten. Besonders geeignet ist eine 11-Punkt-Schrift im sogenannten Flattersatz (Zeilen laufen nach rechts unterschiedlich lang aus). Zugleich sollten möglichst sogenannte Serifen-Schriften (also Schriften mit „Häkchen") verwendet werden (z.B. Times New Roman). Sie sind – entgegen allgemein vorherrschender Auffassung – auf Dauer besser und leichter zu lesen als Schriften ohne Serifen (wie z.B. Arial oder Helvetica).

Wenn Sie die vorgenannten Ratschläge berücksichtigen, können Sie sicher sein, dass Ihre Mailingtexte für den Empfänger verständlich und einfach zu lesen sind. Für Ihren Internet-Auftritt hingegen sollten Sie Schriften mit Serifen möglichst vermeiden!

## Hätten Sie's gewusst?

Nutzen Sie die Regeln der Prof. Vögele Dialogmethode® und wenden Sie die Idee des schriftlichen Verkaufsgesprächs konsequent auch auf den schriftlichen Dialog mit Ihren Kunden (also Ihr Mailing) an. Das bedeutet: Ihr Kunde muss bereits beim ersten Überfliegen des Werbemittels, also innerhalb der ersten 20 Sekunden, seine persönlichen Vorteile erkennen.

Damit er das kann, achten Sie darauf, alle „unausgesprochenen Leserfragen" zu beantworten. Setzen Sie unbedingt „Augenhaltepunkte" auf Ihrem Mailing ein, in denen Sie die Vorteile Ihres Angebots noch einmal deutlich hervorheben! Hierzu eignen sich beispielsweise Bildelemente, Headlines, Aufzählungspunkte oder Fettdruck. Denken Sie stets an die Dialogformel: Nur wenn die Summe der „kleinen Jas" am Ende größer ist als die der „kleinen Neins", kommt es zum „großen JA" und somit zur Reaktion!

# 10. Wissenswertes über Response-Beilagen und -Anzeigen

**Response-Beilagen als Verkaufs-Verstärker**

Beilage und Beihefter sind sogenannte klassische Medien. Sie finden sich vor allem in Zeitungen und Zeitschriften, aber auch als Paketbeilagen in Sendungen von Versandhäusern.

Mit einem Response-Element versehen, lassen sich Beilagen und Beihefter hervorragend auch für Dialogmarketingzwecke einsetzen. Das Response-Element kann dabei z.B. aus einem Coupon oder Gutschein zum Abtrennen und Ausfüllen, aus einer aufgeklebten Antwortkarte oder auch nur aus einer Telefonnummer oder Internet-Adresse bestehen.

Beilagen haben im Vergleich zu anderen Werbemedien spezielle Vorteile:

- Die Kosten für Beilagen liegen unter den Kosten für adressierte Werbesendungen;
- Beilagen erreichen im Vergleich zu Werbebriefen auch Zielgruppen, die nicht in Adressenlisten vertreten sind;
- Beilagen lassen sich interessant und vielseitig gestalten;
- Beilagen fallen optisch meist mehr auf als Anzeigen und erzielen allgemein auch höhere Rücklauf-Quoten.

Wenn Sie Beilagen mit einem Response-Element versehen, das den Leser zum Handeln auffordert, können Sie die Vorteile der dialogischen Kundenansprache mit den spezifischen Vorteilen der Beilage – niedrige Kosten, viele Gestaltungsmöglichkeiten, breite Zielgruppenansprache – kombinieren.

**Wie gestalte ich eine Response-Anzeige?**

Wie bei den Beilagen können auch mit Anzeigen andere Zielgruppen als mit Mailings erreicht werden. Anzeigen eignen sich vor allem, um die Bekanntheit zu steigern und Interessenten zu gewinnen.

**Abb. 30 — Vorteile der Response-Beilage**

Response-Beilagen haben sich als Verkaufs-Verstärker bewährt. Sie bieten folgende **Vorteile**:

- **Andere (erweiterte) Zielgruppen**
  Es werden auch solche Zielpersonen erreicht, die nicht in Adressenlisten vertreten sind.

- **Andere (erweiterte) Gestaltungsmöglichkeiten**
  Bei der Beilage kann die ganze Werbebotschaft auf einem einzigen Werbemittel platziert werden.

- **Gute Rücklauf-Quoten**
  Beilagen fallen optisch eher auf als Anzeigen und erzielen im Allgemeinen auch bessere Rücklauf-Quoten.

- **Günstige Kosten**
  Die Kosten für Beilagen liegen unter den Kosten für adressierte Werbesendungen.

Quelle: Prochazka, K., S. 216

Etwa dreiviertel aller Anzeigen bieten heute eine Response-Möglichkeit, zum Beispiel

- einen Coupon,
- eine Telefon- oder Faxnummer oder
- eine E-Mail- oder Internet-Adresse.

Allerdings darf diese Antwortmöglichkeit nicht nur ergänzend vermerkt sein, sondern muss den Empfänger ausdrücklich zur Reaktion auffordern. Erst dann kann man von richtigem Dialogmarketing sprechen. Das gilt ebenso für Beilagen *(siehe Kapitel 6)*.

Response-Anzeigen kommen oft in einer „mehrstufigen" Dialogmarketing-Kampagne zum Einsatz: Zunächst werden in der Anzeige nur wenige Informationen über das Produkt bekannt gegeben, um den Leser neugierig zu machen. Interessierte Leser haben dann durch das Response-Element die Möglichkeit, weiterführende Informationen anzufordern.

Wie normale Anzeigen ohne Response-Element (= klassische Anzeigen) müssen auch Response-Anzeigen so gestaltet sein, dass sie beim Durchblättern der Zeitschrift Aufmerksamkeit erzeugen. Durch Abbildungen oder Fotos und eine plakative Headline können Sie diese Aufmerksamkeit erzielen. Im Text sollten Sie die Argumente platzieren, die den Leser von den Vorteilen des Angebots überzeugen. Sorgen Sie dafür, dass das Response-Element gut sichtbar platziert ist. Geben Sie dem Leser eine klare, verständliche Handlungsanweisung an die Hand. Damit erhöhen Sie die Wahrscheinlichkeit, dass der Leser auf Ihre Anzeige reagiert.

---

**Abb. 31** — **Strategien für die Gestaltung einer Response-Anzeige**

Response-Anzeigen entfalten dann eine besonders gute Wirkung, wenn der Text und die Gestaltung bestimmte **Kriterien** erfüllen.

- **Initial-Zündung**
  Die Anzeige soll nicht nur Aufmerksamkeit erzeugen, sondern sollte den Leser dazu bringen, sich aktiv mit der Anzeige zu beschäftigen.

- **Sog-Effekt**
  Headline und Abbildung müssen so gestaltet sein, dass sie neben dem redaktionellen Umfeld und den konkurrierenden Anzeigen auffallen. Der Leser sollte die „Schlüsselbotschaft" schnell erkennen können und von ihr „magisch" angezogen werden.

- **Transparenz**
  Die Botschaft der Headline und der Argumentation sollte klar und deutlich sein.

- **Übereinstimmung**
  Die Anzeige muss vom Leser akzeptiert werden. Dazu sollte man keine Fotos verwenden und keine Behauptungen aufstellen, die Widerspruch hervorrufen.

- **Mobilisierung**
  Während die sogenannte „klassische" Anzeige (also eine Anzeige, die kein Response-Element enthält) meist auf die Steigerung des Bekanntheitsgrades und den Aufbau von Image ausgerichtet ist, zielt eine Response-Anzeige darauf ab, dass der Leser reagiert. Dieses Ziel sollte nicht erst durch den Coupon, sondern durch die gesamte Anzeigen-Gestaltung angestrebt werden.

Quelle: Lammoth, F., in: Response, Heft 5, 1990, S. 9–15

## 11. Wichtig: Permission-Marketing!

Wer seine Kunden anspricht, sie pflegen und binden will, sollte tunlichst alles unterlassen, was sie verärgert. Für einige Kommunikationsmedien ist die ausdrückliche Genehmigung *(engl.: Permission)* des Empfängers sogar rechtlich vorgeschrieben, zum Beispiel beim aktiven Telefonmarketing oder bei der Ansprache per E-Mail. So gehen die (letztlich kostspieligen) Werbemittel nur an diejenigen Kunden, die sich auch tatsächlich für das Unternehmen und seine Angebote interessieren. Das minimiert sogenannte Streuverluste, also den Versand an Adressaten, die zwar mit der Werbekampagne erreicht werden, aber nicht zur Zielgruppe gehören.

Im Gegensatz zur Klassischen Werbung kann der Interessent dank Permission-Marketing selbst entscheiden, ob er Angebote von einem Unternehmen erhalten möchte oder eben nicht. Er trägt sich beispielsweise für E-Mail-Newsletter in eine Liste ein (vorgeschriebenes *Opt-in*) und hat jederzeit die Möglichkeit, seine Genehmigung wieder zurückzuziehen.

Entscheidend ist eine verständliche, für den Kunden transparente Verwendung seiner Adresse und aller weiteren Daten. Permission-Marketing bietet dem Kunden die Möglichkeit, selbst zu bestimmen, welche Informationen er erhalten möchte und welche nicht.

Um Ihre Kunden nicht zu verärgern, holen Sie vor einer Dialogmarketing-Aktion die Genehmigung von Ihren Kunden ein. Für einige Medien – z.B. für aktives Telefonmarketing – ist die Genehmigung sogar gesetzlich vorgeschrieben. Ihre Kunden wollen selbst bestimmen, welche Informationen sie von welchem Unternehmen bekommen. Durch sogenanntes Permission-Marketing erreichen Sie eine starke Nähe zum Markt und lernen die Wünsche Ihrer Kunden gut kennen. Außerdem minimieren sie auf diese Weise Streuverluste und steigern zugleich die Erfolgsquoten Ihrer Dialog-Maßnahmen.

**Abb. 32 Permission-Marketing**

 **Permission-Marketing** *(dt.: Erlaubnis-Marketing):* Sammelbegriff für Marketing-Maßnahmen, für die der Kunde das Zusenden von Produktinformationen und Angeboten erlaubt hat. Hierzu hinterlassen Kunden freiwillig ihre E-Mail-Adresse oder Postanschrift in einer Mailingliste auf einer Website oder registrieren sich für einen Newsletter, um z.B. vorrangig informiert zu werden oder besonders zielgerichtete Informationen zu erhalten.

 **Spam** *(dt.: Müll, Abfall):* Marketing-Maßnahmen, bei denen dem Empfänger unverlangte (und meist unerwünschte) Informationen zugehen. Diese werden meist elektronisch (z.B. als E-Mail) übermittelt und enthalten i.d.R. kommerzielle Angebote.

Quelle: Siegfried Vögele Institut

**Tab. 3 Permission-Marketing**
– Phasen und Funktionen –

| Phase | Funktion/Ziel |
|---|---|
| **Phase 1:** Anreiz schaffen | Motivation, Mehrwert, Incentive *(dt.: Anreiz)* für den Empfänger bieten |
| **Phase 2:** Erlaubnis einholen | Registrierung der (postalischen oder E-Mail-) Adresse des Interessenten |
| **Phase 3:** Dialog gestalten | regelmäßig Botschaften verschicken, die persönlich auf den Empfänger ausgerichtet und für ihn relevant sind |
| **Phase 4:** Wissen sammeln | durch ständige Interaktionen mit dem Empfänger Daten sammeln, die ermöglichen, sich ein möglichst genaues Bild vom Empfänger zu machen (Profilierung) |
| **Phase 5:** Bindung verstärken | an den Wünschen des Empfängers ausgerichtete Botschaften versenden, die mit jedem Schritt spezifischer werden |
| **Phase 6:** Abschlüsse erzielen | einem Interessenten/Kunden zum richtigen Zeitpunkt das richtige Angebot machen (durch die zuvor gesammelten Informationen möglich) |

## 12. Dialogmarketing im Business-to-Business

Anders als das B2C-Marketing, das Privatkunden (= Endverbraucher) anspricht, spricht das B2B- (auch Business-to-Business-/B-to-B)-Marketing Geschäftskunden (= Firmen) an. Im B2B-Marketing wird Dialogmarketing schon seit langem intensiv eingesetzt. Das liegt an den Besonderheiten des B2B-Marketings. Dabei spielen folgende Faktoren eine Rolle:

- *Der Markt*:

  Der Markt ermöglicht eine bessere Einteilung der Kunden, etwa nach Branche oder Größe; zudem sind Anbieter und Nachfrager schon rein zahlenmäßig oft überschaubarer.

- *Die Produkte:*

  Technische Produkte sind oft sehr komplex und erklärungsbedürftig; in vielen Fällen werden Sonderanfertigungen gemeinsam mit Kunden entwickelt. Neben dem Hauptprodukt spielen auch Dienstleistungen (Beratung, Installation, Service, Schulungen, Wartung) eine erhebliche Rolle. Anders als im B2C-Bereich, wo es meistens um Einzelleistungen geht, werden im B2B-Segment ganze Leistungspakete angeboten und vermarktet.

- *Die Kaufentscheidung:*

  An der Kaufentscheidung sind im B2B meistens mehrere Personen beteiligt (Buying Center). Deren Verhalten ist gewöhnlich sehr viel rationaler als im B2C-Bereich *(vgl. hierzu auch Kap. 3: Zielgruppen-Segmentierung bei Geschäftskunden)*.

- *Der Bedarf:*

  Der Bedarf ist kein Selbstzweck, sondern ergibt sich aus den Zielen des nachfragenden Unternehmens; so kauft ein Unternehmen eine Maschine beispielsweise nicht deshalb, weil es diese Maschine gerne besitzen möchte, sondern weil die Anschaffung notwendig ist, um überhaupt produzieren zu können.

- *Die Vertriebswege:*

Im Vergleich zum B2C-Geschäft sind die Vertriebswege kurz. Häufig ist kein Händler zwischen Hersteller und Kunde geschaltet; der Vertrieb erfolgt auf direktem Weg mit dem Kunden (Direktvertrieb).

- *Preise und Konditionen:*

Preise und Konditionen auf B2B-Märkten sind nicht so offensichtlich und klar wie im B2C-Bereich. Sie sind oft viel differenzierter und hängen von der Position und Verhandlungsstärke des Kunden ab.

- *Der Verkauf:*

Im B2B-Geschäft dominiert der persönliche Verkauf. Dieser wird durch die Medien des Dialogmarketings, zum Beispiel Mailings, sinnvoll unterstützt. Die klassische Werbung hat nur eine geringe Bedeutung.

Abb. 33

**B2B-Marketing**
– **Besonderheiten** –

Der Business-to-Business-Bereich ist durch eine starke Segmentierung des Marktes gekennzeichnet; zugleich weist er (im Verhältnis zum B2C-Bereich) weniger potenzielle Kunden auf.

Der B2B-Markt weist zahlreiche **Besonderheiten** auf, die sowohl die Anbieter- als auch die Nachfrageseite betreffen können:

- technisch komplexe Produkte, Sonderanfertigungen, Leistungspakete
- Buying Center, rationales Kaufverhalten
- abgeleiteter Bedarf
- kurze Vertriebswege
- intransparente und differenzierte Preise
- persönliche Kommunikation und persönlicher Verkauf

Quelle: Siegfried Vögele Institut

## 13. Nachweisbar wirtschaftlich:
### Die Kontrolle von Dialogmarketing-Aktionen

**Erfolgsmessung im „klasischen" Marketing**

Um den Erfolg von klassischer Kommunikation zu kontrollieren, existiert gleich eine ganze Reihe von verschiedenen Kennzahlen, wie etwa *Share of Voice*, Image-Wert, *Recall* (Erinnerungswert) und Reichweite. Diese Größen werden mit Hilfe aufwändiger Marktforschungsstudien ermittelt. Kennzahlen zur Kostenkontrolle – wie z.B. Tausender-Kontakt-Preise (TKP), Kosten pro Anzeige, Produktionskosten und Kosten pro *Gross Rating Point (GRP)*, sind nicht alle eindeutig bestimmbar, sondern unterliegen teils großzügigen Bewertungsspielräumen.

Das Problem: Die Erfolgsgrößen der klassischen Kommunikation sind schwierig zu isolieren und haben kaum einen Bezug zum Rechnungswesen und Controlling eines Unternehmens. Gelegentlich entsteht der Eindruck, dass die Verantwortlichen zur Bewertung einer Aktion aus dem großen Angebot genau diejenige Kennzahl auswählen, die „gerade am besten passt".

**Erfolgsmessung im Dialogmarketing**

Dank der Response-Orientierung ist der Erfolg von Dialogmarketing wesentlich leichter und zuverlässiger messbar: Das eigentliche Ziel des Dialogmarketings – die Reaktionen in Form von Interessentengewinnung, Absatz oder Neukundengewinnung – ist einfach zu erfassen. Die Reaktion erreicht den Absender und ist sofort der Zielperson zuzuordnen. Die Kosten einer Dialogmarketing-Aktion können leicht zu den Erträgen ins Verhältnis gesetzt werden. Die Kosten pro Anfrage, pro Auftrag oder pro Neukunden berechnen sich aus den Daten von Rechnungswesen und Controlling.

*Cost per Mail*, *Cost per Call*, *Cost per Response* und *Cost per Order* – all das sind gebräuchliche Kennzahlen, die eindeutig festgelegt sind.

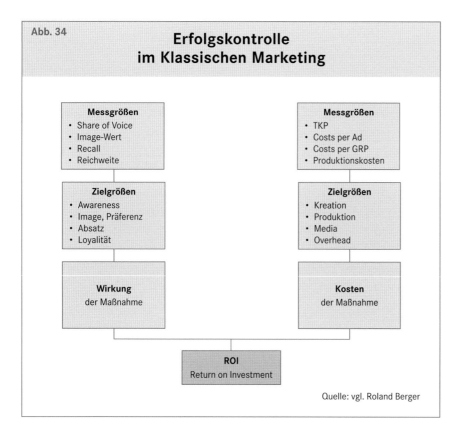

Abb. 34: Erfolgskontrolle im Klassischen Marketing
Quelle: vgl. Roland Berger

### Was bedeuten Effizienz und Effektivität?

*a) Effektivität („Das Richtige tun"; Wirksamkeit oder Zielerreichung; nach außen gerichtet)*

Wer ein Ziel vor Augen hat, befasst sich zunächst mit der Frage, wie er es erreichen kann. Mögliche Handlungsalternativen werden danach bewertet, ob sie dem gewünschten Ziel dienlich sind. Effektiv ist demnach eine Handlungsalternative, die zu dem gewünschten Ziel führt.

In der Praxis verfolgt die Effektivität ein vorher festgelegtes Unternehmensziel, zum Beispiel die Maximierung des Kundenwertes. Beispiel: Ein Mailing an bestehende Kunden, um den Wert dieser bestehenden Kundenbeziehungen zu halten oder zu steigern, ist effektiv, da es dem gewünschten Ziel dient.

*b) Effizienz („Es richtig tun"; Aufwandoptimierung; nach innen gerichtet)*

Wenn klar ist, welche Handlungsalternativen ergriffen werden, können sie so gestaltet werden, dass das Verhältnis von Einsatz und Wirkung optimal ist. Hierfür gibt es zwei Möglichkeiten (Ökonomisches Prinzip):

1. Ein festgelegtes Ergebnis wird mit einem minimalen Aufwand erreicht.
2. Bei einem fest definierten Aufwand wird ein maximales Ergebnis erreicht.

Auf das oben genannte Mailing-Beispiel bezogen bedeutet das, die Auswahl der anzusprechenden Kunden zu optimieren und die Gestaltung des Mailings so zu wählen, dass das Verhältnis zwischen Kosten und Ertrag optimal ist. Dann ist die Dialogmarketing-Aktion nicht nur effektiv, sondern auch effizient.

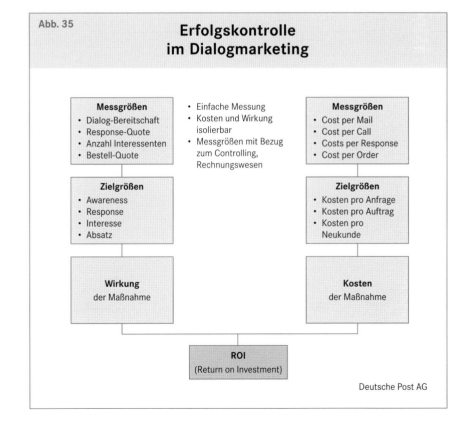

Abb. 35 Erfolgskontrolle im Dialogmarketing

Deutsche Post AG

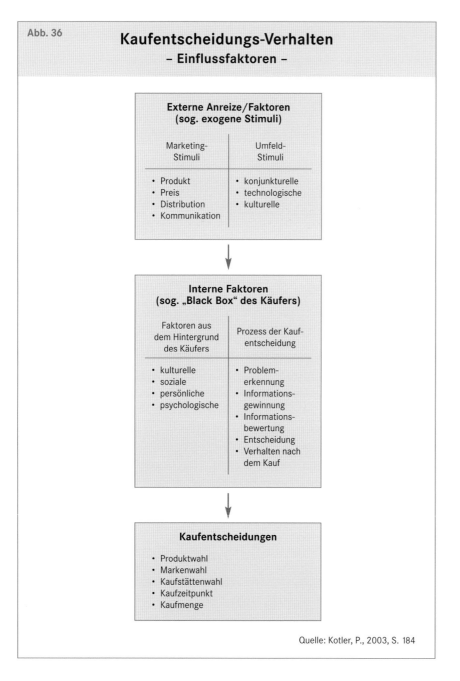

Abb. 36: Kaufentscheidungs-Verhalten – Einflussfaktoren – Quelle: Kotler, P., 2003, S. 184

### Wie wird eine Kaufentscheidung getroffen?

Ein Unternehmen kann durch Marketinginstrumente bewussten Einfluss auf die Kaufentscheidung seiner Kunden ausüben.

Beispiel: Ein Wein-Versender bietet seinen Kunden ein sehr attraktives Weinpaket mit ausgewählten, namhaften Weinen in einer attraktiven Aufmachung. Die Preise sind mit über 40 % Ersparnis zum regulären Preis sehr ansprechend. Auch die Liefer- und Zahlungskonditionen sind kundenfreundlich. Der Versand erfolgt gegen Rechnung. Bei Nichtgefallen kann die Ware kostenlos zurückgegeben werden. Die schnelle und zuverlässige Lieferung ist sichergestellt. Der Kunde hat die Möglichkeit, über verschiedene Wege einfach und sicher das Sortiment zu bestellen, also per kostenloser Telefon-Hotline, kostenloser Antwortkarte oder kostenlos über das Internet.

### Die „Black Box" des Käufers

Die eigentliche Kaufentscheidung ist nicht direkt zu beobachten, denn sie läuft im Kopf des Kunden ab. Man spricht deshalb auch von einer sogenannten Black Box.

Die Entscheidungsfindung wird von sozialen, psychologischen und persönlichen Faktoren beeinflusst, die jeden Menschen prägen. Im Marketing teilt man den Prozess der Kaufentscheidung in einzelne Phasen ein, die dann durch die Marktforschung untersucht werden können:

1. Problemerkennung;
2. Informationsgewinnung;
3. Informationsbewertung;
4. Entscheidung;
5. Verhalten nach dem Kauf.

Wie dies in der Praxis abläuft, verdeutlicht das nachfolgende *Beispiel*:

– *Problemerkennung:* Der Wein-Freund hört in seinem Bekanntenkreis immer wieder von einem hochwertigen Weinpaket der Firma Mustermann, das zu Top-Konditionen erhältlich ist.

- *Informationsgewinnung:* In einem Mailing von der Firma Mustermann entdeckt er dieses Weinpaket und informiert sich ausführlich darüber in dem beiliegenden Prospekt.
- *Informationsbewertung:* Er teilt die Einschätzung seiner Bekannten und findet das Angebot sehr ansprechend.
- *Entscheidung:* Er bestellt das Weinpaket über die kostenlose Telefon-Hotline.
- *Verhalten nach dem Kauf:* Er erhält das Weinpaket, ist zufrieden und nimmt sein Rückgaberecht nicht in Anspruch. Zudem füllt er die beiliegende Karte aus, mit der er Neukunden werben kann, wofür er eine attraktive Prämie erhält.

**Was ist die AIDA-Formel und wie kann sie auf die Mailing-Gestaltung übertragen werden?**

Bei der sogenannten AIDA-Formel handelt es sich um ein einfaches Werbewirkungsmodell. Trifft beispielsweise ein Mailing bei einem potenziellen Kunden ein, durchläuft es nach diesem Modell die folgenden Phasen (Beispiel):

- *Attention (Aufmerksamkeit):* Die ansprechende Gestaltung des Umschlags weckt Interesse und Neugier unseres Wein-Interessenten. Er öffnet den Brief.
- *Interest (Interesse):* Der Werbebrief und ein beiliegender Prospekt zeigen die Attraktivität des Angebots und bringen den Weinfreund dazu, sich näher mit dem Mailing zu beschäftigen.
- *Desire (Besitzwunsch):* Er erkennt die Vorteile des Angebots und möchte das attraktive Weinpaket besitzen.
- *Action (Re-Aktion):* Das Response-Element ist in Form der kostenlosen Bestell-Hotline sehr kundenfreundlich, unser Wein-Interessent reagiert und bestellt.

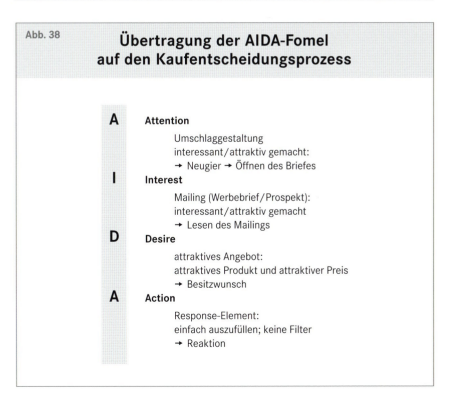

Abb. 37 **Effektivität und Effizienz im Dialogmarketing**

**Effektivität:**
Die richtigen Dinge tun!
(nach außen gerichtete Zielgrößen)

**Effizienz:**
Die Dinge richtig tun!
(nach innen gerichtete Zielgrößen)

Quelle: Siegfried Vögele Institut (Hrsg.), 2003

Abb. 38 **Übertragung der AIDA-Fomel auf den Kaufentscheidungsprozess**

**A** Attention
Umschlaggestaltung
interessant/attraktiv gemacht:
→ Neugier → Öffnen des Briefes

**I** Interest
Mailing (Werbebrief/Prospekt):
interessant/attraktiv gemacht
→ Lesen des Mailings

**D** Desire
attraktives Angebot:
attraktives Produkt und attraktiver Preis
→ Besitzwunsch

**A** Action
Response-Element:
einfach auszufüllen; keine Filter
→ Reaktion

| Tab. 4 | Response-Statistik | | | |
|---|---|---|---|---|
| | Rückläufe pro Tag (von 20.000) | | Rückläufe kumuliert (zusammengezählt) | |
| Datum (Tag) | in Zahlen (absol.) | in % (relativ) | in Zahlen (abs.) | in % (rel.) |
| 1. | 15 | 0,075 % | 15 | 0,075 % |
| 2. | 21 | 0,105 % | 36 | 0,18 % |
| 3. | 30 | 0,15 % | 66 | 0,33 % |
| 4. | 36 | 0,18 % | 102 | 0,51 % |
| 5. | 42 | 0,21 % | 144 | 0,72 % |
| 6. | 60 | 0,30 % | 204 | 1,02 % |
| 7. | 75 | 0,375 % | 279 | 1,395 % |
| 8. | 84 | 0,42 % | 363 | 1,815 % |
| 9. | 81 | 0,405 % | 444 | 2,22 % |
| ... | ... | ... | ... | ... |
| 30. | 12 | 0,06 % | 1050 | 5,25 % |

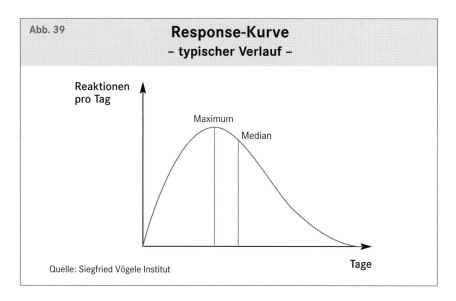

Abb. 39 Response-Kurve – typischer Verlauf –

Quelle: Siegfried Vögele Institut

# 14. So funktioniert's!
## Response-Messung in der Praxis

**Wie liest man eine Response-Statistik?**

*Beispiel:* Ein Wein-Versender verschickt ein Mailing, in dem er zehn verschiedene Weinpakete anbietet. Ein Paket umfasst jeweils zehn bis zwölf prämierte Weine zu einem attraktiven Paketpreis von 100 Euro und einer Ersparnis von bis zu 40 %. Das Angebot versendet er an ausgewählte Adressen aus der Kundendatenbank.

Die Reaktionen auf die versandten 20.000 Mailings dokumentiert der Wein-Versender in einer Response-Statistik, die die täglichen Reaktionen erfasst. Kurz nach der Aussendung treffen die ersten 15 Bestellungen bei dem Unternehmen ein. Das sind 0,075 % der 20.000 Mailings. Am zweiten Tag laufen 21 Bestellungen ein.

Stellt man dies tabellarisch dar, so erhält man die ersten drei Spalten der *Tabelle links*. Addiert man nun die bis zum Tag X jeweils eingegangenen Bestellungen (siehe 2. Spalte) und überträgt die Summe auf Spalte 4, so kann man feststellen, dass bis zum 9. Tag insgesamt 444 Reaktionen das Unternehmen erreicht haben. Das entspricht einer Response-Quote von 2,22 %.

**Wie verläuft eine typische Response-Kurve?**

Die grafische Darstellung der täglich eingegangenen Reaktionen zeigt einen typischen Verlauf. Auf der horizontalen Achse sind die Eingangstage und auf der vertikalen Achse die täglich eintreffenden Reaktionen abgebildet. Zunächst steigt die Response-Kurve steil an. Sie erreicht am zehnten Eingangstag ihr Maximum und fällt dann flacher ab.

Dieser typische Verlauf der Response-Kurve ist – ganz unabhängig von Branche und Angebot – immer wieder zu beobachten. Die Länge und auch die Höhe der Kurve können sich zwar sehr stark unterscheiden, aber die mathematische

Grundform ist stets sehr ähnlich. Ein Katalog oder ein erklärungsbedürftiges Angebot im höheren Preissegment hat eine länger verlaufende Response-Kurve als ein Mailing für den Spontankauf, sodass sich die Dauer vom Zeitpunkt des Versands bis zum Erreichen des Maximums unterscheidet. Der typische Verlauf der Kurve stellt sich erfahrungsgemäß aber immer wieder ein.

Die Kontrolle der Bestelleingänge erleichtert die frühzeitige Beurteilung des Erfolgs. Prof. Siegfried Vögele fand heraus, dass ein bis zwei Tage nach dem Erreichen des Maximums die sogenannte „Halbwertzeit" erreicht ist – zu diesem Zeitpunkt ist circa die Hälfte aller insgesamt zu erwartenden Reaktionen eingetroffen.

### Wieviele Bestellungen konnte ich realisieren? / Welche Ergebnisse hatte meine Mailing-Aktion?

In *Tabelle 5* sind die ersten zehn Bestellungen nach der Reihenfolge ihres Eingangs aufgeführt. In der *Tabelle 6* hingegen sind alle 1.050 Bestellungen nach der jeweiligen Anzahl der bestellten Weinpakete geordnet.

In der linken Tabellenspalte von *Tabelle 5* sind die ersten zehn Bestellungen, die den Wein-Versender erreichen, numerisch gelistet. Zusätzlich werden die Anzahl bestellter Weinpakete und der Umsatz notiert. Da der Wein-Versender den Bestellschein zugleich genutzt hat, um nach der Zufriedenheit der Kunden mit dem Anbieter zu fragen, wird die entsprechende Note in der Spalte ganz rechts eingetragen.

*Beispiel:* Die Kunden hatten die Möglichkeit, aus den angebotenen 10 Weinpaketen eine beliebige Anzahl zum Preis von je 100 Euro pro Stück zu bestellen. Außerdem wurden sie gebeten, auf dem Bestellschein einen kurzen Fragebogen zu beantworten, der die Zufriedenheit mit dem Anbieter in Schulnoten zwischen „1 = sehr gut" und „5 = mangelhaft" abfragte.

**Tab. 5 — Response- und Umsatz-Statistik** (z.B. für die ersten zehn Bestellungen)

| Bestellung Nr. | Anzahl Weinpakete | Umsatz | Zufriedenheitsnote |
|---|---|---|---|
| 1 | 1 | 100 | 3 |
| 2 | 3 | 300 | 1 |
| 3 | 10 | 1.000 | 1 |
| 4 | 1 | 100 | 2 |
| 5 | 1 | 100 | 2 |
| 6 | 2 | 200 | 2 |
| 7 | 1 | 100 | 3 |
| 8 | 5 | 500 | 1 |
| 9 | 1 | 100 | 2 |
| 10 | 1 | 100 | 2 |

**Tab. 6 — Response- und Umsatz-Statistik** (z.B. sortiert nach der Anzahl bestellter Weinpakete je 100 €/Paket)

| Pakete je Bestellg. | Anz. Bestellungen | Bestellte Pakete insges. | Umsatz |
|---|---|---|---|
| 1 | 120 | 120 | 12.000 |
| 2 | 100 | 200 | 20.000 |
| 3 | 250 | 750 | 75.000 |
| 4 | 140 | 560 | 56.000 |
| 5 | 75 | 375 | 37.500 |
| 6 | 40 | 240 | 24.000 |
| 7 | 35 | 245 | 24.000 |
| 8 | 50 | 400 | 40.000 |
| 9 | 40 | 360 | 36.000 |
| 10 | 200 | 2.000 | 200.000 |
| Summe | 1.050 | 5.250 | 525.000 |

Insgesamt haben 120 Kunden ein Weinpaket geordert und damit einen Umsatz von 12.000 Euro bewirkt. 100 Kunden bestellten zwei Weinpakete, der Umsatz dieser Kunden beträgt 20.000 Euro.

*Bestellungen:* Die Response liegt bei 1.315 „Reagierern". Insgesamt wurden 20.000 Adressen angeschrieben; prozentual betrachtet liegt die Response-Quote somit bei 6,57 %.

Doch nicht all diese Reagierer behalten das Weinpaket oder bezahlen ihre Rechnung: Rücksendungen und Reklamationen von unzufriedenen Kunden führen daher zu den in *Tabelle 6* aufgeführten 1.050 Bestellungen. Insgesamt hat der Versand von 20.000 Mailings also zu 1.050 Bestellungen geführt, was einem Anteil von 5,25 % entspricht.

*Umsatz:* Durch die 1.050 Bestellungen wurden insgesamt 5.250 Weinpakete verkauft. Bei einem Preis von 100 Euro je Weinpaket entspricht dies einem Gesamtumsatz von 525.000 Euro.

## 15. Alles lässt sich testen!

### Was kann im Dialogmarketing getestet werden?

Bevor ein Werbemittel an alle Kunden gesendet wird, kann man es vorher an unterschiedliche Adressgruppen schicken, um die verschiedenen Reaktionen der Empfänger zu testen. Die Testadressen bestehen aus kleinen, aber repräsentativen Adressgruppen. Sie werden vorher festgelegt und aus den Adresslisten – aus dem eigenen Adressbestand oder aus gemieteten Adressen – ausgewählt. So lassen sich beispielsweise unterschiedlich gestaltete Mailings testen und optimieren. Eine Übersicht über mögliche Tests gibt die nebenstehende *Übersicht*.

*Beispiel:* Dem Wein-Versender werden Adressen von einem Listbroker zur Miete angeboten, die er zunächst mit einer Stichprobe testweise anschreiben möchte.

### Was ist bei Stichproben zu beachten?

Wie im vorigen Kapitel beschrieben, wird ein Test nur mit einem Teil der insgesamt zur Verfügung stehenden Adressen gemacht (Teilerhebung). Beim Test schließt man von einer Stichprobe auf die Gesamtheit. Allerdings besteht die Gefahr, dass die Gesamtmenge nicht exakt widergespiegelt wird. Das ist dann der Fall, wenn sich die Teilmenge von der Gesamtmenge in der Struktur stark unterscheidet.

Damit also aus einem Testergebnis auf den Erfolg der Gesamtaussendung geschlossen werden kann, muss der Test repräsentativ sein. Die Stichprobe muss die gleichen Merkmale aufweisen wie die Grundgesamtheit und ein zwar verkleinertes, aber wirklichkeitsgetreues Abbild der Gesamtheit darstellen. Geeignete Auswahlverfahren, beispielsweise Zufallsauswahlverfahren, helfen dabei.

Von der Stichprobe wird dann auf die Grundgesamtheit hochgerechnet (sogenannte induktive Statistik).

Abb. 40

**Tests im Dialogmarketing**

Aus Effizienzgründen empfiehlt es sich, geplante Dialogmarketing-Maßnahmen „anzutesten". Derartige **Tests** können folgenden Gegenstand haben (auch kombinierbar):

- Test eigener Adressen/Adress-Segmente;
- Tests externer Adresslisten;
- Test von Selektionsmöglichkeiten;
- Test des geplanten Produkts (Gesamtpackage/Versandprodukt);
- Test von Innovationen;
- Test der Preise und Konditionen;
- Test von Angebots-Formen;
- Test der Gestaltung;
- Test des (inhaltlichen) Konzepts;
- Test des Termins der Aktion;
- Test des geplanten Einsatzbereichs (z.B. regional/national).

Quelle: nach Siegfried Vögele Institut (Hrsg.), 2003

*Beispiel:* Der Wein-Versender zieht nach dem Zufallsprinzip eine repräsentative Stichprobe aus einer Million Adressen, die ihm der Listbroker anbietet.

In der Praxis werden häufig Testumfänge von 5.000 verwendet, wobei größere Unternehmen auch Tests in Auflagen von 20.000 oder 50.000 durchführen. Bei geringerem Stichprobenumfang sinkt die Genauigkeit des Ergebnisses.

## 16. Vom Wert des Kunden

Marketing-Aktionen sind nur dann wirtschaftlich, wenn sie Kunden ansprechen, die einen bestimmten Mindest-Return-on-Investment versprechen. Doch welche Faktoren bestimmen den Wert eines Kunden?

*– Monetäre Faktoren*

Zunächst sind es die monetären (= auf Geld bezogenen) Größen, nach denen Unternehmen ihre Kunden bewerten. Neben dem Umsatz spielt der kundenbezogene Deckungsbeitrag eine wichtige Rolle *(s. hierzu Methoden der Kundenbewertung).*

Weiterhin hängt der Wert eines Kunden davon ab, ob er sehr preisbewusst ist und welche Kosten für seine Gewinnung und Bindung anfallen. Hohe Service-Ansprüche senken den Kundenwert. Die Dauer einer vertraglichen Bindung, wie etwa bei einem Abonnement, steigert hingegen den Kundenwert.

*– Nicht-monetäre Faktoren*

Nicht alle Aspekte eines Kundenwerts lassen sich in Geldbeträgen ausdrücken. Der Wert eines Kunden steigt beispielsweise, wenn er ein Meinungsführer in seinem Umfeld ist und somit ein hohes Potenzial für Weiterempfehlungen aufweist.

Ein intensives Reklamations- und Retouren-Verhalten hingegen verursacht hohe Kosten und senkt den Wert. Wenn der Kunde eine enge Bindung an das Unternehmen hat und Vertrauen, Glaubwürdigkeit, Zufriedenheit und Bindung aufgebaut wurden, steigert dies folglich den Kundenwert erheblich.

### Welche Methoden der Kundenbewertung gibt es?

Die sogenannte ABC-Analyse teilt die Kunden nach ihrem Umsatz in die drei Segmente A, B und C ein. Eine wichtige Erkenntnis daraus ist das Verhältnis zwischen dem Anteil und dem Wert der Kunden. Bei vielen Unternehmen trifft die sogenannte Pareto-Regel zu, nach der 20 % der Kunden 80 %

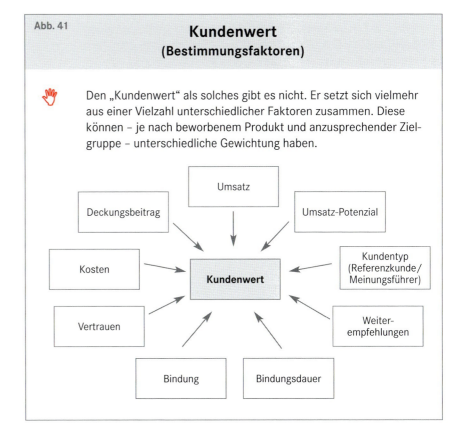

Abb. 41 **Kundenwert (Bestimmungsfaktoren)**

Den „Kundenwert" als solches gibt es nicht. Er setzt sich vielmehr aus einer Vielzahl unterschiedlicher Faktoren zusammen. Diese können – je nach beworbenem Produkt und anzusprechender Zielgruppe – unterschiedliche Gewichtung haben.

des Umsatzes oder Deckungsbeitrags ausmachen. Die drei Kunden-Segmente A, B, C werden beim Management der Kundenbeziehungen unterschiedlich behandelt. So werden A-Kunden beispielsweise persönlich durch leitende Mitarbeiter betreut, B-Kunden durch den Außendienst und C-Kunden durch ein Call-Center. Die relativ einfache Bewertung nach Umsatz lässt jedoch viele wichtige Faktoren außer Acht und betrachtet außerdem nur vergangenheitsorientierte Werte.

Größere Aussagekraft hat die kundenbezogene Deckungsbeitragsrechnung. Sie berücksichtigt neben den Umsätzen eines Kunden auch die von ihm verursachten Kosten.

Der Customer Lifetime Value bewertet den Kunden nach dem Wert, den dieser während seiner gesamten Lebensdauer als Kunde für das Unternehmen entwickelt *(Details s.u.)*.

Je zufriedener der Kunde, desto höher ist die Kaufwahrscheinlichkeit und desto höher ist somit auch sein Kundenwert. Zusätzlich sind zufriedene Kunden wertvoll für die Neukundengewinnung, denn sie erzählen ihre positiven Erfahrungen mit dem Unternehmen weiter: Sie haben das Potenzial, zum Beispiel dank Freundschaftswerbung oder Mitglieder- *(engl.: Member-gets-Member-)*Aktionen nachhaltig zur Neukundengewinnung beizutragen.

### Welche Wirkung hat die Kontaktfrequenz auf unterschiedliche Kundengruppen?

Wie viel ihres Werbebudgets wenden Unternehmen durchschnittlich für die Gewinnung neuer Kunden auf? 30 %? 50 %? 60 %? 95 %? Tatsächlich sind es 95 %. Fast alle fokussieren ihre Marketing-Aktivitäten auf die Neukundengewinnung.

Bestandskunden, die hat man ja sicher. Wirklich? Dabei weiß doch eigentlich jeder: Wenn Alt-Kunden schlechter behandelt werden als Neu-Kunden, dann werden sie zu Ex-Kunden.

Es gibt aber noch einen anderen gewichtigen Grund, sich verstärkt um Bestandskunden zu kümmern: Wie die Praxis zeigt,

---

**Abb. 42**

## Kundenwert
### (Kundenbewertungs-Modelle)

Folgende Faktoren können den Wert eines Kunden bestimmen:

**Eindimensional**

*Monetär*
- ABC-Analyse
- Deckungsbeitrags-Rechnung
- Customer Lifetime Value (CLV)

*Nicht monetär*
- Kundenzufriedenheits-Analysen
- Referenz-Potenzial-Analysen

**Mehrdimensional**
- Scoring-Modelle
- Kundenportfolio-Analysen

Quelle: Cornelsen, J., S.91

ist es siebenmal teurer Neukunden zu gewinnen als Bestandskunden zu halten.

Aber auch Ex-Kunden wiederzugewinnen ist teurer als Kunden zu behalten: Ein Unternehmen muss zur Reaktivierung dreimal mehr aufwenden, als nötig wäre, um bestehende Kunden weiter an das Unternehmen zu binden.

Bestandskunden sind somit die wichtigste Kundenklientel im Dialogmarketing. Unternehmen müssen Kontakt zu diesen Kunden schaffen und diesen dann intensivieren. Hier entstehen Wahlbeziehungen. Dabei schaffen gemeinsame Erlebnisse Verbundenheit; es entwickeln sich Sympathie-Beziehungen und schließlich echte Partnerschaften.

Der wichtigste Managementgrundsatz, der oft vernachlässigt wird, ist somit die Nähe zum (Bestands-)Kunden.

Wir alle – ob Großunternehmen, Mittelstand und Kleinunternehmen – haben das gleiche Problem: Um verkaufen zu können, müssen wir unsere Kunden kennen. Und das in einem doppelten Sinn: Wir müssen sowohl wissen, wer und wo sie sind, als auch, wie sie „ticken". Das Geheimnis erfolgreichen Verkaufens liegt in der passgenauen Ansprache des Kunden. Um wirtschaftlichen Erfolg zu erreichen und Kunden zu binden, müssen wir den Wert des Kunden kennen.

Eigene Kundendaten und eine entsprechend funktionierende Datenbank, die alle Kaufvorgänge in Bezug auf Umsatz, Frequenz und Profitabilität sammelt und analysiert, ist Grundlage für ein funktionierendes Kundenwertmanagement.

Im Mittelpunkt der Betrachtung stehen aus den o.g. Gründen die Bestandskunden, die nach den für die Kundenwertermittlung wichtigen Kriterien unterteilt werden:

Der individuelle Kundenwert setzt sich aus Umsatzhöhe, Kauffrequenz und Profitabilität des Kaufs zusammen. Damit kann rückwirkend ermittelt werden, wieviele Kunden zum Umsatz und Deckungsbeitrag beitragen.

Zum anderen ist das Potenzial von entscheidender Bedeutung, welches anhand der Kriterien Wohnort, Ausbildung und dem Alter des Kunden ermittelt wird. Werden die genannten Faktoren gewichtet, ist man in der Lage, jedem Kunden einen Kundenwert zuzuordnen:

- Umsatz (gemessen an Jahresumsatzhöhe und/ oder der durchschnittlichen Ausgabe pro Kauf);
- Kauffrequenz (gemessen an der Kaufhäufigkeit pro Jahr);
- Profitabilität (gemessen am Deckungsbeitrag der gekauften Produkte; *zum Deckungsbeitrag s.u.*);
- Potenzial (gemessen an Wohnort, Alter und Ausbildung).

Eine solche Bewertung ermöglicht es, die Gesamtanzahl der Bestandskunden zunächst in vier Gruppen zu unterscheiden und diese im zweiten Schritt auf ihre Profitabilität und ihr Potenzial hin zu untersuchen. Die Gruppen lassen sich nach absteigendem Kundenwert wie folgt strukturieren:

- *A-Kunden:* Stammkunden mit hohem Umsatz;
- *$B_1$-Kunden:* Gelegenheitskunden mit hohem Umsatz;
- *$B_2$-Kunden:* Stammkunden mit niedrigem Umsatz;
- *C-Kunden:* Gelegenheitskunden mit niedrigem Umsatz.

Diese einfache Segmentierung unterscheidet also vier Kundenwert-Gruppen (A, $B_1$, $B_2$ und C); deren Ansprache sollte sich in Wert (Anteil am Werbebudget) und Menge (Häufigkeit der Ansprache) unterscheiden. Die Zielsetzung, Häufigkeit und Systematik der Ansprache bildet die sog. Anstoßkette, deren Ziel es ist, bei den entsprechenden Kunden eine Aktivierungsleistung zu erzielen. Es kommt also auf die richtige Maßnahme für den richtigen Kunden zur richtigen Zeit an.

*Zielsetzung und Inhalt der Ansprache*

Dabei wird unterstellt, dass insbesondere die A-Kunden häufiger auf Dialogmarketing-Maßnahmen reagieren als z.B. C-Kunden. Dabei gilt auch hier das sogenannte Pareto-Prinzip:

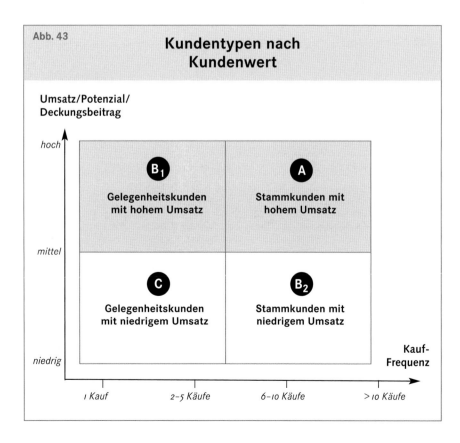

Abb. 43 Kundentypen nach Kundenwert

80 % des Umsatzes werden mit nur 20 % der Kunden – den A-Kunden – erzielt. Sie reagieren eher auf Angebote, kommen häufig ins Geschäft und kaufen zu einem hohem durchschnittlichen Ausgabewert je Kauf nicht nur reduzierte Ware, sondern die „normal" kalkulierten Artikel.

Sind diese Kunden darüber hinaus auch noch jung und haben eine hohe Kaufkraft (bzw. werden diese voraussichtlich haben), haben sie höhere Aufmerksamkeit umso mehr „verdient" – denn diese Kunden wollen wir alle haben und an uns binden!

Diese Aufmerksamkeit zeigt sich in einer inhaltlich und zeitlich auf die jeweilige Kundengruppe abgestimmten Anstoßkette in persönlicher Ansprache (also per Dialogmarketing; *Details vgl. Grafik rechts*). Anlässe gibt es genug: bestimmte Produktangebote, befristete Promotions und Zugaben sowie interessante Cross-Selling-Angebote, die der Affinität der Kunden entsprechen; Details bieten hier Kaufverhaltensanalysen, die sich am jeweiligen Warenkorb der Kunden orientieren.

Aber Achtung: Rücken Sie die Renner Ihres Produktangebotes in den Mittelpunkt der Ansprache. Denn die Wahrscheinlichkeit, dass Kunden auf Angebote abseits des eigentlichen Abverkaufserfolgs und abseits der eigentlichen Positionierung reagieren, ist nicht besonders hoch. Nur Renner sind eine „sichere Bank"!

Die $B_1$-Kunden sind ebenfalls gute Kunden, allerdings könnte aufgrund der noch geringeren Wertigkeit der Kunden (Gelegenheitskäufer statt Stammkunden) eine geringere Kontaktzahl der Anstöße wirtschaftlicher sein. Die „Haltepunkte" der Ansprache müssen klar auf Kauffrequenz abzielen und den Kunden daher häufiger zum Abschluss führen, so z.B. mit Promotions, Zugaben und aufeinander aufbauenden Produkten, die in zeitlichen Abständen erhältlich sind etc.

Anders verhalten sich die $B_2$-Kunden: sie kommen schon heute häufig in Ihr Geschäft, aber die Umsatzhöhe ihrer Einkäufe ist noch ausbaufähig. Diesen Kunden sollten Sie mit Kombi-

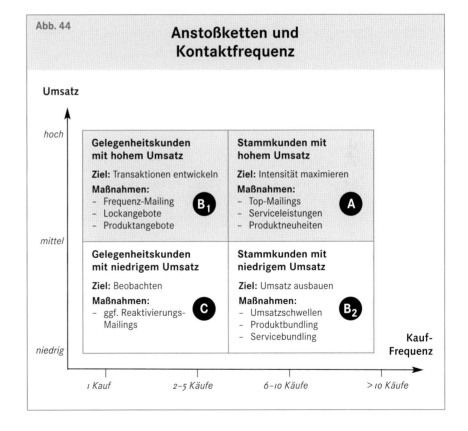

Abb. 44 **Anstoßketten und Kontaktfrequenz**

Angeboten (z.B. Produktbundles) ansprechen und sie so über bestimmte Umsatzschwellen führen.

Bei den C-Kunden ist die Analyse des früheren Kaufverhaltens entscheidend: ist dieser Kunde ein interessanter Reaktivierungskunde oder hat sich dieser Kunde in der Vergangenheit durch geringe Umsätze, Schnäppchenkäufe mit Kreditkarte und ein hohes Reklamationsverhalten „disqualifiziert"?

*Häufigkeit und Systematik der Ansprache*

Jeder Kontakt mit dem Kunden wird zunächst als Wertschätzung wahrgenommen. Ob der Kunde reagiert, ist dennoch in erster Linie vom Angebot selbst abhängig. Ein Angebot beinhaltet die Parameter Produkt, Service und Preis. Wenn es nicht auf Anhieb attraktiv (und entsprechend plakativ dargestellt) ist, wird die Response und damit der Kauf ausbleiben. Das heißt aber nicht, dass der Kunde nicht mit dem Anbieter ins Geschäft kommen will; er verbleibt vielmehr im „*relevant set*", d.h. die gewünschte Reaktion kommt eventuell, später bei passendem Angebot. Daher ist die Kontaktfrequenz dennoch von hoher Bedeutung.

Für A-Kunden werden 8 bis 10 Kontakte im Jahr als angemessen erachtet, insbesondere dann, wenn der Kunde durch eine persönliche Ansprache neben dem Leistungsangebot auch der Status eines vorab informierten Kunden, eines „aus der Masse" herausgehobenen Kunden vermittelt wird. Dies sollte in Abhängigkeit vom Produktangebot erfolgen; dabei können Gebrauch und Verbrauch als Kriterien mit einfließen.

Für die B-Kunden gelten bis 6 Kontakte im Jahr als verhältnismäßig und somit empfehlenswert. Dabei ist allerdings die saisonale Abhängigkeit der jeweiligen Branche zu berücksichtigen.

Welche Aktivierungswirkung die richtige Anstoßkette haben kann, ist in folgendem *Beispiel* aus dem Versandhandel zu sehen *(vgl. nebenstehende Grafik)*:

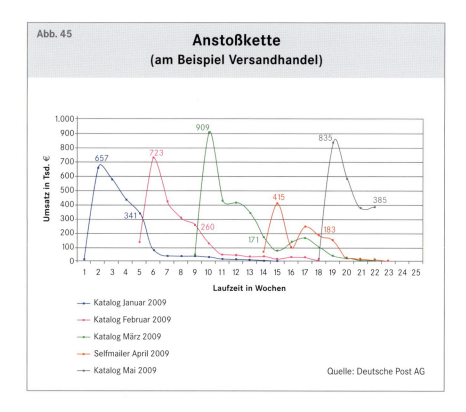

Abb. 45

**Anstoßkette**
(am Beispiel Versandhandel)

Quelle: Deutsche Post AG

Nach einem Anstoß in der 2. Januarwoche ist die Umsatzkurve von Woche zu Woche rückläufig, bis ein neuer Angebotsanstoß in Woche 6 für eine erneute Aktivierung sorgt. Dabei ist nicht nur der ausreichend häufige Kundenkontakt, sondern auch das Werbemittel von Bedeutung: wenn statt eines ansprechenden Kataloges ein deutlich günstigeres Werbemittel versendet wird, ist der Umsatzerfolg mehr als halbiert. Dies ist natürlich durch ein reduziertes Warenangebot zu erklären, zeigt aber auch die sensible Wahrnehmung des Kunden, offensichtlich keinen Katalog, sondern „nur noch" einen Selfmailer „verdient" zu haben.

## Was sind Kundenportfolios zur Kundenbewertung?

Die Portfolio-Analyse (4-Felder-Matrix) untersucht normalerweise die Wettbewerbsposition von Produkten oder Geschäftsfeldern eines Unternehmens. Sie lässt sich aber auch auf Kunden übertragen: Dazu werden jeweils zwei, den Kundenwert bestimmende Kriterien zueinander ins Verhältnis gesetzt – zum Beispiel der Lieferanteil des Kunden und der Kundenumsatz. Die Eingruppierung der Kunden in ein Koordinatensystem zeigt dann die jeweilige Position.

In einem anderen Ansatz werden die Kriterien Kundenpotenzial und Kundenloyalität in Beziehung zueinander gesetzt. Daraus ergeben sich Grundlagen für die Entwicklung von Kommunikationsstrategien.

Die Grafik zeigt einen weiteren möglichen Ansatz, nämlich das Verhältnis der Kriterien Kundenattraktivität und Wettbewerbsposition.

Für jeden Kunden lassen sich auf diese Weise optimale Maßnahmen anhand seiner Position im Portfolio bestimmen. Außerdem können Strategien entwickelt werden, mit denen Kunden in die nächsthöhere Gruppe geführt werden.

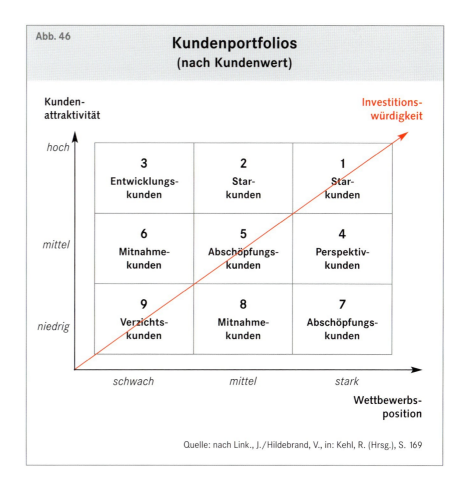

Abb. 46 Kundenportfolios (nach Kundenwert)

Quelle: nach Link., J./Hildebrand, V., in: Kehl, R. (Hrsg.), S. 169

### Was ist „Customer Lifetime Value (CLV)"?

Der Customer Lifetime Value geht davon aus, dass ein Kunde im Laufe seines Lebens viele Käufe bei einem Unternehmen tätigt. Der Kunde hat in diesem Fall einen „lebenslangen" Wert für das Unternehmen. Genau dieser wird durch den Customer Lifetime Value ermittelt.

Der Kunde wird dabei auf der Basis seines insgesamt möglichen Umsatzes bewertet. Der CLV betrachtet zum einen die bereits durch den Kunden getätigten Umsätze und bezieht zum anderen die potenziellen Umsätze der Zukunft ein.

So kann das Chancen-Potenzial für eine langfristige Bindung des Kunden abgeschätzt werden. Für den „Lebenszeit-Zyklus" eines Kunden *(engl.: Customer Lifetime Value)* lässt sich die nebenstehende Formel aufstellen.

Verfahren der Investitionsrechnung ermöglichen es, den abgezinsten Barwert (Kapitalwert) einer Kundenbeziehung zu berechnen. Dieser berücksichtigt sämtliche Einnahmen und Ausgaben, die dann auf einen einheitlichen Bezugszeitpunkt abgezinst werden. Die Kosten für die Neukundengewinnung werden dabei behandelt wie die Anschaffungskosten für ein Investitionsobjekt, die über die „Lebensdauer" abgeschrieben werden. Das Verfahren prognostiziert, welchen Umsatz und Deckungsbeitrag der Kunde in jedem Jahr bringt und welche Kosten für Betreuung und Marketing-Aktionen für ihn anfallen. Der Überschuss wird mit einem Kalkulationszinssatz diskontiert und über die Dauer, die der Kunde aktiv bleibt, addiert. Übersteigen die addierten und diskontierten Überschüsse die Akquisitionskosten, ist die Kundengewinnung wirtschaftlich.

*Beispiel:* Wenn die Kosten einer Neukundenakquisition für den Wein-Versender bei 100 Euro liegen, muss er aus Erfahrungswerten vorhersagen, wie lang der Kunde dem Unternehmen treu bleibt, welche Umsatzhöhe er in den Jahren als Kunde bringt und welchen Deckungsbeitrag er erwirtschaftet.

---

**Abb. 47**

**Customer Lifetime Value**
(dt.: Kundenwert); Formel

**Kundenwert**
=
Deckungsbeitrag abzüglich der Marketingkosten, abgezinst und addiert über die Lebensdauer des Kunden
− (minus)
Kosten der Neukundengewinnung für den speziellen Kunden

Quelle: Siegfried Vögele Institut

## 17. Controlling konkret
### am Beispiel Mailing

**In welche Bestandteile gliedern sich Mailingkosten auf?**

Mailings setzen sich aus Fixkosten und variablen (auflagenabhängigen) Kosten zusammen. Beide ergeben die Gesamtkosten und erlauben die Berechnung des Beitrags, den ein Produkt zur Deckung der Fixkosten leistet. Im einzelnen:

– *Fixkosten des Mailings*

Für die Kreation des Werbemittels und die Beauftragung einer Werbeagentur fallen Kosten an, die nicht von der Auflage des Mailings abhängen. Außerdem müssen druckfähige Vorlagen und eventuell Fotografien sowie Lithografien angefertigt werden. Diese Kosten sind Fixkosten.

*Beispiel:* Bei unserem Wein-Versender betragen die oben genannten Fixkosten 5.000 Euro – bei einer Auflage von 20.000 Stück somit 0,25 Euro pro Werbebrief. Die Fixkosten pro Stück sinken bei steigender Auflage.

– *Variable Kosten des Mailings*

Die von der Auflage abhängigen Kosten sind variable Kosten. Sie umfassen die gesamte Produktion und den Versand der Mailings. Hinzu kommen eventuell noch Kosten für die Adressmiete, wenn Werbebriefe nicht an eigene Adressen versendet werden; diese sind vom Umfang der Selektionen abhängig. Unter die Produktionskosten fallen z.B. die Kosten für Papier, Druck und Lettershop. Sie sind je nach Aufwand und Umfang des Mailings sehr unterschiedlich.

*Beispiel:* Dem Wein-Versender entstehen variable Stückkosten in Höhe von 0,40 Euro pro Mailing.

– *Kosten pro Mailing*

Die Gesamtkosten pro Mailing sind die Summe aus den fixen und variablen Stückkosten.

*Beispiel:* Die Kosten pro Mailing betragen bei unserem Wein-Versender insgesamt 0,65 Euro pro versandtem Werbebrief (0,25 Euro Fixkosten + 0,40 Euro variable Kosten).

### Was ist ein Deckungsbeitrag?

Der Deckungsbeitrag ist der Beitrag, den ein Produkt zur Deckung der Fixkosten leistet. Er ergibt sich, wenn man die variablen Kosten von den Erlösen subtrahiert.

*Beispiel:* Der Wein-Versender bietet die Weinpakete zu einem Verkaufspreis von 100 Euro an. Die variablen Kosten für die Auswahl, den Einkauf und den Versand der Weine betragen 70 Euro. Der Deckungsbeitrag beträgt also 30 Euro pro verkauftem Weinpaket (100 Euro Erlös – 70 Euro variable Kosten). Im Durchschnitt werden fünf Weinpakete pro Bestellung verkauft; der durchschnittliche Umsatz pro Bestellung beträgt somit 500 Euro (5 x 100 Euro) und der Deckungsbeitrag 150 Euro (5 x 30 Euro).

Wenn das Mailing nicht nur ein bestimmtes Angebot bewirbt, sondern ein Prospekt mit vielen Alternativen oder ein Katalog beiliegen, ist die Kalkulation des Deckungsbeitrags problematischer: In diesen Fällen kalkuliert man dann mit Durchschnitts- oder Erfahrungswerten.

### War die Mailing-Aktion tatsächlich erfolgreich?

Zur Beantwortung dieser Frage sind folgende Einzelfaktoren zu prüfen und zu bewerten:

– *Die Response-Quote (Rücklauf-Quote)*

Response-Quoten sind von zahlreichen Kriterien abhängig – so z.B. dem Produkt, der Zielgruppe und der Kreation.

*Beispiel:* Die Anzahl der Bestellungen bei dem Wein-Versender beträgt 1.315. Bezogen auf die 20.000 versandten Mailings entspricht dies einer Response-Quote von 6,57 %.

---

Abb. 48

## Mailingkosten
### – Erfolgskontrolle 1 –

 Der **Deckungsbeitrag** ist der Beitrag, den ein Produkt zur Deckung der Fixkosten leistet. Dieser ergibt sich, wenn man die variablen Kosten von den Erlösen subtrahiert.

**Beispielrechnung:**
Der Wein-Versender bietet die Weinpakete zu einem Verkaufspreis von 100 € an. Die variablen Kosten für die Auswahl, den Einkauf und den Versand der Weine betragen 70 €. Der Deckungsbeitrag beträgt also 30 € pro verkauftem Weinpaket (100 € Erlös abzüglich 70 € variable Kosten). Da im Durchschnitt fünf Weinpakete pro Bestellung verkauft werden, beträgt der durchschnittliche Umsatz pro Bestellung 500 € Euro (5 x 100 €) und der Deckungsbeitrag 150 € (5 x 30 €).

| Umsatz | |
|---|---|
| pro Paket | pro Auftrag |
| 100 € | 500 € |
| **Variable Kosten** (Einkaufspreis, Versand etc.) | |
| pro Paket | pro Auftrag |
| 70 € | 350 € |
| **Deckungsbeitrag** | |
| pro Paket | pro Auftrag |
| 30 € | 150 € |

– *Die Retouren-Quote*

Nicht alle Bestellungen führen zwangsläufig zum Umsatz, denn es besteht die Möglichkeit des Widerrufs bzw. der Rückgabe. Die Retouren-Quote unterscheidet sich stark je nach Produkt und hängt von vielen Faktoren ab. Die Nennung einer Durchschnittszahl ist daher schwierig.

*Beispiel:* 265 Kunden haben ihre Weinpakete wieder zurückgeschickt, dies entspricht einer Retouren-Quote von etwa 20 %.

– *Die Anzahl der Festbestellungen*

Die Festbestellungen werden ermittelt, indem man von der Anzahl aller eingegangenen Bestellungen die Anzahl der Retouren abzieht.

*Beispiel:* Von den 20.000 Mailing-Empfängern haben 1.315 Empfänger bestellt, 265 davon haben das Weinpaket wieder zurückgesendet. Die Anzahl der Festbestellungen liegt also bei 1.050.

Dies entspricht einer Bestellquote von 5,25 % (1.050 von 20.000).

– *Die Aktionskosten pro Bestellung*

Um die Kosten pro Bestellung zu berechnen, werden die Gesamtkosten der Aktion durch die Anzahl der Festbestellungen geteilt.

*Beispiel:* Insgesamt haben die 20.000 versandten Mailings 13.000 Euro gekostet (0,65 Euro pro Stück). Damit muss jede der 1.050 Festbestellungen Kosten in Höhe von 12,38 Euro tragen.

Diese Kosten liegen deutlich unter dem Deckungsbeitrag von 30 Euro pro Bestellung. Die Gewinnschwelle wird somit überschritten und die Aktion ist rentabel.

---

Abb. 49

**Mailingkosten**
– Erfolgskontrolle 2 –

 Die Summe aus Fixkosten und variablen Kosten ergibt die Gesamtkosten eines Mailings.

**Beispielrechnung:**
Die Auflage des Mailings beträgt 20.000 Stück. Die Fixkosten betragen dabei 5.000 €, d.h., 0,25 € je Werbebrief.

| Mailing-Kosten | Betrag | Betrag pro Stück |
|---|---|---|
| Fixkosten des Mailings:<br>• Kreation, Agentur<br>• Fotografien, Druckvorlagen<br>• etc. | 5.000 € | 0,25 € |
| Variable Kosten des Mailings:<br>• Adressmiete<br>• Produktion, Druck<br>• Versand, Porto<br>• etc. | 8.000 € | 0,40 € |
| Gesamtkosten des Mailings | 13.000 € | 0,65 € |

 **Hinweis:**
Bei steigender Auflage sinken die Fixkosten je Stück, da sich dann z.B. die sog. Einrichtekosten beim Druck des Mailings auf eine größere Stückzahl verteilen.

| Tab. 7 | Trends und Begriffe – Die Sprache im Web 2.0 |
|---|---|
| Usability | Bedienerfreundlichkeit und Nutzerführung |
| SEO | Suchmaschinen-Optimierung (engl.: search engine optimation): in Trefferlisten weiter oben erscheinen |
| SEM | Suchmaschinen-Marketing: Schalten von Suchwortanzeigen (z.B. Google® AdWords) |
| E-Mail-Marketing | Einsatz von E-Mailings und Newslettern im Kontakt zu Interessenten und Kunden |
| Web-Controlling | Auswertung von Besucher- und Klick-Statistiken auf der Homepage und bei Newslettern |
| Banner-Anzeigen | Schaltung grafischer Werbung in Form von statischen oder „blinkenden" Werbebannern sowie Videos |
| Affiliate Marketing | Partnerprogramme, bei denen die Werbepartner am Erfolg der Werbemaßnahmen beteiligt werden |
| Mobile Marketing | Integration des Mobiltelefons in den Kommunikationsmix; häufig praktizierte Werbeformen sind SMS-Response (z.B. auf Außenwerbung), Werbe SMS, Mobile E-Mail-Marketing und spezielle Webseiten für Mobil-Browser |
| Nutzergenerierte Inhalte | Durch Einträge der Nutzer (z.B. Kommentare oder Bewertungen) entstandene Inhalte der Website (Kundenbindung!) |
| Portal(e) | Plattformen, die Inhalte und Gelegenheit zum Austausch bieten, so Video und Social-Bookmark-Portale oder Social Web Communities wie z.B. StudiVz, Wer kennt Wen, XING |
| Podcasts | Audio- und Video-Anwendungen im Internet |
| Tag Clouds/Tagging | Verschlagwortung durch Nutzer |
| Web Logs/Blogs | Digitale Tagebücher mit persönlich gehaltenen Einträgen meist namentlich gekennzeichneter Nutzer/Mitarbeiter |
| Open API/AJAX | Technische Voraussetzungen für das Web 2.0 (z.B. Erleichterung des Datenaustauschs durch offene Schnittstellen) |

Quelle: nach Schwarz, 2009

# 18. Willkommen im Web 2.0!
## Regeln für erfolgreiche Online-Werbung

### Welchen Nutzen bringt mir das Internet?

Das Internet gehört heute auch in Deutschland zum Alltag der Menschen. Die Nutzer gehen immer routinierter und selbstverständlicher damit um und betrachten das Internet als Informations- und Kommunikationsmedium.

„Laufkundschaft" gibt es im Internet nicht, keiner schlendert zufällig an einer Homepage vorbei. Erfolgreich ist eine Präsenz im Internet nur dann, wenn dafür geworben wird – am besten direkt per Internet. Interessenten werden direkt per E-Mail angeschrieben. Dann genügt ein Mausklick des Lesers, um auf die Anbieter-Homepage zu gelangen. In der heutigen Zeit gibt es kaum noch einen Versandhändler oder einen Discounter, der auf dieses Dialogmarketing-Instrument verzichtet.

Doch bei der Werbung über das Internet ist auch Vorsicht geboten: Denn wer in Verdacht gerät, unerwünschte Spam-Werbung zu versenden, hat seinen Ruf beim Kunden schnell ruiniert. Die Folgen: Imageverlust und Umsatzeinbruch. E-Mail-Marketing ist nur dann erfolgreich, wenn systematisch ein Verteiler aufgebaut wird, dessen Adressaten dem Werbenden vertrauen.

### Wo steht das Online-Marketing heute?

Schon seit Jahren wächst das Online-Marketing im zweistelligen Bereich, da immer mehr Menschen immer mehr Zeit im Internet verbringen. 95 % der unter 30-Jährigen besitzen Internet-Zugang und 84 % der Jugendlichen sind täglich online. Wer diese Zielgruppen erreichen will, darf nicht mehr allein auf Print-, TV- und Außenwerbung setzen. Das Internet mit in seine Werbung einzubeziehen ist heute Standard, auch für kleine und mittelständische Unternehmen. Online-Werbung ist momentan der am stärksten wachsende Posten im Werbebudget von Unternehmen.

2007 untersuchte die Unternehmensberatung *Absolit* in einer breit angelegten Befragung die Trends des Online Marketings. Ergebnis: Bei den meisten Unternehmen werden die Bereiche Usability (Nutzerfreundlichkeit), Suchmaschinen-Optimierung, E-Mail-Marketing und Web-Controlling ausgebaut.

Die genannten Themen kamen bei über 85 % der befragten Unternehmen zum Einsatz; von diesen wollten über 60 % ihr Engagement hier weiter verstärken. Dabei werden die folgenden vier Ziele in den Mittelpunkt gestellt:

- Usability: Nutzerführung und Inhalte auf der Homepage verbessern;
- Suchmaschinen-Optimierung: In Trefferlisten weiter oben erscheinen;
- E-Mail-Marketing und Newsletter verstärkt einsetzen;
- Web-Controlling: Intensivere Auswertung der Klicks auf Homepage und Newsletter.

### Hohe Usability bedeutet zufriedene Besucher

Die Homepage ist und bleibt für die Unternehmen das wichtigste Thema im Online-Marketing. Hierbei spielen die folgenden beiden Fragen die tragende Rolle: Welches konkrete Ziel verfolgt der Nutzer bei dem Besuch meiner Seite? Und wie erreicht er dieses Ziel möglichst effizient? Wer für die Bestellung eines Buches weniger als eine halbe Minute benötigt, kommt gerne wieder. Jeder zusätzliche Klick vergrault die Hälfte der Besucher. Bei der Usability steht also im Fokus, dass Besucher ihr Ziel einfacher und ohne Umwege erreichen.

### Suchmaschinen-Optimierung bringt neue Kunden

Eine gute Homepage allein bringt noch keine Besucher. Ebenso wie beim lokalen Verkauf gilt: Möchte ein Unternehmen neue Kunden ansprechen, so muss es dort präsent sein, wo Interessenten suchen: in Suchmaschinen. Dies gelingt aber nur, wenn die eigenen Webseiten für Suchmaschinen optimiert

**Abb. 50** Nutzen durch „elektronischen Handel"
(sogenannter E-Commerce)

 **Nutzen für den Kunden:**
- Unabhängigkeit von Ladenöffnungszeiten
- Kein Einkaufsstress
- Unkomplizierte Bestellmöglichkeit
- Schnelle Bestellabwicklung
- Zeitsparendes Einkaufen

**Nutzen für den Anbieter:**
- Ansprache einer neuen Zielgruppe (Online-Community)
- Echtes One-to-One-Marketing (Erstellung von Kundenprofilen)
- Optimales Medium zur Kundenbindung
- Besserer Service, bessere Wettbewerbsfähigkeit
- Wesentliche Kosteneinsparung (Transaktionskosten sinken)
- Globale Präsenz

Quelle: nach Schwarz, 2009

### Hätten Sie's gewusst?

Die Internetpräsenz von Unternehmen ist schon lange kein Zeichen besonderer Zukunftsfreudigkeit mehr: Sie ist vielmehr ein „Muss" für Ihr Unternehmen. Immer mehr Menschen holen sich Informationen über das Internet. Außerdem ermöglicht Ihnen das Internet, Ihr Unternehmen und Ihre Angebote öffentlich zu präsentieren und mit Kunden in den Dialog zu treten – und zwar sehr kostengünstig!

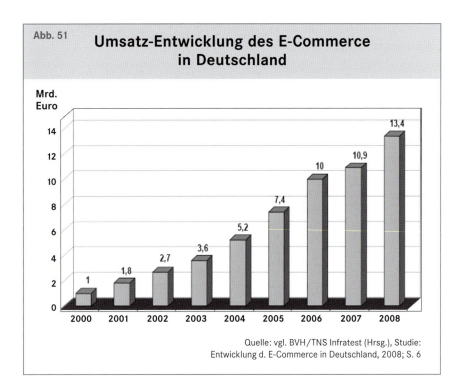

Abb. 51 **Umsatz-Entwicklung des E-Commerce in Deutschland**

Quelle: vgl. BVH/TNS Infratest (Hrsg.), Studie: Entwicklung d. E-Commerce in Deutschland, 2008; S. 6

sind. Und um es als Unternehmen in die Top Ten der Suchbegriffe zu schaffen, sei in jedem Fall die Unterstützung durch professionelle Dienstleister angeraten. Wer erfolgreiche Suchmaschinen-Optimierung betreiben will, kommt dabei an Google® nicht vorbei – das Unternehmen ist mit einem Marktanteil von etwa 90 % der unumstrittene Marktführer.

Google® bewertet in seinem Ranking stringent nach der Verlinkung *(Link Popularity)*. Dabei wird gezählt, wie viele fremde Seiten auf die eigene Seite verweisen (verlinken), wobei Links von bekannten Websites – also Sites, auf die wiederum oft verlinkt wird – mehr zählen als von kleinen, unbekannten Seiten. Die Link Popularity wird von Google® als *PageRank* angegeben und auf eine Skala von null bis zehn gemessen. Zehn stellt dabei den besten Wert dar und wird z.B. von der internationalen Google®-Homepage erreicht.

### Tipps zur Google®-Optimierung

- Tragen Sie dafür Sorge, dass Ihre Homepage mit viel gutem, am Kundennutzen orientierten Inhalt gefüllt ist. Wenn Sie z.B. einen Weinhandel mit Online-Vertrieb betreiben, sollten alle – und zudem möglichst viele – Links auf Ihre Seiten automatisch das Wort Wein enthalten. Die Suchmaschine nimmt dann an, dass Ihre Seiten relevant für jemanden sind, der nach Weinen sucht.

- Kooperieren Sie hierzu mit anderen Anbietern und suchen Sie sich geeignete Partner, indem Sie gegenseitig auf Ihre Seiten verlinken. So erhöhen Sie kontinuierlich Ihre Link Popularity, ausgedrückt als PageRank-Wert.

- Melden Sie Ihre Homepage in den größten und populärsten Webkatalogen an. Webkataloge bieten eine hervorragende Möglichkeit, recht schnell Links zu erhalten und hierdurch den Page Rank-Wert zu erhöhen.

- Nutzen Sie intensiv alle Möglichkeiten der internen Verlinkung anhand einer professionellen Website-Navigation. Auch hier sollte jeweils ein passender Linktext stehen, da Google® auch die interne Verlinkung (z.B. von der Hauptseite zu Unterseiten) bewertet. Wenn Sie als Weinhändler auf Ihre Unterseiten verweisen, so bezeichnen Sie beispielsweise einen Link nicht mit „Angebote" oder „Mehr", sondern mit „Italienische Weine", „Deutsche Weine", „Französische Weine", „Weinaccessoires", etc.

## Banner- und Suchwortanzeigen – die budgetstärksten Posten

Bannerwerbung nimmt mit 50 % der Ausgaben für Online-Marketing nach wie vor den Löwenanteil im Online-Werbebudget ein. Allerdings lässt sich auch hier ein Trend erkennen – weg von klassischen Bannern hin zu interaktiven Elementen. Ebenso wird aktives „Targeted Advertizing" betrieben. Dabei wird automatisch analysiert, welcher Banner auf welcher Seite am besten wirkt. Auf diese Weise ist es möglich, dem Nutzer auf einer Website nur die Werbung zu zeigen, die ihn tatsächlich interessiert.

Bereits sehr fortgeschritten kommt diese Technik bei Suchwortanzeigen zum Einsatz. Sobald ein Nutzer nach etwas Bestimmten sucht, werden ihm über den Abgleich mit vorher festgelegten AdWords passende Anzeigen angezeigt.

Über 60 % der Unternehmen nutzen bereits Suchwortanzeigen für ihr Online-Marketing, Tendenz steigend: Derzeit wächst diese Sparte jährlich um ca. 100 %. Der Großteil der Unternehmen beabsichtigt, die Aktivitäten in diesem Bereich zu verstärken. Auch hier bietet es sich an, professionelle Dienstleister einzuschalten, welche die Effizienz der Online-Aktionen beträchtlich steigern können.

## Was bedeuten Affiliate und Mobile Marketing und wie werden sie von Unternehmen genutzt?

Ein Affiliate ist ein Teilnehmer eines Partnerprogramms. Dabei kann es sich um eine Einzelperson, ein Unternehmen oder eine Institution handeln. Ein Affiliate bewirbt als Werbepartner die Produkte von Fremdanbietern (Merchants), indem er das Angebot des E-Commerce-Anbieters in seine Website integriert. Er vermittelt so Besucher oder interessierte Käufer an andere Webseiten. Dies geschieht im Zuge eines Gegengeschäfts oder er erhält für seine Dienste Provisionen bzw. eine Umsatzbeteiligung.

**Abb. 52**

### Bannerwerbung

Bei der Bannerwerbung wird auf der Website eines Unternehmens die Werbebotschaft eines anderen Unternehmens – meist eine grafische Animation – eingebunden. Ein Klick auf das Banner führt direkt auf die Internetseite des werbenden Unternehmens.

Ziel ist, den Besucher der Website durch das Banner anzusprechen. Dabei kann die einzige gewünschte Reaktion ein Klick auf das Banner sein.

Werbebanner können fest eingebundensein oder nur temporär aufscheinen (z.B. nach dem Anklicken/*PopUp*-Werbebanner).

Quelle: nach Schwarz, 2009

**Abb. 53**

### Suchwortanzeigen mit Schlüsselbegriffen (AdWords)

**AdWords** sind Schlüsselbegriffe, mit deren Hilfe Dritte auf den Suchergebnisseiten von Google® ihre Werbung verlinken können. Wird bei der Suchanfrage ein geschaltetes AdWord eingegeben, wird die dazu gehörige Werbung angezeigt.

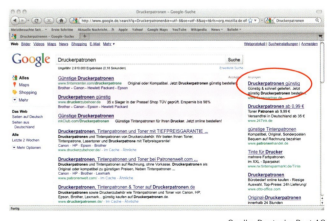

Quelle: Deutsche Post AG

> **Abb. 54**
>
> ## Entlohnungsmodelle beim sog. „Affiliate Marketing"
>
>  **Definition:** Ein „Affiliate" ist ein Teilnehmer eines Partnerprogramms, bei dem er als Werbepartner die Produkte von Fremdanbietern – z.B. das Angebot des E-Commerce-Anbieters – in seine Website integriert. Marktüblich sind derzeit folgende
>
>  **Entlohnungsmodelle:**
>
> - **Pay-per-Click**
>   Bei dieser Variante erfolgt die Bezahlung „pro Klick"; dabei werden pro Klick meist 0,03 bis 0,25 € Provision gezahlt. Verschiedene Techniken wie eine „IP-Sperre" verhindern Mehrfachklicks eines einzelnen Benutzers.
>
> - **Pay-per-Lead**
>   Als „Bezahlung pro Aktion" kann die Vermittlung einer Mitgliedschaft, das Abonnieren eines Newsletters, das Ausfüllen eines Formulars oder ein Download verstanden werden.
>
> - **Pay-per-Sale**
>   Die am meisten verbreitete Form der Partnervergütung ist die „Bezahlung pro vermittelten Verkauf". Hier wird die Provision gezahlt, sobald der Kunde auf den Link des „Merchants" klickt und im Anschluss daran einen Kauf tätigt. Ein typischer Provisionssatz pro Verkauf liegt je nach Produkt bzw. Dienstleistung zwischen 5 und 15 %.
>
> **Praxisbeispiele**
> - Obi bot im Frühjahr 2006 0,02 € pro Klick und 0,25 € pro Lead; unter „Lead" ist dabei ein Abonnement für den (Obi-eigenen) Newsletter zu verstehen.
> - Fahrrad.de bot 0,20 € pro Lead – auch hier für das Abonnement des Newsletters – und 5 % pro Sale.
>
> Quelle: nach Schwarz, 2009

Beim Mobile Marketing informieren Unternehmen ihre Kunden per SMS beispielsweise über neue Angebote, erinnern an bestimmte Verkaufsaktionen oder verschicken Gutschein-Codes, die bei einem späteren Kauf eingelöst werden können.

Das Engagement der Unternehmen hält sich bei beiden Instrumenten in Grenzen, sie werden derzeit nur von einem knappen Drittel der Firmen eingesetzt. Gründe dafür sind unter anderem die aktuell noch relativ hohen Verbindungskosten und fehlende Anwendungen. Allerdings besteht hier mittelfristig Entwicklungspotenzial, nicht zuletzt durch die immer attraktiveren Flatrates auch für Mobiltelefone.

### Web 2.0 – das Mitmach-Web

Was bedeutet eigentlich Web 2.0? Dahinter verbirgt sich weder ein neu entwickeltes Programm noch ein spezielles Portal. Vielmehr handelt es sich hier um eine Art Leitbegriff, der für das Internet der Gegenwart steht.

Wie alles Neue hat auch das Web 2.0 seine eigene Sprache *(vgl. die Übersicht zu Beginn des Kapitels 19)*. Viele arbeiten schon mit dem Web 2.0 und wissen es noch gar nicht. Seit Web 2.0 weiß man, dass Ajax nicht nur im Haushalt hilfreich ist, sondern auch beim Ausfüllen von Suchmasken im Netz. Wird beispielsweise in dem Suchfeld von Suchmaschinen eine Stadt eingegeben, so wird im Hintergrund bereits nach dem ersten Buchstaben der möglichen Stadt gesucht. Und Wikis haben auch nichts mit den Wikingern zu tun; hier ist vielmehr meist ein Eintrag im interaktiven Lexikon *Wikipedia* gemeint.

Doch nicht nur die Sprache im Web, auch das Nutzungsverhalten der Online-User hat sich in den letzten Jahren grundlegend geändert. Individuelle Inhalte können immer und überall abgerufen und interaktive Angebote wahrgenommen werden. Mithilfe von Blogs und Communities vernetzen sich die Nutzer und und tauschen sich immer intensiver aus. Kurz: Das Internet entwickelt sich zum „Mitmach-Web".

Dies wird besonders deutlich, wenn man sich die Entwicklung des Internets in den letzten 10 bis 12 Jahren betrachtet:

Ursprünglich wurde das Internet vor allem dazu genutzt, um gezielt nach Informationen zu suchen. Zunehmend entwickelte sich das Internet aber weg vom Informationsmedium und hin zur Handelsplattform. Nutzer konnten nun über das Internet kaufen, erkaufen, handeln und steigern (E-Commerce).

In dieser Phase wurde das Internet gleichzeitig auch immer stärker zur Kommunikation eingesetzt. Der Begriff Community wurde zunehmend präsenter, das sogenannte Web 2.0 entstand. Die rasant gewachsenen technischen Möglichkeiten, die günstigen Tarife und die schnellen Zugänge zum Internet ermöglichen es mittlerweile auch dem privaten Internetnutzer, eigene Inhalte einfach und schnell zu veröffentlichen. So werden beispielsweise Bilder und Videos im Internet der Öffentlichkeit zugänglich gemacht oder in Internet-Foren Sachverhalte und Produkte kommentiert und auch kritisiert.

Diese neue Möglichkeit der freien Meinungsäußerung und deren schnelle Verbreitung stellt viele Unternehmen vor große Herausforderungen. Sie können nicht mehr regulieren, was Kunden oder Kritiker über sie schreiben. Dadurch können sie auch ihre Markenführung nur noch beschränkt kontrollieren.

Im Web 2.0 gehört die Marke längst den Konsumenten. Äußert dieser über ein Produkt seine offene Meinung, so ist das für die meisten glaubhafter, als wenn das Unternehmen sein eigenes Produkt beschreibt. Diejenigen Unternehmen, die Kritik unterdrücken wollen, fordern diese damit geradezu heraus. Denn die Parole der Internet-User des Web 2.0 lautet: „Wir sind der Markt".

Unternehmen, die die sich darauf nicht einstellen und ihre Geschäftsprozesse anpassen, werden es in Zukunft sehr schwer haben.

Der Trend zur vernetzten Kommunikation von Online und Print wird bereits von vielen Unternehmen erkannt und umge-

---

**Abb. 55 — Mobile Marketing**

Mobile Marketing umfasst SMS- und MMS-Marketing, z.B.:
- Kurzmitteilungen an Mobilfunktelefone über das Internet
- Texte, Bilder, Videos, Töne

**Anwendungsbereiche:**
- Spezifische Angebote des eigenen oder kooperierender Unternehmen an bestehende Kunden/Interessenten
- Informationsübermittlung an bestehende Kunden, z.B. zu Veranstaltungen oder Aktionen
- (automatische) Erinnerungen an Termine
- Gutscheine
- (Zufriedenheits-)Umfragen

Quelle: nach Schwarz, 2009

---

**Abb. 56 — Aufbau einer Community**
(dt.: „Gemeinschaft")

**Definition:** In einer virtuellen Community finden sich Menschen zusammen, um sich zu speziellen Themen auszutauschen und so ihre spezifischen Kommunikations-, Informations- und Unterhaltungsbedürfnisse zu befriedigen.

**Faktoren:**
- Erreichen einer kritischen und aktiven Masse
- Permanent anpassungsfähiges Angebot an Features (Newsletter, Mailinglists, SMS etc.), die flexibel in die Plattform integrierbar sind
- Fähigkeit, den Bedarf der Community-Mitglieder an Produkten und Lösungen zu befriedigen

**Arten:**
- Consumer-Communities
- Business-Communities

Quelle: nach Hagel/Armstrong, 1999)

setzt. *Neckermann* setzt beispielsweise seinen klassischen Katalog nur noch in Kombination mit dem Online-Auftritt ein. Mittlerweile gibt es diesen Katalog auch online unter www.neckermann.de. Auch *Tchibo* setzt verstärkt auf integriertes Marketing in Form vernetzter Kommunikation. So können Tchibo-Kunden hochpreisige Angebote nur noch über die Online-Filiale bestellen. Auch *Aldi* und *Lidl* folgen diesem neuen Geschäftsmodell.

Das World Wide Web verändert sich – von klassischen statischen Websites hin zum „Social Web". Dahinter verbergen sich interaktive Webseiten, die ihre Leser in allen erdenklichen Formen einbinden. Das „Mitmach-Web" lebt von nutzergenerierten Inhalten, es ist interessanter als das „statische" Web und wächst daher rasant. Geschäftstüchtige Unternehmen nutzen den Wunsch nach authentischem Dialog als Chance und bieten selbst Blogs – eine Art digitales Tagebuch – an. Hier sind persönliche Einträge und Kommentare erlaubt und sogar erwünscht. Die Kunden dürfen Produktkritiken verfassen. Andere Unternehmen dagegen blocken Meinungsäußerungen strikt ab, um mögliche Imageschäden auszuschließen. Doch die Angst vor „Dauernörglern" ist oft übertrieben.

Unternehmen sollten zudem bedenken, dass solche nutzergenerierten Inhalte zusätzlich „Futter" für Suchmaschinen erzeugen. Je mehr Seiten betroffen sind, desto mehr Suchtreffer gibt es und umso weiter oben steht das Produkt in den Suchmaschinen. Dabei spielt es keine Rolle, ob es sich um einen Produktkommentar, ein Gästebuch oder ein Diskussionsforum handelt. *Amazon* war mit seinen Buchrezensionen einer der Vorreiter des Mitmach-Web. *Frosta* pusht seinen Kundendialog über ein Corporate Weblog. Bei *Otto* können Kunden Produkte kommentieren. Andere Formen nutzergenerierter Inhalte, auch *UGC/user generated content* genannt, sind zum Beispiel Neckermanns Model-Castings. Dort können Frauen ihr Foto und ihre Bewerbung online stellen, und die Nutzer dürfen anschließend die Siegerin wählen.

---

**Abb. 57**

**Aufbau einer Online Community**

**Beschreibung:**
Soziale Netzwerke ermöglichen den interaktiven Austausch von Meinungen, Eindrücken und Erfahrungen.

**Inhalt:**
- persönliches Kundenprofil
- Diskussionsforen und Gruppen bezüglich:
  - Party-, Freizeit- und Lifestyle Tipps und Trends
  - Gegenseitige Hilfe (z.B. Kinderbetreuung, Tipps und Tricks)
  - Interaktiver Flohmarkt
  - Gruppe der einsamen Herzen
  - Interessengruppen
  - Beschwerdeecke/Chat (als direktes Feedbackinstrument)
  - GSW Fotoalbum (z.B. Mieter-Events)
  - Was gibt es Neues? (z.B. aktuelle GSW Projekte oder Aktionen)

Quelle: nach Schwarz, 2009

### Was verbirgt sich hinter dem Begriff „Twitter"?

Twitter ist ein relativ neues soziales Netzwerk und ein meist öffentlich einsehbares Tagebuch im Internet (Mikro-Blog), welches weltweit per Website, Mobiltelefon, Desktopanwendung, Widget oder Webbrowser-Plug-in geführt und aktualisiert werden kann. Twitter wurde im März 2006 der Öffentlichkeit vorgestellt.

Angemeldete Benutzer können eigene Textnachrichten mit maximal 140 Zeichen eingeben und anderen Benutzern senden. Der Herausgeber der Nachricht steht auf der Webseite des Dienstes mit einer Abbildung als alleiniger Autor über seinem Inhalt. Die Beiträge sind häufig in der Ich-Perspektive geschrieben. Das Mikro-Blog bildet ein für Autor und Leser einfach zu handhabendes Echtzeit-Medium zur Darstellung von Aspekten des eigenen Lebens und von Meinungen zu spezifischen Themen. Kommentare oder Diskussionen der Leser zu einem Beitrag sind möglich. Damit kann das Medium sowohl dem Austausch von Informationen, Gedanken und Erfahrungen als auch der Kommunikation dienen. Die Tätigkeit des Schreibens auf Twitter wird umgangssprachlich als „twittern" bezeichnet.

Die Beiträge auf Twitter werden als „Tweets" *(engl.: to tweet = zwitschern)* oder „Updates" bezeichnet. Das Weiterleiten eines Beitrages einer anderen Person, um beispielsweise eine Eilmeldung im Netzwerk schnell weiterzuverbreiten, wird als *ReTweet* bezeichnet. Das soziale Netzwerk beruht darauf, dass man die Nachrichten anderer Benutzer abonnieren kann. Die Leser eines Autors, die dessen Beiträge abonniert haben, werden als „Follower" *(engl.: to follow = folgen)* bezeichnet. Die Beiträge der Personen, denen man folgt, werden in einem Log, einer abwärts chronologisch sortierten Liste von Einträgen dargestellt. Der Absender kann entscheiden, ob er seine Nachrichten allen zur Verfügung stellen oder den Zugang auf eine Freundesgruppe beschränken will.

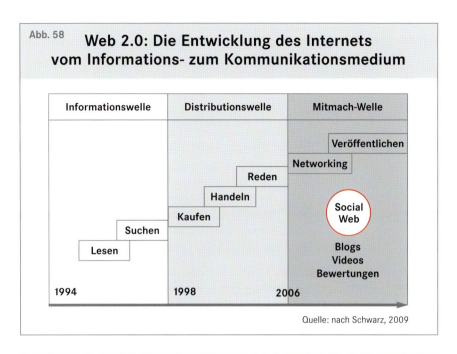

Abb. 58 **Web 2.0: Die Entwicklung des Internets vom Informations- zum Kommunikationsmedium**

Quelle: nach Schwarz, 2009

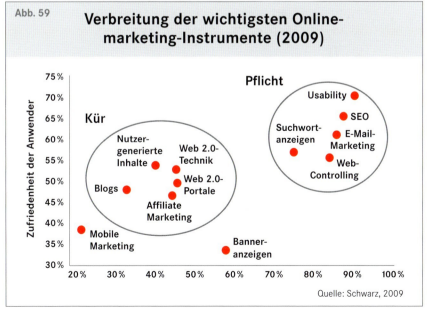

Abb. 59 **Verbreitung der wichtigsten Online-marketing-Instrumente (2009)**

Quelle: Schwarz, 2009

## Hätten Sie's gewusst?

**Erfolgsfaktoren für Werbe-E-Mails und Newsletter**

Einige einfache Details tragen dazu bei, den Erfolg Ihrer E-Mailings deutlich zu steigern:

- Ein E-Mail-Versand am Montag, Dienstag oder Freitag führt zu mehr Öffnungen. Der beste Versandzeitpunkt ist Montagabend; Mittwoch und Donnerstag sind als Versandtage grundsätzlich weniger zu empfehlen. Gegenüber dem ungünstigsten Zeitpunkt (Donnerstagnachmittag) kann man seine Öffnungsrate allein durch die Wahl des richtigen Zeitpunktes fast verdoppeln!

- Beachten Sie saisonale Schwankungen! E-Mails gegen Jahresende (November und Dezember) werden deutlich seltener geöffnet; besonders hohe Öffnungsraten erzielt man zu Jahresbeginn (Januar, Februar) sowie allgemein in den Monaten, in denen weniger Mails verschickt werden.

- Versenden Sie Ihre E-Mails an Tagesrandzeiten (morgens oder abends); dies führt zu signifikant höheren Öffnungsraten. Generell ist die Bandbreite der Öffnungen zu verschiedenen Zeitpunkten enorm.

- Je kürzer und sachlicher die Betreffzeile, desto höher die Öffnungsrate! E-Mails mit sachlichen Betreffzeilen haben eine deutlich höhere Chance (+ 28 %), geöffnet

*Forts. auf S. 95*

---

Der Benutzer kann seine Einträge per SMS (nur USA, Kanada und Indien) oder mittels einfacher Eingabehilfen über die Twitter-Homepage (RSS) erstellen.

### E-Mail-Marketing im Web 2.0-Zeitalter

Mittlerweile ist hinlänglich bekannt: Neue Interessenten auf der Homepage sind noch lange keine Kunden. Wer die Besucher der Seite wieder gehen lässt, ohne sie nach der E-Mail-Adresse zu fragen, kann später nicht nachhaken. Immer mehr Unternehmen ermöglichen deshalb dem Besucher auf ihrer Homepage, besondere Informationen oder einen Newsletter per E-Mail zu erhalten. Mittlerweile nutzen 90 % der Unternehmen E-Mail-Marketing.

Wertige, persönliche E-Mailings werden vom Nutzer geschätzt und fördern nachhaltig dessen Loyalität zum Absender. Dies gilt aber nur dann, wenn sich der Absender strikt an die Vorgaben des echten Permission-Marketings hält *(s. Kap. 10)*.

Am bedeutendsten ist Online-Marketing für Online-Händler. Einer aktuellen Studie des US-amerikanischen Unternehmens *Forrester* zufolge investieren 92 % der befragten US-Online-Händler in E-Mail-Marketing und 90 % in Suchmaschinenwerbung. In Deutschland basiert mittlerweile rund ein Viertel des Online-Umsatzes auf einen Anstoß per E-Mail.

E-Mail-Käufer geben durchschnittlich doppelt soviel Geld aus wie andere Kunden. Jeder zweite Online-Kauf wurde laut einer Studie von *eMarketer* von einer E-Mail angestoßen.

E-Mail-Marketing ist aufgrund der geringen Kosten an Effizienz nicht „zu toppen"; dies ist insbesondere in Zeiten zunehmend enger werdender Werbe-Etats ein wichtiger Faktor. Hinzu kommt: E-Mail hat eine immense Verbreitung. Laut einer Schätzung des Unternehmens *Radicati* existieren weltweit 1,1 Milliarden E-Mail-Nutzer, 1,4 Milliarden aktive E-Mail-Accounts und 171 Milliarden E-Mails werden pro Tag verschickt. Laut einer Untersuchung von *Pew Project* ist E-Mail die weltweit am häufigsten genutzte Online-Applikation.

### E-Mail-Adressen – Fehler vermeiden!

Fast jede zehnte angeschriebene E-Mail-Adresse ist fehlerhaft. Die häufigsten Fehler sind dabei Tippfehler, Verdreher, Rechtschreibfehler oder Domainadressen statt E-Mail-Adressen. Solche Fehler können leicht mit einer Online-Eingabeprüfung vermieden werden. Hierbei werden die Adressen geprüft und nur dann in die Datenbank aufgenommen, wenn sie syntaktisch korrekt sind und wenn für sie ein Mailserver existiert. Andernfalls sollten Sie den Werbetreibenden auffordern, die Adresse noch einmal zu überprüfen. Ein solches Vorgehen senkt die Kosten und erhöht gleichzeitig die Qualität der Datenbank. Bis zu 10 % der Interessenten gehen verloren, weil die E-Mail-Adresse nicht geprüft wird!

Damit der Empfänger die E-Mail auch optisch sofort zuordnen kann, sollte diese im Corporate Design des Unternehmens gestaltet sein *(vgl. Teil I, Kap. 3)*. Dadurch erkennt der Leser auf einen Blick, um welches Unternehmen und um welches Angebot es sich handelt. Dies ist vor allem dann wichtig, wenn integriertes Marketing betrieben wird. Beispiel: das Unternehmen wirbt zunächst postalisch per Werbebrief und verschickt in einer Folgekampagne ein Angebot per E-Mail.

### Wie gestalte ich responsestarke E-Mails?

Mittlerweile ist das E-Mail-Marketing aus dem Mediamix nicht mehr wegzudenken. Kurze Vorlaufzeiten, niedrige Kosten und überdurchschnittliche Response-Quoten sind die primären Vorteile. Ein weiterer Vorteil: Man kann messen, ob ein Hyperlink, z.B. zu weiterführenden Informationen auf der Website, von wie vielen Lesern angeklickt wurde.

Doch nur wer über das Opt-In vorher sein Einverständnis für den Empfang von Werbe-E-Mails gegeben hat, darf über diese angesprochen werden – das werbetreibende Unternehmen ist damit rechtlich „auf der sicheren Seite". Darüber hinaus kann das Unternehmen einige Regeln beachten, um eine möglichst hohe Response zu erzielen:

---

*Forts. von S. 94*

zu werden, als solche mit sofort erkennbaren werblichen Betreffzeilen.

- Personalisierte Betreffzeilen erzielen eine um 64 % höhere Öffnungsrate als unpersonalisierte.
- E-Mails, die ein Unternehmen als Absender haben, werden signifikant häufiger geöffnet als E-Mails mit privatem Absender.
- E-Mails an Firmenkunden (B2B) werden deutlich häufiger geöffnet als E-Mails an Privatkunden (B2C).
- Männer öffnen generell deutlich mehr E-Mails als Frauen.
- Empfänger, die in großen Städten leben, öffnen E-Mails weniger häufig als Land-Bewohner.

**Wichtig: Vertrauen durch Opt-In aufbauen!**

Nutzen Sie E-Mail-Marketing ergänzend zu Ihren Printmailing-Aktionen! Heute gibt es kaum noch innovative Unternehmen, die auf dieses Werbemedium verzichten. Doch Vorsicht: Erfolgreiches E-Mail-Marketing ist nur dann möglich, wenn die Adressaten Sie kennen, Ihnen vertrauen und Ihnen per sogenanntem *Opt-In* ihr ausdrückliches Einverständnis für den Erhalt von Werbe-E-Mails geben. Unerwünschte Spam-Werbung dagegen wird nur von den Wenigsten geöffnet und kann dem Ruf Ihres Unternehmens immens schaden!

### Werbe-E-Mails – der erste Eindruck zählt!

Ebenso wie beim normalen Mailing bleiben auch bei der Werbe-E-Mail nur wenige Sekunden (genau 3 Sekunden) Zeit, die darüber entscheiden, ob der Empfänger die E-Mail liest oder löscht. Daher gilt auch für das Internet: der erste Eindruck der Werbebotschaft entscheidet über deren Erfolg. Absenderkennung und Betreffzeile spielen dabei die Hauptrolle.

Um beides optimal zu gestalten, sollte vorher getestet werden, bevor eine Kampagne an den gesamten Kunden- bzw. Interessentenstamm versendet wird. Hierzu werden Adress-Teillisten erstellt, an welche die ersten Testmailings geschickt werden. Diese Teillisten können mit einem Adress-Zufallsgenerator ohne jeglichen manuellen Aufwand erstellt werden.

Indem das jeweilige Empfängerverhalten bei unterschiedlichen Betreffzeilen analysiert wird, kann unter allen Testkampagnen die beste ermittelt werden. Der erfolgreichste Entwurf (z.B. der mit der höchsten Response), wird dann an den gesamten Verteiler gesendet. Die Testlisten werden für den Hauptversand als Adressaten natürlich nicht mehr mit einbezogen.

### Wie erreiche ich mehr Aufmerksamkeit mit meinen Werbe-E-Mails?

Dem Abonnenten regelmäßig personalisierte Newsletter zuzusenden ist ein Muss für Aufbau und Stärkung einer langfristigen Kundenbeziehung. Personalisierung bedeutet dabei, Inhalte zu liefern, die spezielle Informationen für einen Empfänger oder eine Empfängergruppe enthalten. Eine „echte" Personalisierung geht also weit über die persönliche Anrede oder das Einfügen des Namens in der Betreffzeile hinaus. Denn es bedeutet, dass auch die Inhalte maßgeschneidert auf den jeweiligen Empfänger sind.

Die Angebote werden auf Basis der Informationen ausgewählt, die über den Kunden in der Kundendatenbank vorliegen. Hier sind beispielsweise folgende Fragestellungen denkbar:

---

### Hätten Sie's gewusst?

**So werden Ihre E-Mail-Adressen fehlerfrei**

Schlichte Rechtschreibfehler sind nach wie vor ein Hauptgrund, warum Ihre E-Mailings nicht den gewünschten Empfänger erreichen. Die Beachtung der nachfolgenden Hinweise hilft, die Erfolgsquote Ihrer Mailings zu erhöhen, und sorgt zugleich dafür, dass Sie das Vertrauen Ihrer Kunden erhalten:

- Ermöglichen Sie Ihren Kunden eine individuelle Eingabeprüfung auf Ihrer Webseite.
- Zeigen Sie dem Nutzer nach der Eingabe seiner Daten noch einmal seine Adresse und geben Sie ihm die Möglichkeit, diese ggf. zu korrigieren.
- Setzen sie Bestätigungs-E-Mails ein *(Double-Opt In, siehe auch Kap. 10, Permission-Marketing)* und weisen Sie auf den sofortigen Versand nach Anmeldung hin. Bei Nichterhalt muss der Nutzer davon ausgehen, dass er seine E-Mail-Adresse falsch angegeben hat und diese noch einmal überprüfen.
- Integrieren Sie Felder in Ihrem Web-Formular, die bereits im Vorfeld ausgefüllt sind und z.B. schwierige Tastenkombinationen wie das @-Zeichen beinhalten.

- Welche Produkte hat der Kunde bisher gekauft oder aktiv nachgefragt?
- In welcher Preiskategorie lagen diese Produkte?
- Welche Produkt-Kombinationen wurden von anderen Kunden gekauft (z.B. „Kunden, die diesen Artikel gekauft haben, kauften auch …")?
- Soziodemografische Informationen zum Kunden, z.B. Wohnort, Alter, Beruf, Einkommen, Haushaltsgröße, etc.

So könnte ein Unternehmen beispielsweise spezielle Angebote an Empfängergruppen schicken, die sich je nach Bundesland, Alter oder Geschlecht unterscheiden

Entscheidend dabei ist, dass alle Prozesse automatisiert vorgenommen werden können. Auf diese Weise können zusätzliche Umsätze mit mehrstufigen Kampagnen realisiert werden, die auf die Auswertung des Responseverhaltens aufbauen.

Mit Tracking-Techniken werden dabei Öffnungsrate und Klicks auf den Produktlink gemessen. Empfänger-Informationen wie „hat Mail geöffnet" und „hat Produkt-Link angeklickt" fließen direkt in das Empfängerprofil ein. Bestellaktionen können ebenfalls in das Profil des einzelnen Kunden fließen. Dies ist dann besonders einfach und kann automatisiert werden, wenn das Unternehmen über einen Online-Shop verfügt.

Die persönlichen Informationen des Kunden bzw. Interessenten können entweder direkt beim Empfänger erhoben sein oder sie wurden aus einer anderen Datenbank eingespielt. In jedem Fall muss der Empfänger über die Art und den Umfang der über ihn gespeicherten Informationen in Kenntnis gesetzt werden. Besonders streng wird dabei das Klickverhalten bewertet. Damit dieses gemeinsam mit den persönlichen Daten gespeichert werden darf, ist ein spezielles Einverständnis notwendig. Aus diesem Grund werden gewöhnlich beide Informationen getrennt von einander gespeichert, sie dürfen nicht zusammengeführt werden.

## Hätten Sie's gewusst?

**So erhöhen Sie die Response Ihrer E-Mails**

- Legen Sie die Zielgruppe genau fest (z.B. Alter, Interessen, Kaufgewohnheiten, etc.). Je genauer Sie Ihre Zielgruppe kennen, umso höher ist die Trefferquote.
- Der Nutzer muss direkt erkennen können, dass Sie der Absender der E-Mail sind. Ebenso sollten Sie direkt am Anfang den Grund für Ihre E-Mail nennen (z.B., weil er an einem Preisrätsel teilgenommen hat).
- Wecken Sie die Neugier des Nutzers in der Betreffzeile. Sagen Sie ihm kurz und prägnant, um was es in Ihrer E-Mail geht und welchen Nutzen er davon hat.
- Beschränken Sie Ihre Aktion auf nur ein Angebot und formulieren Sie dieses klar und eindeutig. Dem Leser ist wichtig, dass er schnell erkennt, um was es sich bei dem Angebot handelt und was er tun muss, um es zu erhalten.
- Sprechen Sie den Kunden immer persönlich an. Das zeigt dem Kunden, dass Sie ihn wertschätzen.
- Gestalten Sie Ihre E-Mails im Corporate Design, damit der Leser auf einen Blick erkennt, um welches Unternehmen es sich handelt.
- E-Mailings eignen sich wie postalische Mailings sehr gut, um Angebote und neue Produkte/Dienstleistungen bekanntzumachen. Bei Mailings setzt sich der Empfänger intensiver mit dem Angebot auseinander, während die Werbe-E-Mail dem Leser einen schnellen Überblick über das Produkt liefert und für Aktualität steht. Setzen Sie beide Werbeformen kombiniert ein!

## Hätten Sie's gewusst?

**So werden Ihre E-Mails nicht als Spam klassifiziert**

- Setzen Sie bei jeder E-Mail Ihren vollständigen Namen neben Ihre reguläre Absender-E-Mail-Adresse. Dadurch sinkt die Wahrscheinlichkeit erheblich, von einem Spam-Filter erfasst zu werden.
- Die Adresse des Absenders sagt viel über die Qualität der zu erwartenden Inhalte aus. Verwenden Sie daher ausschließlich vollständige Wort- oder Namens-Kombinationen, z.B. newsletter@company.de oder Hans.Mustermann@company.de.
- Spam-Filter reagieren regelrecht allergisch auf bestimmte Reizworte, Slogans oder leere Betreff-Felder. Vermeiden Sie daher Betreffs wie „Gewinnen Sie jetzt ..." oder „Verdienen Sie ..." etc. und verwenden Sie keine Abkürzungen oder kryptische Zeichen!
- Vermeiden Sie auch in der Mail selbst Formulierungen wie „Top-Super-Spezial-Angebot" oder Abkürzungen wie „XXL". Denn die Wortlisten in Spam-Filtern sorgen für eine umgehende „Quarantäne" der Mail, wenn verdächtige Worte einfach oder mehrfach vorkommen.
- Vermeiden Sie HTML-Darstellungen, da sich viele Spam-Verbreiter auf diese Darstellungsform spezialisiert haben. Versenden Sie stattdessen Ihre E-Mails besser im nur Text *(engl.: plain text)*-Format.
- Verschicken Sie Ihre Anhänge als pdf-Format. Denn Anhänge im jpeg- oder doc-Format werden häufig in Spam-Mails verwendet.

### Wie werden meine E-Mails von Spam-Filtern nicht als Spam klassifiziert?

Spam-Filter vermeiden häufig, dass die Werbe-E-Mails ihre Empfänger erreichen – der E-Mail-Marketer bleibt ahnungslos. Doch es gibt gewisse Regeln, wie man die zunehmend verbreiteten Spam-Filter auf seriösem Weg passieren kann *(Details s. Tipp-Kasten)*.

### Welche Rechtsgrundlagen gelten für seriösen Werbe-E-Mail- und Newsletter-Versand?

Die Datenschutz-Novellen 2009 haben auch Auswirkungen auf das E-Mail-Marketing – sowohl beim Gewinnen eigener E-Mail-Adressen als auch beim Anmieten von Fremdadressen. Anbei die wichtigsten Punkte:

– *Double-Opt-In ist Pflicht*

Bei einer seriösen Adressgewinnung muss ein Kunde nicht nur seine Angaben selbst noch einmal bestätigen, sondern auch, dass seine Adressdaten in irgendeiner Form genutzt werden können (sogenannter *Double-Opt-In*). Die E-Mail, mit der die Bestätigung eingeholt wird, sollte auf diese Nutzung hinweisen. Zudem sollte die E-Mail unbedingt werbefrei sein, da ansonsten Gerichte bereits den Versand der Double-Opt-In-Mail als Werbebelästigung einstufen. Einwilligungsverfahren wie das sogenannte *Confirmed-Opt-In*, bei dem der Nutzer sich einträgt und anschließend eine Begrüßungsmail erhält, sind rechtlich grenzwertig.

– *Klare Einwilligungsklausel*

Dem Verbraucher muss unzweifelhaft klar sein, dass er der Nutzung seiner Daten für Marketingzwecke zustimmt. Das neue Datenschutz-Gesetz verlangt außerdem, dass die konkrete Verwendung der Daten und alle Verwender der Daten genannt werden.

*Beispiel:* NICHT ERLAUBT sind Formulierungen, die auf eine umfassende und generelle (also nicht im Detail konkretisierte) Zustimmung des Kunden zu einer einzelnen Verwendung abzielen, so z.B.: „Ja, ich bin damit einverstanden, dass ich telefonisch/per E-Mail/per Post über interessante Angebote – auch durch Dritte und Partnerunternehmen – informiert werde. Ich kann mein Einverständnis jederzeit widerrufen."

ERLAUBT sind vielmehr nur Formulierungen, die auf den konkreten Einzelfall der Verwendung abzielen, so z.B.: „Ja, ich bin damit einverstanden, dass meine Angaben vom Gewinnspielveranstalter Name 1 GmbH, Ort, sowie von den Sponsoren des Gewinnspiels, namentlich ... (Name des Sponsors; Sponsorfirmierung GmbH, Firmensitz) und Name 2 GmbH, Ort, für Werbezwecke (Telefonmarketing, E-Mail-Werbung und schriftliche Werbung) verarbeitet und genutzt werden. Diese Organisationen und Unternehmen dürfen mir Informationen, Angebote und Werbung (Telefonmarketing, E-Mail-Werbung und schriftliche Werbung) übermitteln. Ich kann mein Einverständnis jederzeit mit Wirkung für die Zukunft widerrufen."

Bei der erlaubten Einwilligungsklausel sieht der Nutzer vorab, an wen und an wieviele Unternehmen seine Adressdaten weitergegeben werden. Seine Daten dürfen also nicht mehr für unbestimmte Werbeaktionen aller Art genutzt werden.

– *Kopplungsverbot von AGBs und Einwilligung*

Dubiose Gewinnspielveranstalter sammeln Adressen, indem sie die Weitergabe der Adressdaten in den allgemeinen Teilnahmebedingungen oder AGBs verstecken. Dies ist jedoch laut Telemediengesetz (§ 12, Absatz 3) rechtswidrig. Seriöse Gewinnspiele dagegen folgen dem Kopplungsverbot und gewinnen die Daten unabhängig von der Teilnahme, indem sie zwei unabhängige Felder zum Ankreuzen anbieten. Somit muss der Verbraucher zwar die AGBs bestätigen, wenn er bei einem Gewinnspiel mitspielen möchte, nicht jedoch die Weitergabe seiner Daten akzeptieren.

Abb. 60

**E-Mails und Newsletter**

 **Vorteile:**
- sehr kostengünstig
- schnelle Reaktion auf Anfragen möglich
- räumlich und zeitlich unabhäng
- Versendung und Response-Auswertung automatisierbar
- Nutzung auch als Distributionsmedium (z.B. für Musikdateien, Software)
- 24-Stunden-Betrieb, jederzeitige Verfügbarkeit
- schnelle Anpassungen möglich (Aktualität)

 **Nachteile:**
- z.T. Abwehrhaltung durch Reizüberflutung
- keine Zustellung durch Spam-Filterprogramme
- u.U. werden nicht alle Zielgruppen erreicht
- Layout/Grafik nur bedingt gestaltbar
- Abruf von E-Mails verursacht u.U. Kosten für Nutzer

Quelle: nach Schwarz, 2009

– *Datenschutzbeauftragung*

Werden personenbezogene Daten automatisiert verarbeitet, so muss ein Datenschutzbeauftragter benannt werden. Dieser darf nicht Mitglied der Geschäftsführung sein. Bei Adress-unternehmen reicht der Datenschutz weiter: Sie müssen ihr Datenverarbeitungsverfahren bei der Datenschutzaufsichtsbehörde anmelden. Ebenso müssen sie ein Verfahrensverzeichnis führen und veröffentlichen. Die letzten zwei Punkte werden oft noch missachtet, sind aber mittlerweile Pflicht.

## Hätten Sie's gewusst?

**Web 2.0 – Verändertes Kommunikationsverhalten der Kunden zwingt zur Umstellung in der Kommunikation der Unternehmen**

Konsumenten nehmen ihre Kommunikation verstärkt selbst in die Hand. Sie schreiben in Internetblogs Kommentare, sie stellen selbstgedrehte Videos ins Netz und verfassen ausführliche Produktrezensionen auf E-Commerce Sites. Gleichzeitig werden ironische, provozierende Werbespots millionenfach weitergeleitet (Virales Marketing).

*Frosta*, *Masterfoods* und *Otto* eröffnen eigene Blogs. Andere gründen Communities, beteiligen die Verbraucher an der Kreation von Werbekampagnen oder lassen sie als Testimonials mitwirken. Es gab im vergangenen Jahr kaum eine größere Marketingoffensive (vgl. 500.000 registrierte User bei *Coke Fridge*) bei der kein „Mitmach-Effekt" eingebaut war.

So profitiert *Unilever* von den viralen Effekten in der *YouTube*-Community und verzeichnet für einen dort plazierten *Dove*-Spot 1,7 Mio. Zugriffe. Der Verbraucher soll sich dabei nicht nur als Weiterempfehler nützlich machen, sondern auch als Weiterverkäufer. Der von Privatpersonen organisierte Handel wird mit dem Begriff Social Commerce gekennzeichnet.

# 19. Wirkungsvolle Praxis-Tools im Dialogmarketing

## Praxis-Tool „Augenkamera"

### Wie verarbeiten wir Werbung?

Beim Betrachten von Mailings, Anzeigen, TV-Spots und anderen Werbemitteln läuft im menschlichen Gehirn eine Reihe von Verarbeitungsprozessen ab, die für eine erfolgreiche Werbemittelgestaltung berücksichtigt werden sollte.

Das Gehirn arbeitet in der Wahrnehmung von Werbung nach bestimmten, allgemeingültigen Regeln, die

- teilweise vererbt sind (zum Beispiel das reflexartige Ansprechen auf intensive Farben) und

- teilweise gelernt sind (zum Beispiel eingeübte Blickpfade beim Lesen).

Was aber bestimmt unsere Aufmerksamkeit? Welche Gestaltungselemente werden vor anderen wahrgenommen? Welche Elemente steigern die Aufmerksamkeit und die psychologische Wirkung?

Auf diese Fragen hat die Psychologie zum Teil bereits Antworten gefunden. Setzt man diese Erkenntnisse bei der Werbemittelgestaltung ein, verbessert das die Wirkung und damit den Erfolg von Dialogkampagnen.

Seit Millionen von Jahren hat unser Wahrnehmungssystem über Auge und Gehirn gelernt, bevorzugt auf das zu achten, was (überlebens-)wichtig sein könnte. Ständig tastet der Mensch – bewusst oder unbewusst – seine Umwelt und damit auch Werbemittel auf Informationen ab, die einen individuellen Vorteil versprechen und somit „wichtig" erscheinen.

Noch längst hat die Wissenschaft nicht alle Geheimnisse des menschlichen Gehirns erforscht. Ständig liefern Forschungseinrichtungen weltweit neue Erkenntnisse in der Wahrnehmungspsychologie.

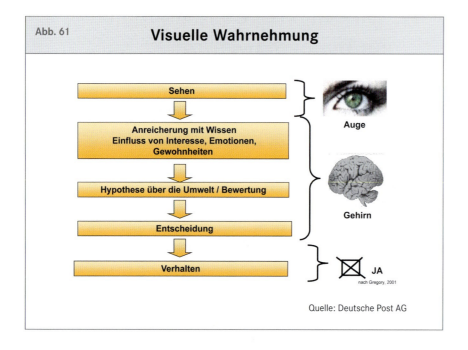

Abb. 61 Visuelle Wahrnehmung

Quelle: Deutsche Post AG

Wie aber nehmen wir optische Informationen auf? Das Sehsystem des Menschen hat Schwächen. Eine davon ist, dass wir nicht alle Reize in unserem Blickfeld scharf sehen können, sondern immer nur einen kleinen Ausschnitt. Der zentrale Sehbereich entspricht bei einem auf Armlänge entfernten Werbemittel nur einem Kreis mit circa zwei bis drei Zentimeter Durchmesser. Auf diesen Bereich beschränkt sich auch die Wahrnehmung von Farben. Im peripheren Sehbereich – also außerhalb des Kreises von zwei bis drei Zentimeter – können nur Formen, Umrisse und Hell-Dunkel-Kontraste registriert werden.

Um ein einheitliches Bild zu erzeugen, werden die von den Augen erfassten Informationen im Gehirn verarbeitet und angereichert. Erst im Gehirn entsteht das vermeintlich gesehene Bild.

Das Werbemittel wird beim Überfliegen grob „abgetastet". Im gesamten visuellen Feld werden parallel simple Objektmerkmale wie helle oder dunkle Flächen und Formen im peripheren Sehbereich wahrgenommen. Hierdurch entsteht der subjektive Eindruck, „überall irgendetwas zu sehen".

Anschließend richtet sich die Aufmerksamkeit bewusst auf einzelne Objekte. Schnell springt das Auge von Punkt zu Punkt und verweilt dort kurz (Fixation). Das alles geschieht innerhalb von Millisekunden. Die Sprünge des Auges von Fixation zu Fixation nennt man Sakkaden.

Nur während der Fixationen wird das Gesehene bewusst im Gehirn verarbeitet. Um was geht es bei dem Wahrgenommenen? Wirkt das Wahrgenommene sympathisch oder unsympathisch? Sind die Inhalte interessant? Diese Fragen beantwortet das Gehirn blitzschnell. Während der bewussten Verarbeitung von Informationen bei diesem ersten Kurzdialog verschafft sich der Betrachter also einen groben Überblick über das Werbemittel und sucht dabei Antworten auf seine Fragen.

**Abb. 62 Wie funktioniert die Aufnahme von optischen Informationen?**

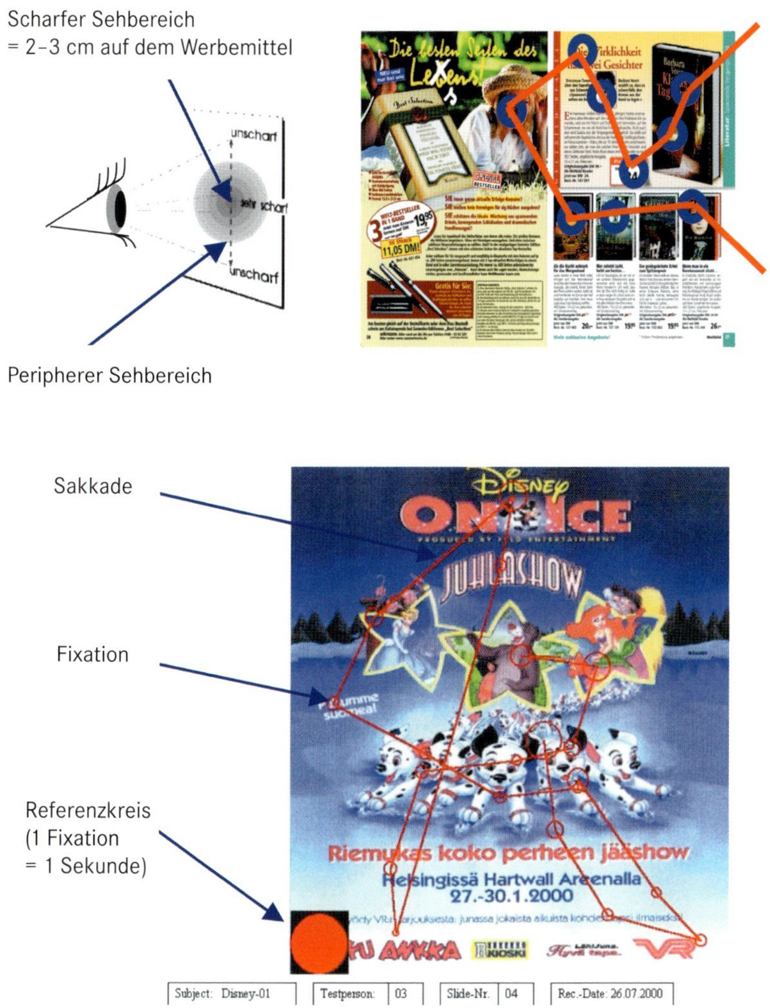

Scharfer Sehbereich = 2–3 cm auf dem Werbemittel

Peripherer Sehbereich

Sakkade

Fixation

Referenzkreis (1 Fixation = 1 Sekunde)

Quelle: Siegfried Vögele Institut

Doch die Fixationen allein sagen noch wenig über die Wahrnehmung des Betrachters aus. Der Inhalt der Fixation ist entscheidend. Er muss einen Vorteil für den Betrachter darstellen, also ein kleines „Ja" auslösen. Erst wenn das Interesse beim ersten Überfliegen geweckt ist, befasst sich der Betrachter länger mit dem Werbemittel. Er überschreitet die Leseschwelle.

Um diese Leseschwelle zu überschreiten, sind für die Gestaltung von Dialogmarketing-Medien drei Fragen entscheidend:

1. Welche Fragen hat die Zielgruppe an das Werbemittel?
2. Welche Antworten sind für die Zielgruppe von Vorteil?
3. Wie müssen die Antworten gestaltet werden, damit sie wahrgenommen werden und positiv wirken?

Für den Betrachter ist nur das wichtig, was ihm Vorteile bringen könnte – ein Vorteil ist auch, wenn er die Botschaften schnell und einfach versteht, da er für das Betrachten von Werbung wenig Zeit hat. Der Betrachter sucht nach Vorteilen – unbewusst und automatisch. Deshalb müssen die Vorteile für den Betrachter

- auffällig gestaltet sein, um den Blick auf sich zu lenken;
- schnell und einfach verständlich sein;
- im Dialogmarketing in der geplanten Reihenfolge (Dialog-Regie) angeboten werden.

### Blickverlaufsforschung mit der Augenkamera

Werbetreibende haben sich schon häufig die Frage gestellt: „Sieht die Zielgruppe unsere Werbemittel so, wie wir uns das vorstellen? Oder werden die Werbemittel eventuell ganz anders wahrgenommen?"

Ein Augenkamera-Test zeigt klar und objektiv, wie die Werbung von der Zielgruppe wahrgenommen wird. Denn die Augen-

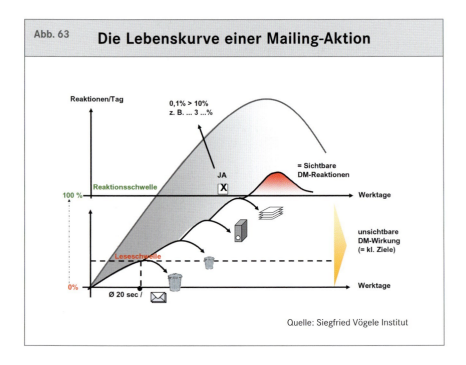

Abb. 63 **Die Lebenskurve einer Mailing-Aktion**

Quelle: Siegfried Vögele Institut

kamera verfolgt exakt den Blickverlauf der Testperson auf dem Werbemittel und zeichnet den Blickverlauf auf.

Mit der Augenkamera können grundsätzlich alle visuellen Werbemittel untersucht werden:

- *gedruckte Werbemittel* wie z.B. Mailings, Kataloge, Prospekte, Anzeigen, Plakate;
- *digitale Werbemittel* wie z.B. TV-Spots, Werbe-Videos, Werbe-CD-ROMs, Internetseiten;
- POS-Werbung und andere.

Im Rahmen eines Augenkamera-Tests werden folgende Details untersucht:

- Wie lange betrachtet die Zielgruppe die Werbemittel?
- Welche Elemente werden beachtet und welche übersehen?
- Wie intensiv und wie häufig werden einzelne Gestaltungselemente beachtet?
- In welcher Reihenfolge werden die Elemente gesehen?
- Wie geht die Zielgruppe mit den Werbemitteln nach dem Öffnen um (Handling)?

Die Ergebnisse wiederum lassen Rückschlüsse darauf zu,

- wie die Vorteile des Angebotes besser vermittelt werden können;
- welche Gestaltungsvarianten mehr Erfolg versprechen;
- wie das Werbemittel erfolgreicher gestaltet und weiterentwickelt werden kann.

Ein Gutachten dokumentiert die Ergebnisse der Augenkamera-Untersuchung. Der Augenkamera-Test als apparatives Verfahren der Werbewirkungsmessung kann auf Wunsch durch klassische Methoden der Marktforschung wie z.B. die

Abb. 64 **Aufzeichnung des Blickverlaufs mit der Augenkamera**

Quelle: Siegfried Vögele Institut

Befragung und/oder Beobachtung der Testpersonen ergänzt werden.

**Wie funktioniert die Augenkamera?**

Die Augenkamera zeichnet die Bewegungen des Auges auf. Dazu wird das Auge mit infrarotem Licht (IR-Lichtquelle) beleuchtet, das die Testperson nicht wahrnimmt. Neben der IR-Lichtquelle ist eine Videokamera auf das Auge der Testperson gerichtet. Das Bild des Auges wird auf einen Eye-Monitor übertragen. Das auf das Auge gerichtete, unsichtbare Licht wird vom Auge reflektiert. Die durch das infrarote Licht erzeugten Reflexe werden von der Videokamera erfasst und an das Computersystem weitergeleitet. Die Reflexion ist ausreichend, um die Auslenkung des Auges zu ermitteln. Das System lokalisiert somit die Pupille und ermittelt deren Bewegungen.

Die Blickrichtung wird mittels einiger Referenzpunkte auf dem Werbemittel kalibriert. Die Kalibrierung des Systems synchronisiert die Lage des Auges mit dem aktuellen Blick auf der Vorlage. Alle darauf folgenden Fixationen werden entsprechend der Augenbewegungen errechnet. Damit ist es möglich, den Blick des Betrachters auf der Vorlage über einen Cursor sichtbar zu machen.

# Praxis-Tool
# „Medienwirkungs-Analyse"

### So lassen sich Ihre Werbemittel optimieren

Die Medienwirkungs-Analyse wurde vom Siegfried Vögele Institut entwickelt. Sie zeigt auf, wie die Werbung während des gesamten Prozesses bis zur Kaufentscheidung optimiert werden kann – je nach Zielgruppe und eingesetztem Werbemittel. Daraus werden Handlungsempfehlungen für Einzel- oder Jahreskampagnen abgeleitet.

Die Analyse untersucht zudem, welchen Effekt Dialogmarketing – neben seiner bekannten verkaufssteigernden Wirkung – auf Markenstärke und Image eines Produkts hat.

Die Medienwirkungsanalyse erfolgt in drei Schritten:

1. Sie analysiert den Prozess bis zur Kaufentscheidung auf Marken- bzw. Produktebene.

2. Sie vergleicht die eingesetzten Werbemedien bezüglich ihrer Effektivität in der relevanten Zielgruppe.

3. Sie leitet aus den Untersuchungsergebnissen Handlungsempfehlungen für künftige Kommunikationsmaßnahmen ab.

### Analyse des Kaufprozesses

Bei dieser Analyse geht es zum einen um die Frage, wie hoch der Anteil der Zielgruppe ist, der eine bestimmte Stufe innerhalb des Kaufprozesses erreicht hat – wie hoch also der Anteil der Personen ist, die eine Marke kennen, sie schon mal gekauft haben oder gar Fans der Marke sind *(vgl. Abb. S. 14)*.

Zum anderen wird analysiert, wie hoch der Anteil derjenigen ist, die von einer Stufe zur nächsten „mitgenommen" werden (Transfer-Raten). Beispiel: Wie viele Personen, die eine Marke kennen, haben sie auch bereits gekauft?

Diese sogenannten Transfer-Raten werden von einer Stufe zur nächsten ermittelt *(siehe Abbildung Folgeseite)*. Sie sind

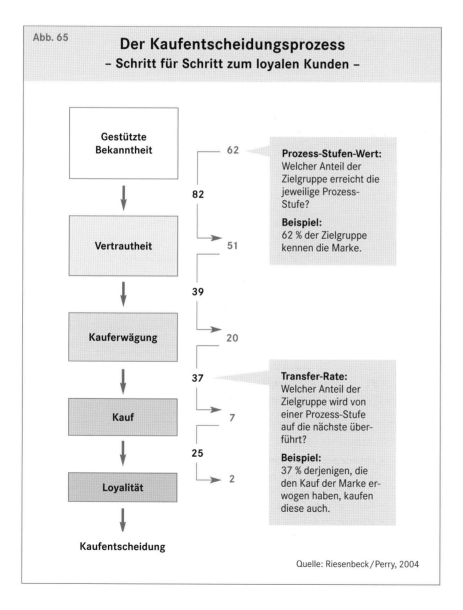

Abb. 65 Der Kaufentscheidungsprozess
– Schritt für Schritt zum loyalen Kunden –

Quelle: Riesenbeck/Perry, 2004

der zentrale Ansatzpunkt, um die Kommunikationsmaßnahmen zu optimieren. Stärken und Schwächen der Marke/des Produktes werden entlang des gesamten Prozesses identifiziert. Insbesondere der Vergleich mit strategisch wichtigen Wettbewerbern liefert sehr konkrete Ansätze zur Optimierung der Marketingkommunikation. Beispiel: Bei einem Handelsunternehmen werden zusätzlich zur Markenbekanntheit auch die Aspekte Filialbekanntheit und Filialbesuche einbezogen.

### Analyse des Kaufprozesses

Grundlage für die Analyse ist stets eine Marketingkampagne, in der mehrere Medien gleichzeitig eingesetzt werden. Es wird genau untersucht, wie die eingesetzten Medien jeweils auf die einzelnen Stufen des Kaufprozesses sowie auf Image und Kaufverhalten wirken. Kundenbefragungen ermitteln zusätzlich Markenbekanntheit, Image, Kundentreue sowie Werbeerinnerung und Werbemittelbeurteilung.

Leitfragen: An welche Werbemedien erinnern sich die Befragten? Welche Werbemedien haben eine höhere, welche eine weniger hohe Akzeptanz? Was unternehmen die Zielpersonen nach dem Kontakt mit dem jeweiligen Werbemedium? Wie beurteilen sie Markenstärke und Image? Welche Werbemedien beeinflussen in welcher Weise den Kaufentscheidungsprozess? Und wie wirken welche Kombinationen von Medien?

### Handlungsempfehlungen für künftige Kommunikationsmaßnahmen

Bestandteil der Analyse sind konkrete Handlungsempfehlungen zur Optimierung des sogenannten Kommunikationsmix: Die Ergebnisse ermöglichen es den Marketingentscheidern, die verschiedenen Werbemedien entlang der einzelnen Stufen des Kaufprozesses gezielt und wirkungsvoll zu kombinieren und einzusetzen.

*Beispiel 1:* Die Analyse hat ergeben, dass die bisherigen Marketingaktivitäten ein Produkt zwar ausreichend bekannt gemacht haben, die Transfer-Rate zur Markenvertrautheit aber hinter der des Wettbewerbs weit zurückbleibt. Mögliche Handlungsempfehlung: Versand eines personalisierten Mailings, um die Zielgruppe mit dem Produkt vertrauter zu machen.

*Beispiel 2:* Die Analyse hat ergeben, dass sich TV-Werbung wirkungsvoller durch Mailings ergänzen lässt als durch Events.

Um aussagekräftige und verlässliche Erkenntnisse zu erzielen, werden die Effekte der eingesetzten Medien mit Hilfe einer Testkampagne wissenschaftlich untersucht *(s. nebenstehende Abb.)*. Der Aufbau und Ablauf der Untersuchung wird vorher individuell für jeden Auftraggeber festgelegt und mit diesem abgestimmt.

### Vorgehen in der Praxis

In zwei strukturgleichen Untersuchungsgruppen hat eine Gruppe Kontakt mit klassischen Werbemedien, die andere Gruppe wird zusätzlich mit einem Mailing angesprochen. Aus beiden Gruppen werden repräsentativ 1.000 Menschen für eine Befragung ausgewählt. Die telefonische Befragung (CATI) führt ein Marktforschungsunternehmen durch. Der Fragebogen gliedert sich in acht Themenbereiche und ist auf die speziellen Anforderungen des Auftraggebers zugeschnitten.

Die Befragung findet drei bis fünf Tage nach Erhalt des Mailings statt und dauert jeweils rund 20 Minuten. Damit die Untersuchungsergebnisse eindeutig auf die Wirkung der betrachteten Werbemedien zurückgeführt werden können, werden die Gruppen auf ihre Strukturgleichheit (Soziodemografika und Einstellungsvariablen) geprüft.

**Abb. 66**

**Mit differenzierten Fragen zu aussagekräftigen Informationen**

**0 Screening-Fragen (Vorselektion)**
Definition des in der Marktforschung berücksichtigten Personenkreises

**A Kaufprozess und Markenbekanntheit**
Abfrage Kaufentscheidungsprozess für Marke und wesentliche Wettbewerber

**B Markentreiber**
Beurteilung Marke und Wettbewerber entlang verschiedener Markenstärke- und Image-Dimensionen

**C Werbe-Erinnerung**
Erinnerte Werbung von Marke und wichtigsten Wettbewerbern in verschiedenen Medien

**D Werbemittel-Beurteilung**
Beurteilung der erinnerten Werbung entlang verschiedener Dimensionen

**E Segmentierung**
Variablen von Kundensegmentierung auf der Basis von Nutzungs-Verhalten, Kaufort etc.

**F Reaktion Mailing**
Reaktion auf versandtes Mailing in verschiedenen Stufen (z.B. „Gelesen"; „Information angefordert")

**G Soziodemografika**
Alter, Geschlecht, Einkommen etc.

**Vorgehen:**
- Strukturgleiche Adressen
- Split (Aufteilung) nach dem Zufallsprinzip in zwei gleich große Gruppen
- Versand von Mailings an Testgruppe
- Telefonische Befragung (CATI) von Test- und Kontrollgruppe durch Mafo-Institut

Quelle: Siegfried Vögele Institut

## Praxis-Tool „ZielgruppenScout®"

### Geomarketing im Mittelstand – der erfolgreiche Weg zu potenziellen Kunden

Wo liegen noch unentdeckte Marktpotenziale für den Mittelstand? Wie kann man diese Potenziale finden und erfolgreich heben? Wie kompliziert ist das und was kostet das Ganze? Fragen wie diese stellen den Mittelstand heutzutage vor große Herausforderungen: Zielgruppen müssen neu definiert werden, man muss herausfinden, was der Kunden wirklich will, wo er steckt und wie man ihn am besten erreicht.

### Märkte genau kennen und aktiv bearbeiten

In dynamischen und komplexen Märkten ist die aktive und konsequente Ausrichtung des Verkaufs an der „richtigen" Zielgruppe für den Erfolg von Vermarktungsaktionen unerlässlich. Gerade für mittelständische Unternehmen, die nicht unbedingt den globalen Markt bearbeitet, stellt diese Analyse und Feststellung der echten Kundenpotenziale im eigenen regionalen Markt die Basis für eine erfolgreiche Marktstrategie dar. Dabei geht es aber nicht nur die Lokalisierung von Neukundenpotenzialen. Auch die Verortung von Bestandskunden, die für sogenanntes *Cross-Selling\** oder *Up-Selling\*\** genutzt werden können, eröffnet neue Umsatzfelder.

Die richtigen Zielgruppen zu analysieren und zu finden, ist aber nur der erste Schritt. Denn die erfolgsträchtigen und

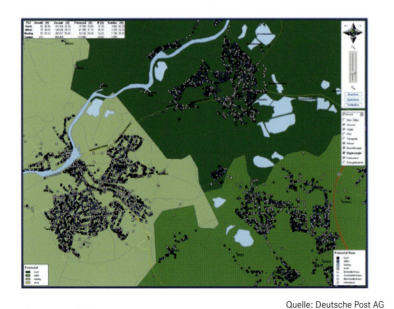

Abb. 67 **Einzugsgebiete und Marktpotenziale praxisnah visualisieren**

Quelle: Deutsche Post AG

---

\* Cross-Selling (Querverkauf): Bemühung eines Anbieters, dem Kunden weitere Produkte als ergänzende Produkte, Ausstattungen und Dienstleistungen zum Kauf anzubieten.

\*\* Up-Selling (Aufwärtsverkauf): Bemühung eines Anbieters, dem Kunden weitere Produkte der – meist auch preislich höher angesiedelten – nächsthöheren Produkt-/Dienstleistungskategorie zum Kauf anzubieten.

lokalisierten Zielgruppen sind aktiv anzusprechen – von allein kommt niemand mehr in den Verkaufsraum! Und diese aktive Ansprache muss flexibel gesteuert werden.

**Erfolgreiches Marketing selber realisieren**

Will man interessante Zielgruppenpotenziale nicht nur erkennen, sondern auch nutzen, muss man schnell und selbstständig auf dynamische Märkte reagieren und diese bearbeiten können – eine anspruchsvolle Aufgabe für den Mittelstand. Die Lösung: ZielgruppenScout® *(www.zielgruppenscout.de)*, eine innovative Software der *Market Intelligence GmbH.* Sie ermöglicht mittelständischen Unternehmen den direkten Zugang zu ihren jeweiligen Absatzmärkten sowie die Planung und Steuerung einzelner Dialogmarketing-Aktionen oder kompletter Kampagnen. Mithilfe des ZielgruppenScouts® können KMUs nunmehr die umfassende mikrogeografische Analyse ihrer Zielgruppen durchführen und neue Zielgruppenpotenziale für ihr Angebot finden – einfach und effektiv, ohne datenbankspezifisches Know-how!

Durch die Integration der Dialogmarketing-Produkte der Deutschen Post ist zudem eine praktische und transparente Kostenplanung gewährleistet. Damit liefert der ZielgruppenScout® – von der exakten Festlegung des regional relevanten Markts über die Ermittlung von Potenzialen für verschiedene Käufergruppen anhand vielfältiger soziodemografischer Merkmale bis zur gezielten Umsetzung von Dialogmarketing-Instrumenten – ein komplettes Paket für erfolgreiches Dialogmarketing: einfach, schnell und effizient

**Einfach und direkt Kunden gewinnen**

Mit dem ZielgruppenScout® können Unternehmen ihren Markt in nur vier Schritten aktiv bearbeiten:

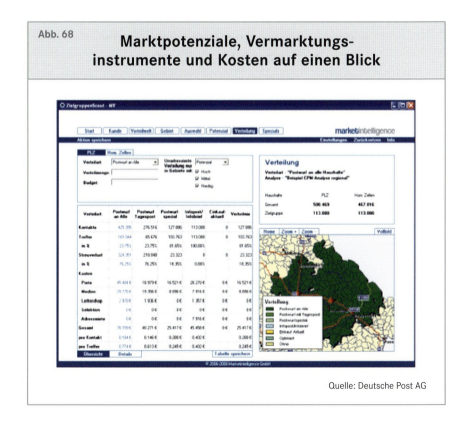

Abb. 68 **Marktpotenziale, Vermarktungsinstrumente und Kosten auf einen Blick**

Quelle: Deutsche Post AG

- Schritt 1: Auswahl Zielgebiet – lokal, regional, bundesweit*;
- Schritt 2: Festlegung Zielgruppe;
- Schritt 3: Ermitteln der Kundenpotenziale;
- Schritt 4: Aktive Ansprache der Kundenpotenziale.

- *Schritt 1:*
  *Auswahl Zielgebiet – lokal, regional, bundesweit**
  Im ersten Schritt legt das Unternehmen das relevante regionale Gebiet für seine Dialogmarketing-Aktion fest. Dabei können wahlweise einzelne Standorte, verschiedene Regionen oder das komplette Gebiet der Bundesrepublik Deutschland bearbeitet werden*. Anhand von unterschiedlichen Wahlmöglichkeiten wie zB. Nielsen Gebieten®, Leitzonen, Leitregionen, Postleitzahlen oder Umkreisentfernung kann der jeweilige Zielmarkt exakt bestimmt werden. Die Zielmärkte werden in Form von Landkarten abgebildet und sind dadurch einfach und schnell erfassbar.

- *Schritt 2: Festlegung der Zielgruppe*
  In Schritt zwei legt das Unternehmen fest, welche Zielgruppe in dem definierten Gebiet erreicht werden soll. Anhand justierbarer Merkmale wie z.B. Alter, Wohnsituation oder Einkommen kann das Haushaltsprofil der anvisierten Zielgruppe genau bestimmt werden. Neben der Auswahl dieser Merkmale können auch verschiedene Marktsegmente wie z.B. *Best Ager*, *Single Woman* oder *Luxuskäufer* zur Definition der Zielgruppe einbezogen werden. Darüber hinaus stehen die Sinus-Milieus®*Sociovision* zur Verfügung, um Zielgruppen nach psychografischen Merkmalen zu bestimmen.

---

\* Die selektierbare Grundgesamtheit sowie der Umfang der kartografischen Darstellung ist abhängig von der ausgewählten Version zum ZielgruppenScout® lokal (= ausgewählter Standort), regional (= ausgewählte Region) und national (= gesamtes Gebiet der Bundesrepublik Deutschland).

– *Schritt 3: Ermitteln der Kundenpotenziale*

Aufgrund der getroffenen Merkmalsauswahl werden im dritten Schritt automatisch die Marktpotenziale der vorher festgelegten Zielgruppe visuell in Form einer Landkarte dargestellt. So können die Unternehmen leicht feststellen, in welchen Gebieten eine hohe Anzahl potenzieller Neukunden zu finden ist und wo deren Anteil gering ist. In die dargestellten Landkarten können sie von der bundesweiten Ebene bis auf die Straßenebene mit einzelnen Häusern zoomen*. Zusätzlich zur Landkarte werden entscheidungsrelevante Faktoren wie z.B. Anzahl der Potenzialhaushalte oder die Verteilung der Haushalte auf die einzelnen Zielgruppenmerkmale in Tabellenform angezeigt.

– *Schritt 4: Aktive Ansprache der Kundenpotenziale*

Im vierten Schritt werden konkrete Entscheidungsfaktoren für die Auswahl der optimalen Dialogmarketing-Aktion berechnet, so z.B. Anzahl Zielgruppenkontakte, Verteilmenge, Streuverlust, Werbebudget, die Kosten der Aktion sowie die Kosten pro Zielgruppentreffer. Diese Entscheidungsfaktoren werden für verschiedene Verteilarten detailliert aufgeschlüsselt und übersichtlich dargestellt, was wiederum ermöglicht, Dialogmarketing-Aktionen in Hinblick auf ihren Erfolgsbeitrag und ihre Kosteneffizienz einfach miteinander zu vergleichen und so die beste Alternative für die Ansprache der jeweiligen Zielgruppe zu bestimmen.

**Professionelles Geomarketing im Mittelstand**

Mit dem ZielgruppenScout® können mittelständische Unternehmen ihre Zielgruppen und Kundenpotenziale einfach und erfolgreich bearbeiten und professionelles Geomarketing betreiben – ohne horrende Kosten für Datenbanken, Serverlandschaften und Softwareexperten. Denn die Chancen, die turbulente Märkte dem professionellen und aktiven Mittelstand bieten, dürfen nicht ungenutzt bleiben.

---

\* Bezogen auf die Version ZielgruppenScout® national.

## Praxis-Tool „Mailingfactory"

### Werbebriefe wie vom Profi

Mit der Mailingfactory der Deutschen Post können kleine und mittlere Unternehmen ihre Neukundenwerbung professionell organisieren.

Die Werbung per Brief gehört zu den wirksamsten Werbemitteln überhaupt: Sie ist direkt, effizient und effektiv. Kein anderes Werbemittel trifft die Zielgruppe so genau und mit so geringen Streuverlusten. Trotzdem nutzen bislang hauptsächlich große Konzerne diese Form des Dialogmarketings; sie bringen mit knapp 42 Milliarden Euro bislang mehr als die Hälfte aller Aufwendungen für Dialogmarketing auf.

Kleinstunternehmen hingegen nutzen die Chancen, die sich ihnen hier bietet, noch viel zu wenig. Obwohl zahlenmäßig die größte Gruppe, stammen von ihnen nur etwa 10 % der gesamten Ausgaben für die Werbung per Brief – ein langfristiger Trend, den der Dialogmarketing Monitor 2009 der Deutschen Post bestätigt.

Ein Grund hierfür ist, dass vielen kleinen und mittelständischen Unternehmern der Aufwand für die Erstellung und die Produktion von professionellen Werbebriefen zu groß scheint. Denn die Werbung per Brief ist zwar ein hocheffizientes Werbemittel; das setzt aber voraus, dass diese professionell umgesetzt wird. Insofern beansprucht ein erfolgreicher Werbebrief – wenn er in Eigenleistung erstellt wird – ein hohes Maß an Know-how und Zeit für Planung, Produktion und Versand.

Genau an dieser Stelle setzt die Mailingfactory, eine Online-Plattform der Deutschen Post, an. Über die Mailingfactory können kleine und mittelständische Unternehmen den gesamten Prozess von Dialogmarketing-Aktionen schnell, zielgerichtet und kostengünstig online abwickeln, ohne dafür eine Agentur beauftragen zu müssen.

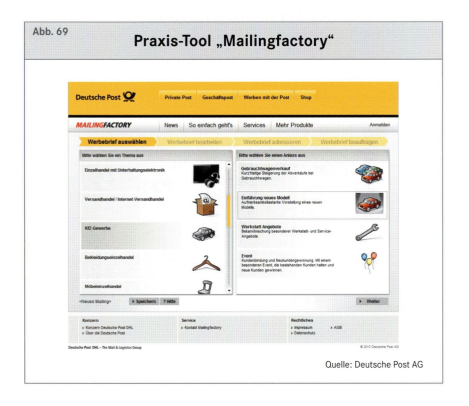

Abb. 69 Praxis-Tool „Mailingfactory"

Quelle: Deutsche Post AG

Dabei können – ohne spezielle Vorkenntnisse – Werbebriefe, Werbepostkarten oder auch E-Mail-Mailings schon in kleiner Auflage direkt vom Computer aus erstellt und versendet werden. Druck, Kuvertierung und den portooptimierten Versand erledigt die Deutsche Post.

Die Handhabung des Online-Tools ist unkompliziert und intuitiv: Innerhalb von nur zwanzig Minuten lässt sich im Internet ein komplettes Mailing erstellen und beauftragen. Ob in Form einer Postkarte, einer Klappkarte oder eines Anschreibens oder in Form von Karten im Maxi- oder DIN- A4-Format, die über einen speziellen Anlass informieren, einen Geschenkcoupon enthalten oder eine Rabattaktion bewerben: die Mailingfactory bietet viele Varianten der Kundenansprache.

Die Mailings lassen sich flexibel gestalten, das Ergebnis ist sofort sichtbar und der Kunde erhält alles aus einer Hand – von der Kreation über die Produktion und das Adressmanagement bis hin zum Versand.

Der Prozess ist einfach:

- *Schritt 1: Einfach durchstarten*
  Unter *www.mailingfactory.de* können die Nutzer ihre eigenen Vorlagen und Entwürfe für Werbebriefe hochladen. Zudem stehen über 200 durch das Siegfried Vögele Institut qualitätsgeprüfte Beispielvorlagen zur Verfügung. Kunden der Mailingfactory können diese Vorlagen komplett als Grundlage für die Erstellung ihres Mailings verwenden. Oder Sie können einzelne Grafik- und Textelemente in den eigenen Entwurf einsetzen. Die Beispielvorlagen sind für unterschiedliche Branchen, Anlässe und Werbeformate verfügbar – vom Dankesschreiben über Sonderangebote bis hin zu integrierten Response-Elementen.

- *Schritt 2: Individuelles Corporate Design einfügen*
  Mit Text- und Bildeditor lassen sich ganz einfach individuelle Texte in die jeweiligen Vorlagen einfügen und mit eigenen Designelementen wie beispielsweise Logos ergänzen.

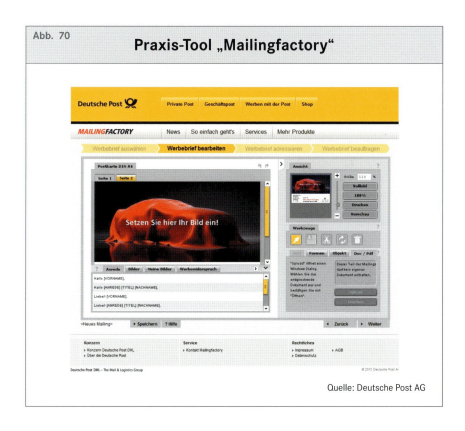

Abb. 70 Praxis-Tool „Mailingfactory"

Quelle: Deutsche Post AG

Eigene Logos, Bilder und Grafiken lassen sich einfach per Mausklick einfügen. Der Nutzer kann jeden Schritt am Bildschirm nachvollziehen und gegebenenfalls korrigieren.

– *Schritt 3: Treffsicher adressieren*

Um das Mailing zu adressieren, gibt es zwei Optionen: Entweder der Nutzer lädt seine eigenen Adressdaten – beispielsweise aus einer Excel-Datei – hoch und weist sie dem Mailing zu. Oder er nutzt die Möglichkeiten zur Adressmiete der Deutschen Post, die eine große Anzahl zielgruppenrelevanter Adressen anbietet. Eine weitere günstige Alternative ist der unadressierte Versand als Postwurfsendung. Hier entscheiden sich die Werbetreibenden einfach für die Aussendung ihres Werbebriefs an bewerbbare Haushalte in einem definierten Umkreis ihres Unternehmensstandortes.

– *Schritt 4: Zustellung datieren – fertig*

Jetzt gilt es nur noch, den für das Mailing am besten geeigneten Zustelltermin auszuwählen. Um Druck, Kuvertierung und die Portooptimierung des Versands kümmert sich die Deutsche Post.

Die Mailingfactory ist somit ein wirksames Instrument, um in wenigen einfachen Schritten und mit geringem Einsatz zum gedruckten Werbebrief in Profiqualität zu gelangen.

# Praxis-Tool
## „Dialog Manager Online (DMO)"

### Software als Service

Dialog Manager Online ist eine CRM-Software der Deutschen Post AG auf der Basis von Microsoft Dynamics CRM®. Mit ihr lassen sich kundenorientierte Geschäftsprozesse einfach und kostengünstig steuern und optimieren. Der DMO fügt sich dabei in die gewohnte Arbeitsumgebung von MS Office® und insbesondere in MS Outlook® ein.

### Vorteile und Nutzen

Durch den Einsatz von DMO ergeben sich viele Vorteile für die einzelnen Geschäftsbereiche. Das Marketing kann durch den Einsatz von DMO erfolgreich Kampagnen steuern, der Vertrieb seine Verkaufschancen erhöhen und für den Service ist auf diese Weise ein transparenter Ressourceneinsatz gewährleistet. Dabei ist der DMO einfach zu bedienen und individuell erweiterbar. Lösungen für bestimmte Branchen sind ebenfalls bereits vorhanden.

Zur Nutzung von DMO sind keine besonderen technischen Voraussetzungen und langwierige Installationen erforderlich. Ein Internetanschluss, der Internet Explorer® und Word® reichen in diesem Zusammenhang aus. Die Lösung steht den Nutzern immer und überall zur Verfügung.

Die Datensicherung erfolgt täglich nach den besten Standards; Updates werden regelmäßig und automatisch zur Verfügung gestellt. Das Hosting erfolgt in Deutschland zu den höchstmöglichen Sicherheitsbedingungen bei der Deutschen Post.

Der Dialog-Manager Online ist für alle Branchen und dabei sowohl für kleine und mittelständische wie auch für große Unternehmen geeignet, die einen Bedarf an einer ausgereiften und dennoch erschwinglichen CRM-Lösung haben.

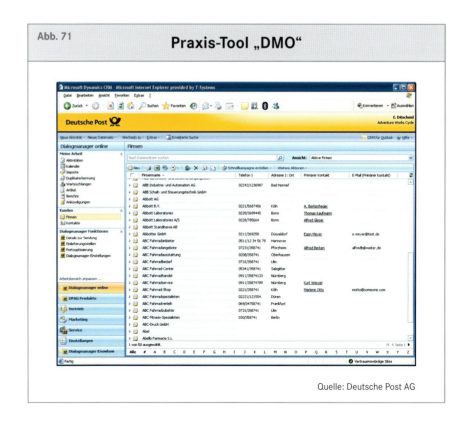

Abb. 71 Praxis-Tool „DMO"

Quelle: Deutsche Post AG

## Praxis-Tool „Werbemanager"

### Einfach und effizient online werben

Neue Kunden gewinnen und Umsätze nachhaltig steigern – das ist durch gezieltes Online-Marketing möglich. Mit dem Werbemanager bietet die Deutsche Post hierfür ein ein ebenso einfaches wie effizientes Tool.

Der Werbemanager hilft insbesondere kleinen und mittelständischen Unternehmen, erfolgreich regional Werbung im Internet zu schalten. Die Anwendung ermöglicht Firmen, ohne großes Werbebudget und ohne spezielle IT- und Web-Kenntnisse gezielt und wirkungsvoll im Internet zu werben – falls gewünscht, auch lokal oder regional ausgerichtet.

80 % der Verbraucher informieren sich heute zuerst im Internet ausführlich über Produkte und Dienstleistungen. Unternehmen, die nicht online werben, haben das Nachsehen, denn die potenziellen Kunden entscheiden sich für einen anderen Anbieter. Bekanntheit steigern, neue Kunden gewinnen, Umsätze erhöhen – das kann gezielte Online-Werbung erreichen.

Kleine und mittelständische Unternehmen (KMUs) sind allerdings oft zurückhaltend, wenn es um Online-Werbung geht. Der Grund: KMUs sind größtenteils inhabergeführt, in vielen Fällen ohne eigene Marketingabteilung. Also fehlen oft Zeit und Expertise, selbst Online-Werbung zu schalten. Viele Unternehmer fürchten zudem unkalkulierbare ausufernde Kosten. Und dies leider nicht zu Unrecht, denn die unterschiedlichen Angebote im Bereich der Online-Werbung sind häufig unübersichtlich.

Der Werbemanager der Deutschen Post AG hingegen ist einfach, schnell und kalkulierbar. Er bietet Kunden zwei Werbeformen zur Auswahl: Suchmaschinen-Marketing und Bannerwerbung:

Abb. 72 — Praxis-Tool „Werbemanager"

Quelle: Deutsche Post AG

- Beim Suchmaschinen-Marketing geht es um sogenanntes Search Engine Advertising (SEA). Hier profitieren Kunden davon, dass die Deutsche Post mit ihrem Werbemanager einer der wenigen Anbieter in Deutschland ist, die als „Google AdWords Autorisierter Reseller" auftreten dürfen. Dabei schalten Kunden spezielle Textanzeigen (sogenannte *AdWords*), die dann in der weltgrößten Suchmaschine *Google* erscheinen. Die Zuordnung geschieht über Schlüsselworte, die das beworbene Produkt oder Unternehmen beschreiben. Gibt ein Google-Nutzer diesen oder einen ähnlichen Begriff als Suchanfrage ein, bekommt er neben den herkömmlichen Suchergebnissen auch passende AdWords-Anzeigen zu sehen.
- Bei der Bannerwerbung platziert der Werbemanager das Banner des Kunden auf thematisch relevanten und regional ausgesteuerten Internetseiten mit hoher Reichweite.

AdWords und Banner sind nach Kundenvorgaben verlinkt: Interessierte Nutzer gelangen per Mausklick entweder direkt auf die Seiten des Unternehmens – oder auf eine individuelle Online-Visitenkarte der Werbetreibenden, die ebenfalls über den Werbemanager erstellt werden kann.

Der Prozess – von der Planung über die Ausführung bis hin zur Erfolgskontrolle – ist klar und einfach:

1. Das Unternehmen gibt auf dem Online-Portal die Eckdaten seiner Kampagne ein: Branche, Region, Zeitraum sowie maximales Budget.
2. Im zweiten Schritt schaltet der Werbemanager die Google AdWords mit den passenden Schlüsselworten oder platziert die Banner.
3. Der Werbemanager misst auch den Erfolg der jeweiligen Werbeaktion. Alle vier Wochen erhält das Unternehmen einen Bericht über die Kampagne: Dieser beinhaltet unter anderem die Zahl der Websitebesuche und auf Wunsch auch weitere Parameter (wie z.B die Zahl der E-Mail- oder

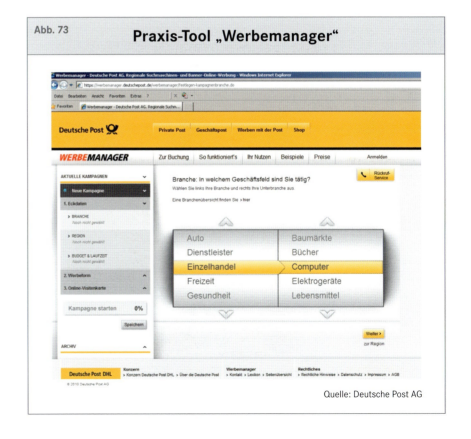

Abb. 73 Praxis-Tool „Werbemanager"

Quelle: Deutsche Post AG

Telefonkontakte, die durch die Kampagne generiert wurden). Auf diese Weise wird eine einfache Kosten- und Erfolgskontrolle gewährleistet. Die regelmäßige Auswertung der Ergebnisse bietet so die Möglichkeit, Kampagnen zu optimieren.

Die Werbemanager-Plattform bietet gerade kleinen und mittelständischen Unternehmen viele Vorteile: Mit ihrer Hilfe können auch Unternehmer, die nicht das Know-how oder die Zeit für die Konzeption eigener Online-Werbemaßnahmen haben, ihre Umsätze über das Internet signifikant steigern. Hinzu kommt die Zeitersparnis durch einen umfassenden Service bei Planung, Gestaltung, Schaltung und Optimierung. Ausufernde Kosten lassen sich durch klare Deckelung der Werbebudgets verhindern.

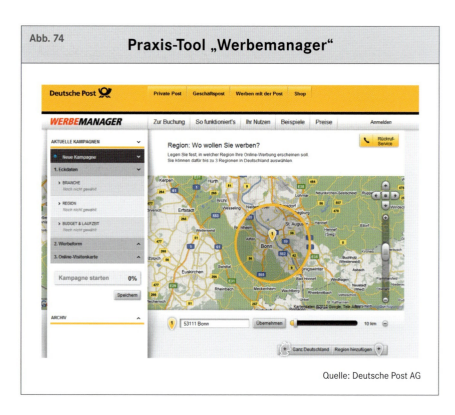

Abb. 74 Praxis-Tool „Werbemanager"

Quelle: Deutsche Post AG

# Praxis-Tool „allesnebenan.de"

### Online werben – offline verkaufen

Mit Hilfe der Online-Plattform *www.allesnebenan.de* sprechen Gewerbetreibende die Käufer in ihrer direkten Nähe an, präsentieren ihr Geschäft und spezielle Angebote. Der Erfolg: mehr Kunden im Geschäft und dadurch höhere Umsätze.

Wann ist Pizza-Werbung am wirkungsvollsten? Wenn der Verbraucher Hunger auf Pizza hat. Wann schlägt Werbung für einen PC-Support ein? Wenn der Laptop streikt.

Was simpel klingt, ist in der Werbewirklichkeit nur schwer zu bewerkstelligen. Wie sollen Gastronomen, Einzelhändler, Dienstleister und andere Gewerbetreibende mit festem Geschäftssitz ihre Angebote im Internet passgenau gerade solchen Kunden präsentieren, die

a) jetzt kaufen wollen und
b) auch noch in der Nähe sind?

Die Lösung lautet:
Dort werben, wo Verbraucher lokale Angebote nach ihren individuellen Bedürfnissen suchen. allesnebenan.de ist die Internet-Plattform der Deutschen Post für lokale Angebote und Dienstleistungen. Hier können gewerbetreibende Kunden aus ihrer Stadt gezielt auf sich und ihre Angebote aufmerksam machen.

Verbraucher können sich auf allesnebenan.de schnell und komfortabel Überblick über spezielle Angebote zu Produkten und Dienstleistungen oder auch über Anbieter in ihrer Nähe verschaffen. Egal, ob sie Winterreifen, Parfüm, einen Rechtsanwalt, ein thailändisches Restaurant oder ein Schuhgeschäft suchen. Mit der Branchensuche grenzen sie das Thema ein – und mit der Umkreissuche legen sie fest, ob sie passende Unternehmen im Umkreis von 800 Metern, 5 oder bis zu 100 Kilometern angezeigt bekommen wollen. Die Ergebnisse zu

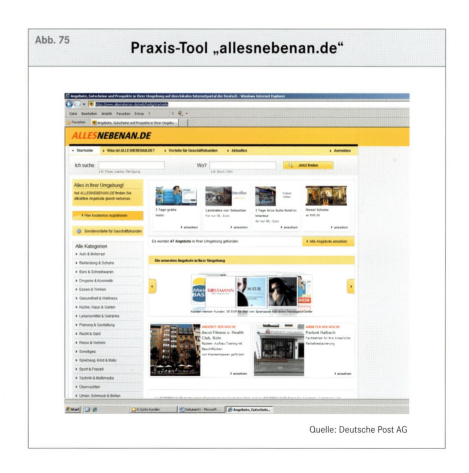

Abb. 75 Praxis-Tool „allesnebenan.de"

Quelle: Deutsche Post AG

der Suche werden im Anschluss auf einer Karte und in einer Trefferliste angezeigt. Sie können dann nach den Kriterien Relevanz, Entfernung oder Aktualität des Angebots sortiert werden.

Das Portal ist sehr attraktiv; dies belegen die hohen Besucherzahlen seitens der Privatkunden. Zudem sorgt die Deutsche Post mit breit angelegten Werbeaktionen für weiteren Zulauf – für kleine und mittelständische Unternehmen (KMUs) ein schlagendes Argument, sich in diesem Umfeld ihrer Nachbarschaft zu zeigen.

Hierfür stehen zwei Rubriken bereit: Das „Portrait" und die „Angebote". Im detaillierten Portrait präsentiert der Unternehmer sein Geschäft: Adresse, Kontaktdaten, Öffnungszeiten, Leistungsangebot. Darüber hinaus kann der Kunde auch aktuelle Angebote einstellen und so zusätzlich Aufmerksamkeit generieren. Die Angebote können auf Wunsch angereichert werden – so z.B. durch Anzeigenmotive oder Flyer und Prospekte, die der Verbraucher bequem am PC durchsuchen und durchblättern kann. Gutscheine zum Ausdrucken ermöglichen spezielle Rabattangebote und erhöhen so den Kundenzulauf im Geschäft.

Die Kostenstruktur von allesnebenan.de ist übersichtlich. Der Basiseintrag ist kostenlos. Für alle weiteren Leistungen gibt es gestaffelte Paketpreise – abhängig von der Anzahl der gebuchten Werbeplätze. Das macht die Marketingkosten überschaubar und insbesondere klar planbar – für kleine und mittelständische Unternehmer ein wichtiges Argument.

Einrichtung und Pflege der Inhalte im Portal sind auch ohne spezielle IT- oder Marketingkenntnisse möglich – dafür sorgt die einfache Benutzerführung des Portals. Nur wenige Schritte sind nötig vom ersten Klick bis zum Werbeerfolg:

*1. Profil anlegen*

Zuerst legen die Unternehmen ihr Profil an. Hierbei hilft der „Profildesigner", eine leicht zu bedienende Web-Anwendung

Abb. 76 Praxis-Tool „allesnebenan.de"

Quelle: Deutsche Post AG

von allesnebenan.de. Kunden können auf professionelle Vorlagen zurückgreifen sowie Farbe, Schrift und Bilder entsprechend ihrer Vorstellungen auswählen. Gewerbetreibende mit mehreren Standorten können für sämtliche Filialen ein eigenes Profil anlegen.

*2. Angebote einstellen*

Auch zur Erstellung der Angebote können die Werbetreibenden professionelle Angebotsvorlagen nutzen. Der „Angebotsdesigner" von allesnebenan.de ist eine leicht zu bedienende Web-Anwendung. Er hilft, die Angebote professionell zu gestalten. Kunden können Texte, Preise und Angebotszeiträume dabei je nach Bedarf individuell anpassen. Wer möchte, kann natürlich auch eigene Vorlagen und Bilder verwenden. Auch bereits fertige Anzeigen, Flyer oder Prospekte können im Angebotsdesigner hochgeladen und bei allesnebenan.de veröffentlicht werden. Außerdem können Gewerbetreibende alle Angebote mit Gutscheinen ergänzen. Der interessierte Konsument kann sich den Gutschein ausdrucken, vor Ort im Geschäft einlösen – und vielleicht noch die eine oder andere Sache zusätzlich kaufen.

*3. Erfolgskontrolle*

allesnebenan.de speichert die Anzahl der Aufrufe auf Profil- und Angebotsseiten und fasst sie in einer Statistik zusammen. Der Werbeerfolg lässt sich also jederzeit nachprüfen. So lässt sich beispielsweise nachvollziehen, welche Angebote besonders häufig besucht werden. Mit diesen Informationen können weitere Angebote auf die Interessen der Kundschaft hin optimiert werden.

Das innovative Internetportal bietet kleinen und mittelständischen Unternehmen eine herausragende und kostengünstige Möglichkeit, den Kunden in ihrer Region Angebote und Dienstleistungen zu präsentieren. Bessere Ansprache, mehr Kunden, höherer Umsatz – *allesnebenan.de* ist hierfür ein effizientes Tool.

## Praxis-Tool „Adressdialog"

### Werbebriefe schlagen Brücke zum Webauftritt

Adressdialog ist eine crossmediale Lösung, die sich sowohl zur gezielten Neukundengewinnung als auch zur Anreicherung und Aktualisierung bereits bestehender Adressdaten eignet. Dabei umfasst das Tool eine breite Leistungspalette, die von der Adressqualifizierung über die Gestaltung von Landing Pages bis hin zu einer automatisierten Auswertung reicht.

Adressdialog ermöglicht die systematische Kombination der im Dialogmarketing bedeutenden Kanäle Print und Internet; auf diese Weise lässt sich eine einfache Ansprache zu einem modernen Kundendialog verfeinern. Der Grund: Empfänger müssen heute zunehmend crossmedial angesprochen werden. Denn eine solche Ansprache über mehrere Kanäle sorgt nicht nur für erhöhtes Interesse, sondern auch für mehr Erfolg.

Mit Adressdialog überträgt die Deutsche Post AG die persönliche Ansprache klassischer Mailings ins Internet. Dabei ermöglicht die systematische Verknüpfung von Print und Online bequeme Antwort-Optionen, was deutlich höhere Response-Quoten zur Folge hat. Darüber hinaus bietet das Tool ein Online-Response-Management in Echtzeit, das zugleich zahlreiche Auswertungsmöglichkeiten bietet.

Im Anschreiben des Werbebriefs findet der Empfänger eine Internet-Adresse, die auf eine eigens geschaltete, vorpersonalisierte Webseite verweist. Auf dieser Seite gibt der Nutzer seinen persönlichen Code ein, den er ebenfalls im Mailing findet. Die Exklusivität dieses Codes weckt zusätzliche Neugier. Nach dem Login begrüßt den Empfänger ein persönlicher Text. Auch die relevanten persönlichen Daten für eine Bestellung von Produkten oder beispielsweise für eine Gewinnspielteilnahme sind bereits eingetragen. Dies ist ein doppelter Vorteil: Denn erstens muss die Eingabe nicht umständlich von

Hand vorgenommen werden und zweitens kann sich das werbetreibende Unternehmen durch die persönliche Ansprache über deutlich mehr Response freuen.

Die Response lässt sich direkt und in Echtzeit über die Online-Schnittstelle „my.adressdialog" messen und dokumentieren. Die Auswertungsmöglichkeiten über das Response-Management sind vielfältig: von tabellarischen Aufstellungen eingehender Antworten über Adressänderungen im farblich hervorgehobenen Alt-Neu-Vergleich bis hin zu Downloads in den Formaten xls und csv , E-Mail-Benachrichtigungen an berechtigte Personen, Diagramme zu einzelnen Antwortoptionen oder zum gesamten Response-Verlauf sowie kartografische Darstellungen des Response-Eingangs.

Adressdialog bietet aber noch weitere Möglichkeiten: So lassen sich nicht nur das Mailing und die Optik der Webseite nahtlos an das Corporate Design des Auftraggebers anpassen. Mithilfe des Moduls „Webmaster" können Unternehmen vielmehr auch ihre persönlichen Webseiten selbst planen, anlegen, freischalten und online mit Beispielcodes testen. Auf Wunsch übernimmt die Deutsche Post AG aber auch gemeinsam mit kompetenten Partnern die Realisierung der Landing Pages.

Wie Beispiele aus der Praxis belegen, sind Adressdialog-Projekte wesentlich erfolgreicher als vergleichbare Mailings, die sich auf konventionelle Response-Möglichkeiten beschränken. Die codebasierte und vorpersonalisierte Online-Antwort erzielt in einem repräsentativen Vergleich einen dreimal höheren Rücklauf als eine inhaltlich gleiche Faxantwort.

Neben der hohen, den Geschäftserfolg steigernden Rücklaufzahl und den gewonnenen Adressaktualisierungen könnten werbetreibende Mittelständler aufgrund der direkten Online-Response auf eine Antwortkarte verzichten. Das spart Kosten und hilft, die Effizienz der Dialogmarketing-Maßnahme zu steigern. Darüber hinaus profitiert die Umwelt, da der Papier- und Materialeinsatz minimal ist.

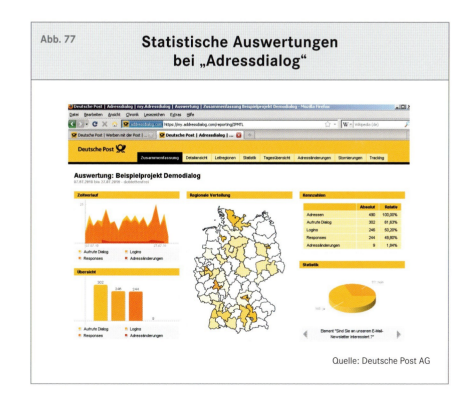

Abb. 77 **Statistische Auswertungen bei „Adressdialog"**

Quelle: Deutsche Post AG

# Teil III
# Best Practice

Vorbildliche Mailings –
31 Beispiele aus 8 Branchen

## 31 Praxisbeispiele aus 8 Branchen – Informationen zu Gliederung und Aufbau

Um dem Leser den Zugang zu den Beispielen zu erleichtern, sind die nachfolgenden 31 Fälle nach Branchen aufgeteilt. Dabei hat sich der Herausgeber zwar auf Branchen konzentriert, die das Dialogmarketing traditionell besonders stark nutzen; die konzeptionellen Ansätze lassen sich jedoch in aller Regel problemlos auf andere Branchen übertragen.

Das vorliegende Buch bietet Praxisfälle aus den Branchen

- Autohäuser
- Hotels und Gaststätten
- Produzierendes Gewerbe
- Groß- und Einzelhandel
- Handwerk und Bau
- Banken und Versicherungen
- Dienstleistungen
- Verbände und Vereine.

Ausgewählt wurden dabei nur „echte", also tatsächlich realisierte Mailings; diese mussten zugleich gute Rücklauf-Quoten erzielt haben, also erfolgreich gewesen sein. Dabei hat jedes Beispiel den gleichen Grundaufbau: Zunächst wird das Unternehmen kurz vorgestellt und seine Ausgangssituation im Wettbewerb geschildert. Es folgen Aufgabenstellung und Lösungsansatz, und abschließend wird das Ergebnis präsentiert.

Der Erfolg eines Mailings hängt vom Zusammenwirken mehrerer Faktoren ab – so vor allem von der Idee, dem richtigen Zeitpunkt, der angemessenen Zielgruppenansprache und einer ansprechenden Umsetzung. Die nachfolgenden Beispiele weisen deshalb bewusst eine große Bandbreite auf: Der Leser finden somit sowohl Beispiele für einfache (z.B. einstufige oder kostengünstig zu erstellende) Mailings als auch Beispiele für komplexere (z.B. mehrstufige oder crossmediale) und damit meist kostenintensivere Lösungen.

Sämtliche Beispiele stammen aus den letzten Jahren. Dies ermöglicht dem Leser nicht nur einen praxisnahen Einblick in „seine" Branche, sondern macht auch deutlich, wie sich die Bild- und Textsprache von Mailings in den letzten Jahren entwickelt hat.

Zugleich spiegelt diese Entwicklung die unvermindert hohe Bedeutung wider, die dem Mailing auch in Zeiten des Internets im Werbemix von Unternehmen zukommt. Denn nachgewiesenermaßen ist auch bei crossmedialen Kampagnen die Resonanz größer, wenn Mailings im Spiel sind – sei es als „Starter" oder (bei mehrstufigen Kampagnen) als Kundenbindungsmaßnahme im Verlauf.

Wir wünschen Ihnen zahlreiche Anregungen für Ihre Arbeit und viel Erfolg bei der Konzeption und Umsetzung!

1. **Autohäuser**
   - Autohaus Langenstrassen: Mit Mailings, Events und ostfriesischem Flair zum Erfolg
   - Autohaus Hanko: Hervorragende Reaktion auf Aktionstage
   - Auto & Service PIA: 1.300 Besucher zur Einführung des VW Tiguan
   - Auto-Sport-Stopka: Spektakulärer Return on Investment!

2. **Hotels und Gaststätten**
   - Griesbacher Hof: Mit „Kelleradressen" zu neuen Gästen
   - Der Öschberghof: Wellness-Begeisterung dank „Badeschlappen"-Mailing
   - Hotel Prisma: 600 Buchungen in sechs Wochen
   - Hotel Hanse Kogge: Mit „Hanse-Kogge Urlaubswelten" ins Herz der Zielgruppe

3. **Produzierendes Gewerbe**
   - Uniphy Elektromedizin: Effiziente Direktansprache von Ärzten
   - Swagelok/B.E.S.T. Fluidsysteme GmbH München: Erfolgreicher dank Crossmedia
   - SenerTec Center: Erfolgreiches Dialogmarketing für den „Dachs"
   - Licharz: Adresspotenzial voll genutzt
   - Riebsamen: Mehr Bekanntheit für den Glasboy!
   - thermo-plastic: Spannen Sie den Bogen weiter!
   - Marburger STS: Sägewerke sind besonders attraktiv
   - ABT: Mit innovativem Mailing direkt zum Kunden

4. **Groß- und Einzelhandel**
   - frischeKISTE: Sonniges Hoffest, viele neue Kunden!
   - Metzgerei Winterhalter: Mit herzhaften Grüßen aus dem Schwarzwald!
   - Lemberg-Kaviar: Genuss auf Bestellung
   - Möbel Weber: Im kontinuierlichen Dialog mit den Kunden
   - Raiffeisen-Warenzentrale Kurhessen-Thüringen: Alte Liebe rostet nicht!
   - Landmetzgerei Schießl: Wurst- und Fleischpäckchen über alle Grenzen
   - Modehaus Grehn: Mit Sonnenblumen ins Herz der Neukundin
   - Fahrradies: Ein wahres Fahr(rad)vergnügen

5. **Handwerk und Bau**
   - Freundlieb: Mit Werbemittelmix zu neuen Kunden
   - GaWaSan: Weihnachtsmann sorgt für bessere Auslastung
   - Malermeister Ingo Wehner: 84 Prozent Umwandlungsquote!

6. **Banken und Versicherungen**
   - Volksbank Neckartal: Ein KUSS für die Kunden

7. **Dienstleistungen**
   - SHK: Erfolgreiches Händlerkonzept für Badplaner

8. **Verbände und Vereine**
   - interkey: Marketing-Know-how vom Branchenverband
   - Winzerverein Deidesheim: Spitzenwein + Spitzenmailing = Spitzenerfolg!

## Autohaus Langenstrassen: Mit Mailings, Events und ostfriesischem Flair zum Erfolg

### Das Unternehmen

Das Unternehmen „Autohaus Langenstrassen GmbH" aus dem niedersächsischen Laatzen bei Hannover blickt auf eine mehr als 75-jährige Familientradition zurück.

Die Geschichte des Autohauses beginnt im Jahre 1926, als Wilhelm-Alwin Langenstrassen in der hannoverschen Südstadt eine Werkstatt gründet. Hier repariert er von der Nähmaschine bis zum Auto alles und macht sich so schnell einen Namen. Wenige Jahre später spezialisiert sich der Fachmann dann auf Autos.

1956 steigt sein Sohn Klaus Langenstrassen in den Betrieb ein und baut die kleine KFZ-Werkstatt mit unermüdlichem Einsatz zur „Autohaus Langenstrassen GmbH" aus. 1978 eröffnet Familie Langenstrassen ein neu erbautes, großzügiges Autohaus in Laatzen.

Familiensinn und persönliche Ansprache haben in dem Unternehmen – das inzwischen in nunmehr dritter Generation Astrid und Frank Langenstrassen leiten – noch immer einen ganz hohen Stellenwert. Die Stammkunden des Autohauses, das seit 1976 Toyota-Vertragshändler ist, sind sehr zufrieden; dies beweist zum Beispiel die alljährliche Auszeichnung mit dem M.A.R.K. (Markt-Auszeichnung für realisierte Kundenzufriedenheit)! Allerdings hat das Autohaus Langenstrassen in der Neukundengewinnung noch Nachholbedarf.

### Die Ausgangslage

Bislang hatte das Autohaus Langenstrassen Neukundengewinnung und Imagepflege ausschließlich über Inserate in der lokalen Presse betrieben. Das war jedoch nur bedingt effizient: Nur wenige neue Kunden wurden durch die Zeitungsanzeigen auf die Firma aufmerksam, zumal die Konkurrenz in der Stadt und Region Hannover groß ist. Aus diesem Grund entschied sich Familie Langenstrassen dafür, eine öffentlichkeitswirksame Kundenveranstaltung am Standort Senefelderstraße zu organisieren.

Unter dem Namen „Leeder, Lüüd un Oostfreesland" (Lieder, Leute und Ostfriesland) lud das Unternehmen Stammkunden, neue Kunden und inaktive Kunden mit einem emotional ansprechenden Werbemittel zu dem Event ein. Mit der Gestaltung dieser Einladung beauftragte das Autohaus das Direkt Marketing Center (DMC) der Deutschen Post AG in Hannover.

### Die Aufgabe

Die Aufgabe bestand darin, über die Zeitungsinserate hinaus einen neuen Weg zu finden, um

- alte Kunden zu reaktivieren,
- neue Kunden zu gewinnen,
- die Aufmerksamkeit alter und neuer Kunden für das Unternehmen zu erhöhen,
- die Zufriedenheit der Stammkunden zu stärken,
- den Bekanntheitsgrad des Unternehmens zu steigern,
- ein Kunden-Event durchzuführen und zu bewerben

und dadurch

- das Image deutlich zu steigern.

Das neue Werbekonzept sollte nicht nur all diese Ziele erreichen, sondern zugleich möglichst geringe Streuverluste verursachen und hervorragend messbar sein, um Erfolg oder Misserfolg einwandfrei nachvollziehbar zu machen.

### Die Lösung

In einer Mailingsprechstunde im DMC Hannover erarbeiteten das Autohaus, das DMC Hannover und eine Werbeagentur gemeinsam eine Mailing-Kampagne. Im Einklang mit dem Familiensinn des Unternehmens planten sie das Kunden-Event „Leeder, Lüüd un Oostfreesland" als „bodenständige, fröhliche Veranstaltung für die ganze Familie". Die herzliche und emotionale Einladung wurde dabei als DIN-A4-Postkarte gestaltet, ein Format, das dem Empfänger inmitten der Tagespost schon allein durch seine Größe, seine Farbigkeit und das ansprechende Design ins Auge fällt.

Die übersichtlich gestaltete Karte informierte detailliert über das Programm des Ostfriesland-Tages, um die Kunden zu animieren, das Autohaus am Tag der offenen Tür zu besuchen. Bei diesem Programm war für jeden etwas dabei: Das Autohaus Langenstrassen stellte die neuesten Toyota-Modelle vor und offerierte Probefahrten. Auch für Essen und Trinken war natürlich gesorgt – selbstverständlich ostfriesische Spezialitäten – sowie für Musik, eine Hüpfburg und sogar sportliche Aktivitäten – den ostfriesischen Volkssport Boßeln. Um auch die Zögerer zu überzeugen, enthielt die Einladungskarte zudem einen Gutschein über zehn Essens- und Getränkebons, der ausschließlich an dem „Leeder, Lüüd un Oostfreesland"-Tag eingelöst werden konnte.

Das Einladungs-Mailing wurde an 4.000 aktive und inaktive Kunden sowie Interessenten als Infopostsendung verschickt. Der Produktionspreis pro Infopostsendung betrug 0,74 €, hinzu kamen 0,36 € Porto pro Aussendung. Somit kostete eine Sendung 1,10 €.

**Das Ergebnis**
Das Ergebnis war überwältigend. Rund 2.000 Gäste besuchten die perfekt organisierte Kundenveranstaltung „Leeder, Lüüd un Oostfreesland". Der „Ostfriesentag" brachte nicht nur einen echten Imagegewinn, sondern ließ auch die Verkaufszahlen hochschnellen: Das Autohaus verkaufte sechzehn Neuwagen und neun Gebrauchtfahrzeuge!

Aufgrund des großen Erfolges startete das Autohaus Langenstrassen nur drei Monate später eine weitere Werbeaktion, die es wiederum zusammen mit dem Direkt Marketing Center in Hannover und der Werbeagentur entwickelte. Das Ziel: die Kundenbindung und das gute Image weiter zu stärken.

In einer Auflage von wiederum 4.000 Stück versendete das Unternehmen zum Nikolaustag noch einmal eine DIN-A4-Karte. Als werbewirksamen Aufmacher zeigte die Postkarte ein komplett mit Nikoläusen beladenes Auto. Die Headline versprach: „Heute kommt der Nikolaus ..."; auf der Rückseite folgte dann die Fortsetzung: „... geschickt von Ihrem Autohaus".

Das sympathische Mailing verknüpfte zwei Aktionen: Zum einen wies es auf das neue Toyota-Modell Yaris hin. Zum anderen forderte es dazu auf, beim Abholen des persönlichen Schokoladen-Nikolauses doch auch gleich sein Auto winterfit machen zu lassen. Ein Werkstattgutschein im Wert von 8 € diente als zusätzlicher Response-Verstärker.

Die Aktion erzielte eine Response-Quote von drei Prozent: 120 Kunden lösten innerhalb der darauffolgenden Wochen ihren Gutschein ein – und sorgten damit für eine gute Auslastung der Werkstatt. Dank des Werkstattgutscheins konnte das Autohaus den Erfolg der Werbeaktion ganz konkret nachvollziehen.

Bei dieser erfolgreichen Kundenbindungsaktion betrug der Produktionspreis pro Infopostsendung 0,57 €, hinzu kamen 0,36 € Porto pro Aussendung als Infopost. Eine Sendung kostete also 0,93 €.

Das Autohaus Langenstrassen ist mit seiner Strategie, nicht länger nur auf Anzeigen, sondern auch auf Mailings und Events zu setzen, seit Jahren sehr erfolgreich. Das Autohaus verzeichnete einen deutlichen Imagegewinn und eine nochmals höhere Kundenbindung. Denn zahlreiche Vorteile des Mailings – es ist direkt, persönlich und verursacht kaum Streuverluste – stimmen hundertprozentig mit der Unternehmensphilosophie überein.

„Für uns ist der wichtigste Schritt, die Kunden zu uns ins Haus zu holen", sagt Juniorchef Frank Langenstrassen, „denn sind die Leute erst einmal da, fühlen sie sich bei uns auch wohl. Da greift dann wieder das Familienkonzept: Wir haben einfach Spaß an der Sache und gehen wirklich individuell auf die Bedürfnisse unserer Kunden ein. Und das merken die Kunden sofort!"

Autohäuser

**Mailing 1:**
A4-Postkarte;
Vorder- und Rückansicht

**Vorbildlich:**

❶ Auffallende Größe (DIN A4)

❷ Herzliche und emotionale Einladung (bodenständig, Familienatmosphäre)

❸ Steigerung der Motivation zur Teilnahme durch Gutschein (Response-Verstärker)

Autohäuser

**Mailing 2:**
A4-Postkarte;
Vorder- und Rückansicht

**... geschickt von Ihrem Autohaus!**

Wir, das Team vom Autohaus Langenstrassen, möchten uns mit einem Werkstatt-Gutschein bei Ihnen für die gute Zusammenarbeit im Jahr 2005 bedanken. Zugleich wünschen wir Ihnen ein frohes Fest, einen guten Rutsch und sichere Fahrt im neuen Jahr!

**Freuen Sie sich auf den neuen Yaris! Ab dem 13. Januar 2006 bei uns im Autohaus Langenstrassen.**

Um den neuen Yaris zu beschreiben, bedarf es eigentlich nicht vieler Worte. Denn der kompakte Cityflitzer mit dem erstaunlich großen Innenraum spricht für sich. Durch
• seinen unverwechselbaren Look,
• sein umfassendes Sicherheitssystem,
• seine Spritzigkeit,
• seine Sparsamkeit,
• seinen hohen (Sitz)Komfort,
• seinen Fahrspaß und
• seine Vielseitigkeit
begeistert er bis ins kleinste Detail und beweist einmal mehr: Nichts ist unmöglich!

Kommen Sie, schauen Sie und (er)fahren Sie's selbst!

**Werkstatt-
Gutschein im
Wert von 8 €** ❺

Einzulösen beim Besuch in unserer Werkstatt bis zum 8. Februar 2006.

Wer seinen „Schlitten" jetzt im Dezember winterfit machen lässt, darf sich obendrein über einen Schoko-Nikolaus freuen.
(Solange der Vorrat reicht!)

Ihr Team vom Autohaus Langenstrassen –
Mit uns kommen Sie gut durch den Winter!

Autohaus
LANGENSTRASSEN GmbH
30880 Laatzen
Tel. 0511 / 98 37 3-0
www.langenstrassen.de

Deutsche Post AG
Entgelt bezahlt
30880 Laatzen

Wenn unzustellbar, zurück!
Autohaus LANGENSTRASSEN GmbH, 30880 Laatzen

Herrn
Max Mustermann
Mustermannstr. 1
12345 Musterstadt

---

**Vorbildlich:**

❹ Ansprechendes Bildmotiv samt Slogan („Hingucker")

❺ Dienstleistungs-Gutschein als Response-Verstärker

❻ Unternehmenslogo prominent platziert

## Autohaus Hanko: Hervorragende Reaktion auf Aktionstage

**Das Unternehmen**

Die 1924 gegründete Firma Hanko betreibt in Koblenz am Moselring ein Autohaus für die Marken BMW und Mini; weitere Autohäuser befinden sich in Neuwied und Andernach. Besonders im Servicebereich besticht das Autohaus durch seine hohe Qualität und höchste Kundenzufriedenheit. So zeichnete beispielsweise die Zeitschrift *auto motor und sport* Hanko als Testsieger aus.

**Die Ausgangslage**

Im Jahr 2007 befindet sich die Automobilbranche in einer wirtschaftlich schwierigen Situation; man spricht von Umsatzeinbrüchen von bis zu knapp 40 Prozent gegenüber dem Vorjahr. „Im Moment leiden alle", so Volker Lange, der Präsident des Verbandes der Internationalen Kraftfahrzeughersteller (VDIK) im August 2007 gegenüber dem *manager magazin*. „Ich gehe davon aus, dass der Markt 2007 schrumpfen wird."

Die Hanko Kraftfahrzeughandel GmbH nutzt diverse Instrumente des Dialogmarketings und steht in engem Kontakt zum Direkt Marketing Center (DMC) Koblenz. Hanko legt bei allen Werbemaßnahmen – ob nun klassisch oder im Dialogmarketing – großen Wert darauf, dass neben der Hausmarke BMW vor allem die Marke „Hanko – Automobile Kultur" kommuniziert wird.

Das Unternehmen veranstaltet jedes Jahr zwei große Aktionstage in seinen Autohäusern. Im Jahr 2006 werden diese Aktionstage mit einer umfangreichen Kundenzeitung im A3-Format beworben, die das Autohaus als Postwurfspezial versendet. Die Kundenzeitung richtet sich dabei sowohl an bestehende als auch an potenzielle Kunden.

Als Hanko-Geschäftsführer Ralf John den 4. Koblenzer Direkt Marketing Kongress der Deutschen Post AG besucht, stößt er auf ein Marketinginstrument, das eine sehr wirksame Kombination von Print- und Online-Werbung ermöglicht: Adressdialog.

Adressdialog verbindet die Printwerbung mit der Online-Welt: Auf dem Mailing ist eine speziell für die Werbeaktion eingerichtete Internetadresse – eine sogenannte Landing Page – sowie ein für jeden Empfänger individueller Zugangscode angegeben.

Dank dieses Zugangscodes wird der Kunde sofort beim Einloggen auf der Landing Page identifiziert und kann am Gewinnspiel teilnehmen. Außerdem kann er sich dort auch gleich für den regelmäßigen Kunden-Newsletter anmelden, seine Adressdaten korrigieren, wenn nötig, und die Details seines Wunschautos sowie den Zeitpunkt eines möglichen Neukaufs mitteilen.

Zudem ist in den Internetauftritt eine kleine Marktforschung integriert, deren wesentliche Ergebnisse die Deutsche Post während einer laufenden Kampagne in Echtzeit an den Kunden weiterleitet.

**Die Aufgabe**

Im Mai 2007 brachte BMW das neue 3er Cabrio auf den Markt und bewarb es entsprechend. Anlässlich der Modelleinführung startete auch Hanko eine umfangreiche Werbeaktion. Da es erfahrungsgemäß sehr viel einfacher ist, das Geschäft mit Bestandskunden auszubauen als neue Kunden zu gewinnen, besann sich Hanko auf die eigene Adressdatenbank: Also sollte die Werbeaktion nicht nur den Absatz steigern, sondern auch den eigenen Datenbestand überprüfen und mit E-Mail-Adressen anreichern. Das Autohaus investierte sein gesamtes Jahresmarketingbudget in adressierte Werbung.

**Die Lösung**

Hanko versendete ein Postkarten-Mailing an 31.373 Kunden. Dieses lud zur Teilnahme an einem Gewinnspiel ein, bei dem 11 Kunden jeweils für 11 Tage ein 3er BMW-Cabrio zum Probefahren gewinnen konnten.

Zugleich wurde das neue Dialogmarketinginstrument Adressdialog genutzt. Über den auf der Postkarte angebrachten Zugangscode konnten sich Interessenten auf der angegebenen Internetseite einloggen und am Gewinnspiel teilnehmen. Die wichtigsten Ergebnisse der zugleich erfolgenden Marktforschungs-Aktion wurden dabei in Echtzeit an Hanko weitergegeben.

**Das Ergebnis**

6.325 Mailing-Empfänger – also mehr als 20 % aller Angeschriebenen! – besuchten die Landing Page. 4.939 Kunden (15,74 %) loggten sich mit ihrem individuellen Code ein. 4.033 Kunden (12,86 %) nahmen am Gewinnspiel teil. Detaillierte Informationen zu ihren Wunschautos erteilten 3.048 Kunden (9,72 %) und den Newsletter bestellten 1.352 Kunden (4,31 %) – ein für Hanko sehr zufriedenstellendes Ergebnis!

Neben den Online-Reaktionen meldeten sich einige Kunden direkt im Autohaus vor Ort, um am Gewinnspiel teilzunehmen. Insgesamt war das Echo auf die Werbeaktion rundum positiv. Die zusätzlich beworbenen Aktionstage waren vor allem am Standort Koblenz sehr gut besucht.

Hanko-Chef Ralf John: „Wir sind mit dem Feedback und der damit verbundenen ausgesprochen hohen Rücklaufquote mehr als zufrieden. Natürlich haben die Kunden nicht gleich ein Fahrzeug gekauft, aber wir haben unsere Ziele erreicht: Wir haben die aktuellen E-Mail-Adressen unserer Kunden generiert und die bereits vorliegenden Adressdaten aktualisiert. Sicherlich war auch die hohe Attraktivität des Gewinns – ein 3er Cabriolet für elf Tage mit 800 Freikilometern – ausschlaggebend dafür, dass der Response deutlich höher als bei früheren Aktionen war."

Autohäuser

**Postkarten-Mailing:**
Vorderansicht

**Vorbildlich:**

❶ Emotionen weckende, optisch sehr ansprechende Bildsprache

Autohäuser — 137

 **Gewinnen Sie** jetzt mit HANKO eine von **11 Sommertouren** mit dem neuen BMW 3er Cabrio.

 HANKO Automobile Kultur
Andernach • Koblenz • Neuwied

 Deutsche Post
Entgelt bezahlt
55124 Mainz

Sie gehören zu den Menschen, die mit HANKO in einer Geschäftsbeziehung stehen. Aus diesem Grund laden wir Sie herzlich ein, an unserem sommerlichen Cabrio-Gewinnspiel teilzunehmen. Den 11 glücklichen Gewinnern stellen wir ein neues BMW 3er Cabrio für volle 11 Tage und 800 Freikilometern zu Ihrem Wunschtermin, im Zeitraum Mai bis Oktober, zur Verfügung. Sie zahlen lediglich die Benzin- oder Dieselkosten. 11 Kunden gewinnen insgesamt 11 Cabrio-Touren. Die Chancen stehen gut, es lohnt sich also mitzumachen.

Einfach auf **www.hanko2007.de** Ihren persönlichen Gewinn-Code eingeben:

**Teilnahmeschluss 15. Mai 2007**

Ihr HANKO Team wünscht Ihnen viel Glück.
Ralf John Geschäftsführer

**HANKO** Andernach • Koblenz • Neuwied  www.hanko.de

Die Gewinner werden von uns schriftlich benachrichtigt. Teilnahme nur mit persönlichem Code möglich. Der Rechtsweg ist ausgeschlossen.

Max Mustermann
Mustermannstr. 1
12345 Musterstadt

**Postkarten-Mailing:**
Rückansicht

**Vorbildlich:**

❷ Verknüpfung von Print und Online durch „Adressdialog" (Website und Verweis auf individuellen Zugangscode)

❸ Gewinnspiel als Response-Verstärker

## Auto & Service PIA: 1.300 Besucher zur Einführung des VW Tiguan

**Das Unternehmen**

Das Autohaus Auto & Service PIA GmbH bietet die Marken Volkswagen, Audi, Skoda und Seat an. Neben dem Stammsitz in Weilheim unterhält PIA Filialen in München, Landsberg und Penzberg und beschäftigt insgesamt rund 800 Mitarbeiter.

**Die Ausgangslage**

Am 9. November 2007 führte Volkswagen den neuen Tiguan ein. Bereits zwei Jahre zuvor hatte VW damit begonnen, Interessentendaten über verschiedene miteinander vernetzte Kanäle in 50 Märkten weltweit zu sammeln. Die Markteinführung wurde von einer breit angelegten Marketingkampagne mit den Testimonials Heidi Klum und Seal begleitet.

Parallel zu den zentral von VW gesteuerten Marketingaktionen entwickelte das Autohaus PIA eine Dialogkampagne, um bestehenden und neue Kunden von dem geländegängigen Stadtfahrzeug zu überzeugen.

**Die Aufgabe**

Eine Mailingaktion sollte für möglichst viele Besucher an den offiziellen Markteinführungstagen am 10. und 11. November 2007 bei Auto & Service PIA sorgen. Alle vier Autohäuser planten für die Markteinführung ein Event mit Musik, verschiedenen Leckereien, Kinderschminken und einem Rennen auf einem Modellauto-Parcours.

**Die Lösung**

Für das Mailing wählte PIA eine Postkarte im Format DIN A4, die den neuen VW Tiguan als ausgestanztes Motiv (sog. Postkarte Groß Kreativ) zeigt. Auf der Rückseite fanden die Empfänger die Adressen aller vier Autohäuser und das attraktive Event-Programm.

Um bestehende und potenzielle Kunden zusätzlich zu einem Besuch zu motivieren, enthielt das Mailing zudem einen Gutschein für einen exklusiven Schlüsselanhänger und eine Anmeldung für eine Testfahrt.

Das Werbemittel war dabei nach den Grundsätzen der Prof. Vögele Dialogmethode® gestaltet: Der Text ist somit leicht verständlich und lesefreundlich; Hervorhebungen steuern den Blickverlauf des Lesers und sorgen dafür, dass er lange genug auf der Karte verweilt, um alle Vorteile zu erfassen; die ausgewählten Bilder wecken Emotionen und Neugier.

Die Auflage betrug 24.282 Stück; . angeschrieben wurden dabei sowohl Stammkunden als auch potenzielle Neukunden.

Zur Stammkundenbindung wurden 14.282 bestehende Adressen angeschrieben; diese wurden im Vorfeld auf Dubletten (Dopplungen) und Zustellbarkeit überprüft.

Für die Neukundengewinnung hingegen ging das Mailing als Postwurfspezial an 10.000 Haushalte, die sehr genau ausgewählt waren: Angeschrieben wurden dabei nur Haushalte im Umkreis der Autohäuser, in denen Menschen im Alter zwischen 18 und 49 Jahren lebten; diese mussten zugleich über eine mittlere bis sehr hohe Kaufkraft verfügen und vorwiegend in Ein- bis Zweifamilienhäusern oder Reihen-/Doppelhäusern wohnen.

Die Mailingaktion wurde von Anzeigenwerbung begleitet: PIA schaltete zwei Wochen lang vor der Markteinführung jeweils mittwochs und samstags in regionalen Tageszeitungen Inserate.

**Das Ergebnis**

Die Veranstaltungen waren in allen vier Autohäusern ein Riesenerfolg: Insgesamt kamen 1.300 Besucher in die vier Autohäuser, um sich den neuen VW Tiguan anzusehen.

Christine Angler aus der Verkaufsleitung von PIA war zufrieden: „Die kreative Mailing-Gestaltung kam bei den Bestandskunden sehr gut an. Außerdem konnte eine erfreuliche Zahl an Probefahrten realisiert werden."

Autohäuser

**Vorbildlich:**

❶ auffällige Größe (DIN A4) und attraktive Gestaltung (Motiv ausgestanzt)
❷ griffiger Slogan
❸ einfache Ausfüllmöglichkeit
❹ Response-Verstärker (Gutschein)

**Postkarte Groß Kreativ:**
Vorder- und Rückansicht

## Auto-Sport-Stopka: Spektakulärer Return on Investment!

**Das Unternehmen**

1960 gründet Ottfried Stopka – über die Grenzen seiner Heimat als hervorragender Autorennfahrer bekannt – das Unternehmen Auto-Sport-Stopka. Das Ein-Mann-Unternehmen spezialisiert sich auf Verkauf und Reparatur von Fahrzeugen des Typs British-Leyland. Dazu gehören Autos mit so klangvollen Namen wie Rover, BMC, MG, Morris und Triumph. 1966 folgt der Vertragsabschluss mit dem italienischen Autobauer Alfa Romeo. Vier Jahre später erweitert Ottfried Stopka sein Angebot um die exklusive englische Automarke Jaguar. 1972 hängt er den Rennsport an den Nagel: Seine neue Leidenschaft ist die Fliegerei.

Das Unternehmen wächst kontinuierlich. Um dem Anspruch seiner Kunden nach Komfort nachzukommen, baut Ottfried Stopka neue Verkaufs- und Ausstellungsräume an der Detmolder Straße in Bielefeld, die er im Januar 1978 bezieht.

Elf Jahre später gibt Auto-Sport-Stopka als einer der erfolgreichsten Händler die Vertretung der Rover-Automobile auf. Das Unternehmen wächst weiter – und bleibt very british: Ab 1999 finden sich im Autohaus ein „Big Ben" mit Original-Glockenschlag und ein Pub mit typisch englischem Flair. Im Jahr 2000 wird das Unternehmen ISO 9000-zertifiziert und ein weiteres Ziel erreicht: Das neue Alfa Romeo-Verkaufshaus wird eröffnet. Ab 2004 unterstreicht das Auto-Sport-Stopka dann erneut seine Exklusivität: Es nimmt die Marke Maserati in sein Verkaufsprogramm auf.

**Die Ausgangslage**

Auto-Sport-Stopka ist ein Eldorado für Freunde eleganter und sportlicher britischer sowie italienischer Fahrzeuge der Premium-Klasse. Der Firmensitz mit zwei großen Ausstellungsgebäuden und einem Werkstattbereich umfasst ein über 5.000 Quadratmeter großes Areal – übrigens immer noch an der Detmolder Straße in Bielefeld. Rund 25 Mitarbeiter betreuen die exklusive Klientel. Zuverlässigkeit und Kundenzufriedenheit genießen bei Auto-Sport-Stopka höchste Priorität.

Der erste Kontakt zwischen dem Direkt Marketing Center (DMC) Bielefeld und Auto-Sport-Stopka ergab sich im Oktober 2005. Zu diesem Zeitpunkt kreierte eine Bielefelder Werbeagentur ein neues Werbemittel für das Autohaus, genauer: einen vierseitigen DIN-A4-Flyer, der die Jaguar-Marken X-Type und S-Type als Leasing-Fahrzeuge bewarb. Dabei konnte der potenzielle Kunde die edlen Autos ohne Anzahlung leasen und über eine integrierte Rücklaufkarte eine Probefahrt vereinbaren.

Das Autohaus, die Werbeagentur und das DMC legten gemeinsam die Kriterien zur Selektion der potenziellen Kunden fest: Ausgewählt wurden Bielefelder Haushalte mit ausschließlich hoher bis sehr hoher Kaufkraft. Zugleich entschied man sich für das von der Deutschen Post angebotene Postwurfspezial, da dieses Medium viele Möglichkeiten eröffnet, Zielgruppen exakt anzusprechen.

**Die Aufgabe**

Bis zu diesem Zeitpunkt warb Auto-Sport-Stopka ausschließlich mit Zeitungsanzeigen. Der Vertriebsleiter bemängelte allerdings schon länger die mangelnde Messbarkeit der Anzeigenwerbung. Die neue Dialogmarketing-Aktion sollte deshalb nicht nur die hochgesteckten Erfolgsziele erfüllen, sondern auch genau messbar sein.

**Die Lösung**

Auto-Sport-Stopka entschied sich für einen sehr hochwertigen und attraktiv bebilderten Prospekt. Auf dessen Rückseite fanden die Empfänger gleich ein Response-Element, mit dem sie eine kostenlose Probefahrt vereinbaren konnten.

Um dem Prospekt eine persönliche Note zu verleihen, war das komplette Team von Auto-Sport-Stopka abgebildet. Die Aussendung ging wie geplant per Postwurfspezial an 48.318 Bielefelder Haushalte mit sehr hoher und hoher Kaufkraft.

**Das Ergebnis**

Das Unternehmen erzielte einen spektakulären Return on Investment: Binnen acht Wochen nach dem Mailingversand verkaufte Auto-Sport-Stopka zehn Autos! Auch später kamen immer wieder Kunden mit dem Prospekt in der Hand ins Geschäft.

Sowohl das Werbemittel selbst als auch die dadurch entstandene Aufmerksamkeit für das Leasing-Angebot von Jaguar sorgten bei Auto-Sport-Stopka für hohe Zufriedenheit. Das Unternehmen

Autohäuser

hat deshalb sein Werbebudget in den Folgejahren sehr zugunsten des Dialogmarketings verschoben und schaltet allenfalls noch sporadisch Zeitungsanzeigen. Zudem hat – und darauf ist das Autohaus natürlich besonders stolz – Jaguar das Konzept mittlerweile sogar bundesweit umgesetzt.

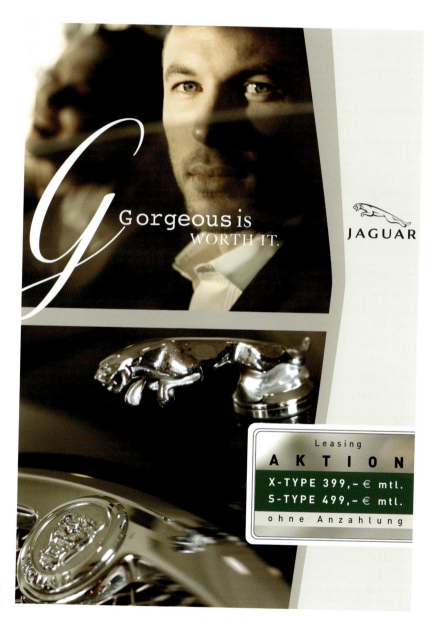

**4-seitiger Flyer:**
Titelseite

Autohäuser

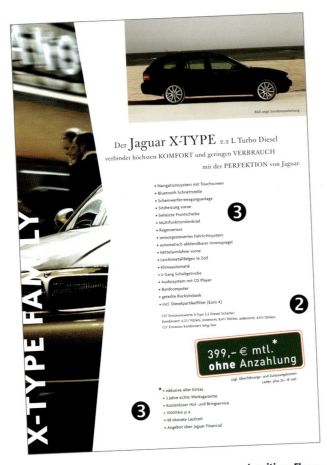

**4-seitiger Flyer:**
Innenseiten

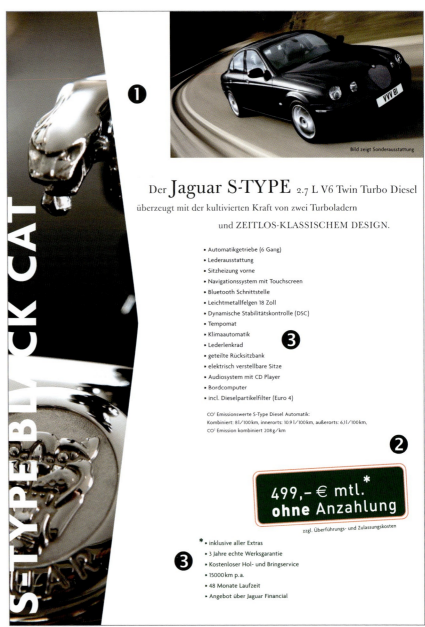

**Vorbildlich:**

❶ Edel und markengerecht gestaltetes Mailing mit ansprechenden Bildwelten

❷ Störer weisen auf attraktive Leasingkonditionen hin

❸ Klare und übersichtliche Gestaltung durch Aufzählungspunkte

Autohäuser

**Flyer:**
Rückseite mit Response-Element

**Vorbildlich:**

❹ Auszeichnung/Prädikat als Eyecatcher

❺ Alle wichtigen Informationen auf einen Blick: Logo, Ansprechpartner (mit Bild und Durchwahl), ein Bild des Autohauses und eine Anfahrtskizze mit Adresse

❻ Probefahrt-Gutschein als Response-Verstärker

# Griesbacher Hof: Mit „Kelleradressen" zu neuen Gästen

**Das Unternehmen**

Der Griesbacher Hof ist ein Drei-Sterne-Appartementhotel in Bad Griesbach, eine der „Perlen" im Bäderdreieck Bad Birnbach, Bad Füssing und Bad Griesbach. Der Kurort lockt mit einem vielfältigen Angebot: In eine wunderschöne Hügellandschaft eingebettet bietet er Wellness, Fitness, Gesundheit, Prävention und einmalige Freizeitmöglichkeiten – so rühmt sich Bad Griesbach der höchsten Golfplatzdichte in ganz Europa.

Das Appartementhotel Griesbacher Hof besteht seit 25 Jahren. Es liegt in einer der schönsten und ruhigsten Lagen direkt am Kurpark. Das Hotel bietet seinen Gästen neben dem heilsamen Thermalwasser ein umfangreiches Angebot rund um Wellness, Therapie, Massage und Kosmetik. Im eigenen Restaurant werden die Gäste zudem kulinarisch verwöhnt.

**Die Ausgangslage**

Der Aufenthalt im Appartementhotel Griesbacher Hof steht unter dem Motto „Nichts müssen, alles können". Der Gast wählt selbst zwischen Selbstversorgung und Hotelservice. Er entscheidet, ob das Hotel ein Stützpunkt für seine Outdoor-Aktivitäten, ein Rückzugsort für ausgedehnte Kuranwendungen oder einfach sein ganz persönlicher Rundum-Verwöhn-Platz ist.

**Die Aufgabe**

Der Griesbacher Hof wollte neue Kunden gewinnen, um seine Auslastung zu erhöhen. Im Vorfeld analysierte das Direkt Marketing Center (DMC) Landshut deshalb zunächst die bisherigen Werbeaktivitäten. Demnach versendete der Griesbacher Hof bislang regelmäßig zum Jahresende seine Hotelprospekte, schaltete Anzeigen in überregionalen Zeitungen und im örtlichen Hotelverzeichnis und war auf Messen präsent.

Auf Grundlage dieser Analyse wurden dann verschiedene Strategien zur Gästegewinnung diskutiert. Anfangs lag der Fokus auf der Neukundengewinnung; dann aber stellte sich heraus, dass sehr viele Adressen ehemaliger Gäste einfach brachlagen, d.h. überhaupt nicht mehr genutzt wurden. Diese Gäste hatten zumeist länger als zehn Jahre nicht mehr gebucht, wurden deshalb nicht mehr angeschrieben und ihre Daten kurzerhand aus der Kundendatenbank des Hotels gelöscht.

Damit stellte sich die Frage, ob und wie diese – eigentlich wertvollen – alten Adressen für eine Mailing-Aktion eingesetzt werden könnten – zumal sie ja softwaretechnisch nicht mehr verfügbar waren. Die Antwort: Alle 4.000 im Keller des Hotels eingelagerten alten Meldezettel mit den Daten der ehemaligen Gäste wurden in mühevoller Kleinarbeit erneut in der Datenbank erfasst! Dieser enorme Aufwand für die Reaktivierung inaktiver Kunden (hier: Gäste) sollte sich jedoch mehr als bezahlt machen.

**Die Lösung**

Der Griesbacher Hof entschied sich für eine Mailing-Aktion in Form eines Selfmailers. Da hier Brief und Umschlag integriert sind, bietet er genug Raum für eine ausführliche Selbstdarstellung des Absenders und die ansprechende Präsentation seiner Angebote.

Text und Bildwelten des Mailings wurden zielgruppenorientiert auf die ehemaligen Gäste ausgerichtet. Der Slogan „Erinnern Sie sich? Hier macht Ihr ganz individueller Urlaub so richtig Spaß!" stellte den Bezug zum letzten Aufenthalt her. Die Schlüsselwörter „Erholung", „Gesundheit" und „Wohlgefühl" gleich neben der Adresse des Empfängers hoben die wichtigsten Nutzen für den Gast hervor und motivieren ihn zum Weiterlesen. Die Bildwelten und eine imitierte Briefmarke stellten ebenfalls positive Assoziationen zum Hotel Griesbacher Hof her.

Ein weiteres Kernelement des Mailing waren die Response-Elemente: Die Antwortkarte, die gratis zurückgesendet werden konnte, erleichterte dem Gast die Buchung. Außerdem konnte er über diese Karte den Dialog mit dem Hotel wieder aufnehmen und den neuesten Hotelprospekt an-fordern. Als Reaktions-Verstärker dienten ein Gutschein im Wert von 25 €, der, genau wie die Antwortkarte, perforiert und damit leicht heraustrennbar war.

Die Geschwindigkeit, mit der die Werbeaktion umgesetzt wurde, war beachtlich: Es vergingen gerade einmal sieben Wochen zwischen dem Erstkontakt der Hotelbetreiberin Marianne Würzinger mit dem DMC Landshut bis zur Postauflieferung des Mailings. In dieser kurzen Zeit wurde die Aktion komplett konzipiert; ferner wurden Angebote für verschiedene

Hotels und Gaststätten

Werbemittel und Auflagen erstellt und die Adressen neu in der Hotelsoftware erfasst. Zudem wurde das Werbemittel unter Berücksichtigung der Corporate Identity des Hotels gestaltet, gedruckt, mit den Adressen personalisiert und schließlich portooptimiert als Infopost Standard eingeliefert.

**Das Ergebnis**
Das Ergebnis übertraf alle Erwartungen: Marianne Würzinger verbuchte 50 neue Anmeldungen und versendete über 300 Prospekte, die aufgrund des Mailings angefordert wurden – eine Response-Quote von rund 8,75 %! Kein Wunder also, dass sich Marianne Würzinger über den großen Erfolg freute und mit der Beratung und den Empfehlungen des DMC Landshut sehr zufrieden war.

Die Idee, ehemalige Gäste zu reaktivieren, war für den Griesbacher Hof optimal. Inzwischen hat das DMC Landshut weitere, vergleichbar erfolgreiche Mailing-Aktionen für das Hotel entwickelt. Marianne Würzinger ist von den Mailings übrigens so begeistert, dass sie das DMC an ein benachbartes Hotel empfohlen hat, das nun auch mit solchen Mailings für sich wirbt ...

**Selfmailer:** Außenansicht (geschlossen)

146 — Hotels und Gaststätten

**Selfmailer:** Innenansicht, aufgeklappt

**Vorbildlich:**

❶ Durchgehend verstärkende, positive Ansprache in den Headlines
❷ Aufzählungszeichen zur besseren Leistungsübersicht
❸ farbige Hervorhebungen im Fließtext, die die Vorteile signalisieren

Hotels und Gaststätten

**Selfmailer (Ausschnitt):**
Antwortelement;
Vor- und Rückansicht

**Vorbildlich:**

❹ Antwortkarte zum Abtrennen als Response-Element mit allen Leistungen auf einen Blick und Möglichkeit zur Direktbuchung

❺ 25-€-Gutschein als Verstärker

## Der Öschberghof: Wellness-Begeisterung dank „Badeschlappen"-Mailing

**Das Unternehmen**

Das Golf- und Wellness-Resort Öschberghof in Donaueschingen hat den Wohlfühlurlaub zur Perfektion entwickelt. Der Öschberghof ist ein Ort für Genießer, Ästheten und sportlich Ambitionierte – und natürlich insbesondere für passionierte Golfer.

**Die Ausgangslage**

Das Haus vor den Toren Donaueschingens, von Aldi-Eigner Karl Albrecht vor 30 Jahren als Domizil für den Golfclub gebaut, eröffnete Anfang Oktober 2006 seinen neuen Wellness-Bereich. Klare Linien statt Schwarzwaldromantik stehen in der 1.800 Quadratmeter großen Wohlfühlwelt des Öschberghofs im Vordergrund. Das Spa, in das mehr als 2,5 Millionen Euro investiert wurden, ist mit viel Teak, Glas und Granit gestaltet und besticht durch klare Linien und einfache Formen. Extravaganzen wie ein gläserner Aufzug, der in die rustikale Blockhaussauna auf der Dachterrasse führt, ein Schnee-Iglu oder wohlig warme Wasserbetten begeistern auch Profisportler: Der FC Bayern München und der VfB Stuttgart nutzen das Hotel gern für ihre Saisonvorbereitung.

**Die Aufgabe**

Im Frühjahr 2006 hatte das Direkt Marketing Center (DMC) Freiburg das neu renovierte hoteleigene Restaurant „Hexenweiher" erfolgreich beworben. Deshalb zog der Öschberghof das DMC nun auch bei der Werbekonzeption für die neue Wellness-Landschaft zurate.

**Die Lösung**

Mit tatkräftiger Unterstützung des DMCs Freiburg entwickelten Hoteldirektor Alexander Aisenbrey und seine Marketingabteilung eine außergewöhnliche Idee: Der Öschberghof schickte 120 VIP-Gästen einen einzelnen gelbe Badeschlappen und lud sie ein, sich bei der „Badeschlappenparty" zur Einweihung des Wellness-Bereichs den passenden zweiten Schuh abzuholen.

Außerdem erhielten die VIPs einen Folder in Form eines Wellness-Tagebuchs, das über die Hotelerweiterung informierte (und natürlich auch dazu anregte, den neuen Wellness-Bereich auszuprobieren). In Anlehnung an die vier Elemente Feuer, Wasser, Luft und Erde fanden sich dort die verschiedenen Erlebnisbereiche der Wellness-Oase wieder.

Im Rahmen der Mailing-Aktion wurden VIP-Gäste und Interessenten angeschrieben. Dabei erhielten die VIP-Gäste jeweils einen Badeschlappen und das Tagebuch; an weitere 24.000 Empfänger verschickte der Öschberghof ausschließlich das Tagebuch.

Zusätzlich enthielten Tagebuch und VIP-Einladung verschiedene Response-Möglichkeiten: Mit Rückumschlag, Faxantwort oder E-Mail-Adresse sollte dem Empfänger seine positive Antwort so einfach wie möglich gemacht werden.

**Das Ergebnis**

Das Ergebnis konnte sich sehen lassen: Von den 120 geladenen VIP-Gästen kamen 93 zur Eröffnungsparty des Wellness-Bereichs in den Öschberghof! Hoteldirektor Alexander Aisenbrey war äußerst zufrieden mit der Mailing-Aktion: „Wir haben unsere Auslastung im Januar und Februar von 60 auf 80 % gesteigert!"

Dialogmarketing ist für Alexander Aisenbrey übrigens nichts Neues: Schon seit Jahren erinnert er seine Gäste viermal im Jahr an ihre Aufenthalte im Öschberghof. Neu war für ihn diesmal lediglich der Einsatz eines haptischen Elements – des Badeschlappen. Und genau der brachte den großen Erfolg, da er bei der durch Werbung ohnehin schon sehr beanspruchten Zielgruppe der VIPs für die gewünschte Aufmerksamkeit sorgte!

# Hotels und Gaststätten

**VIP-Mailing:**
1 Badeschlappen samt Tagebuch (den zweiten Schuh gab es auf der Eröffnung)

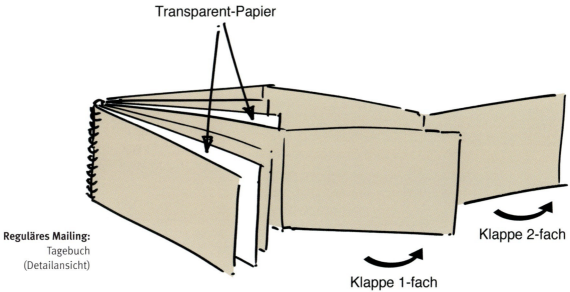

Transparent-Papier

**Reguläres Mailing:**
Tagebuch (Detailansicht)

Klappe 1-fach

Klappe 2-fach

Hotels und Gaststätten

**Tagebuch:**
Titel- und
Rückseite

**Vorbildlich:**

❶ Sehr außergewöhnliche, innovative Mailing-Idee mit Badeschlappen als Einladung zur Eröffnung des Wellness-Bereichs

❷ Detaillierte Anfahrtsbeschreibung mit Kontaktdaten auf der Rückseite

Hotels und Gaststätten

151

**Vorbildlich:**

❸ Ansprechende Bildwelten, die die vier Grundelemente (Erde, Feuer, Wasser, Luft) aufgreifen und thematisch mit den Leistungen des Öschberghofs verknüpfen

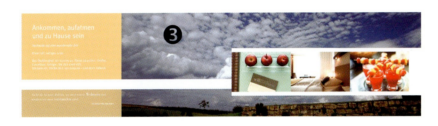

**Tagebuch:**
Innenansicht; v.o.n.u.:
einmal aufgeklappt,
doppelt aufgeklappt (2x)
und viermal aufgeklappt

# Hotel Prisma: 600 Buchungen in sechs Wochen

**Das Unternehmen**

Das Hotel Prisma ist ein „3-Sterne-plus"-Hotel der Best Western-Gruppe in Neumünster. Es verfügt über 93 Zimmer, davon 17 besonders ausgestattete Familienzimmer. Zur Fußball-WM 2006 richtete das Hotel zudem zwei Fußballzimmer ein, in denen fußballinteressierte Hotelgäste seitdem Fußballspiele live oder per DVD genießen können.

Für das Tagungsgeschäft stehen sechs Tagungsräume mit einer maximalen Kapazität von 150 Personen zur Verfügung. Im Restaurant „Campinos" bietet das Hotel internationale Köstlichkeiten, Besonderheiten aus der Region und saisonale Spezialitäten; der hoteleigene Garten wird für Barbecues und Bier- und Weinabende genutzt.

Neumünster ist mit rund 78.000 Einwohnern die viertgrößte kreisfreie Stadt Schleswig-Holsteins. Sie ist ein Wirtschafts-, Messe- und Einkaufszentrum sowie ein Verkehrsknotenpunkt Schleswig-Holsteins. Aufgrund der zentralen Lage des Hotels an der A7 zwischen Hamburg und Kiel sind die Hotelgäste vor allem Handlungsreisende, Tagungsgäste und Stop-Over-Übernachter auf der Reise von und nach Skandinavien.

**Die Ausgangslage**

Das Hotel richtet jedes Jahr zwischen Oktober und Dezember diverse Veranstaltungen aus: „Da das kulturelle Angebot in Neumünster sehr eingeschränkt ist, versuchen wir hier Akzente zu setzen. Damit wollen wir uns aktiv am kulturellen Leben der Stadt beteiligen und unser Profil am Standort und im Umland schärfen", so Geschäftsführer Burghard Wesselmann. Abwechslungsreiche Events im Hotel Prisma sollen für einen hohen Bekanntheitsgrad in ganz Schleswig-Holstein sorgen. Firmen- und Privatkunden sollen dabei das Haus kennenlernen und es dann gegebenenfalls für ihre eigenen Feiern buchen.

Außerdem können die Kunden Gutscheine für verschiedene Veranstaltungen erwerben und beispielsweise als Incentives verschenken. Ziel der Events ist letztlich, das Hotel besser auszulasten und neue Kunden zu gewinnen.

**Die Aufgabe**

Im Rahmen seines Herbst-Winter-Programms 2006 lud das Hotel Prisma mit einer Postkarte im Format DIN-A4-zur Veranstaltung „Casino Magic" ein – eine lustvolle Verbindung aus Zauberei, Casino, Musik und winterlichem Schlemmerbuffet. Auf der Rückseite der Postkarte wurde auf sieben weitere Veranstaltungen hingewiesen. Dieses Mailing versendete das Hotel an 2.000 Bestandskunden und legte es zudem im eigenen Haus aus. Dabei kam das gemeinsam mit dem Direkt Marketing Center (DMC) Kiel gestaltete Mailing sehr viel besser an als die vom Hotel zuvor in Eigenregie entwickelten Flyer.

Aufgrund der guten Resonanz entschied das Hotel, auch das Veranstaltungsprogramm 2007 durch aufmerksamkeitsstarke Mailings zu bewerben. Sie sollten vor allem in der Business-Zielgruppe neue Kunden gewinnen.

Damit sich die Aktion auch wirklich an die gewünschten Empfänger richtete, machten sich das DMC Kiel und das Hotel Prisma im Vorfeld viele Gedanken: An Unternehmen welcher Branchen soll das Mailing gehen? Wie groß sollen die adressierten Unternehmen idealerweise sein? Wie groß soll das Einzugsgebiet für das Mailing sein? Welche Veranstaltungen sollen beworben werden und welches Werbemittel eignet sich dafür am besten? Und schließlich: Welche Response-Verstärker sollen dafür sorgen, dass möglichst viele Gäste kommen?

**Die Lösung**

Als erstes entschied sich das Team für ein neues Format: Weil eine übersichtliche und leserfreundliche Aufzählung aller Veranstaltungen den Platz einer DIN-A4-Postkarte sprengte, fiel die Wahl auf einen vierseitigen Prospekt im DIN-A4-Format. Das Leitthema lautete ab sofort „Entertainment à la carte". Dieses neue, frische Thema wurde kreativ ansprechend und witzig verpackt.

Die Hauptveranstaltung, das „Impro-Comedy-Dinner", war dabei als Störer direkt auf der Titelseite des Prospekts platziert. Auf der inneren Doppelseite fanden acht Veranstaltungsankündigungen ihren Platz. Die Rückseite des Prospektes war der Werbung für die Geschenk-Gutscheine vorbehalten.

Das DMC Kiel riet zu einer Verteilung des Prospekts über Postwurfspezial business-to-business. Das Einzugsgebiet der Aussendung umfasste 60 Kilometer um Neumünster und 10.000 Firmen aus allen Branchen. Mit diesen 10.000 Postwurfspezial-Sendungen erreichte das Hotel mit nur geringem finanziellen Mehraufwand wesentlich mehr Kontakte als bisher, denn trotz des DIN-A4-Formates war die Postwurfspezial-Verteilung mit 14,2 Cent pro Stück sehr günstig. Die Kosten für Kreation und Druck des Prospekts beliefen sich auf 3.599,50 Euro zuzüglich Mehrwertsteuer. Zusätzlich zu den Postwurfspezial-Sendungen schrieb das Hotel 3.000 Bestandskunden an, die entweder in der Vergangenheit bereits eine Veranstaltung besucht hatten oder in Neumünster und dem näheren Umland wohnten beziehungsweise ihren Firmensitz hatten.

Der Versand an die Bestandskunden erfolgte als Infopost Groß in einem Briefumschlag. Da sich ein Datenabgleich zwischen den Firmenadressen aus dem eigenen Bestand und dem Postwurfspezial-Potenzial im Verhältnis zu den Gesamtkosten als nicht wirtschaftlich erwies, erfolgte die Zustellung Ende September 2007 zeitversetzt um eine Woche: Erst erhielten die Bestandskunden den Prospekt als Infopost Groß, anschließend folgte die Postwurfspezial-Sendung.

**Das Ergebnis**
Das Ergebnis war großartig: Sechs Wochen nach Versand der Prospekte verzeichnete das Hotel Prisma 664 Buchungen! Hotelchef Burghard Wesselmann: „Anfangs war ich skeptisch. Doch die kompetente und professionelle Betreuung hat mich überzeugt – und das Ergebnis ist überwältigend. Das ist eine der erfolgreichsten Marketingkampagnen der letzten Jahre. Die Zahl der Buchungen und all die positiven Rückmeldungen rechtfertigen die zunächst hoch erscheinende Investition allemal!"

Hotels und Gaststätten

**4-seitiger Flyer im DIN-A4-Format:**
Titelseite (links) und Rückseite

**Vorbildlich:**

❶ Einprägsame, prägnante Headline mit passendem Bildmotiv

❷ Optisch hervorgehobener Störer (spezielles Dinner-Angebot)

❸ Optisch abgetrenntes Feld für Logo und Anschrift

Hotels und Gaststätten

**Flyer:** Innenseiten (links vergrößert)

## Weitere kulinarische Highlights

**GIRO DELLE CUCINE**

Unternehmen Sie eine kulinarische Reise entlang der spannenden Route des Radrenn-Klassikers Giro d' Italia! Bei anspruchsvollen landestypischen Gaumenfreuden und erlesenen Weinen lassen sich jede Menge schöne Urlaubserinnerungen austauschen.

**19,50 € p.P.**
Menü & Begrüßungsprosecco inkl.

*Donnerstag, 11. Oktober 2007*
*ab 19.00 Uhr*

**EVERGREENS UND A CAPPELLA**

Freuen Sie sich auf ein buntes Programm musikalischer Ohrwürmer. Stimmgewaltig und witzig präsentieren das Frauenquartett Ciao Bella und die vier Herren der Vocalmatadore bekannte Melodien. Neben den A-cappella-Künstlern erleben Sie Live-Musik vom Piano. Für die kulinarische Begleitung sorgen ein reichhaltiges Vorspeisenbuffet, ein servierter Hauptgang und ein leckeres Nachspeisenbuffet.

**28,00 € p.P.**
Programm und Speisen inkl.

*Freitag, 2. November 2007*
*20.00 – 23.00 Uhr*

**LET`S DANCE**

"Tanze mit mir in den Morgen!" Nach einem Aperitif und kalt-warmen Buffet können Sie auf unserer stimmungsvollen Party das Tanzbein schwingen und nette Leute kennenlernen.

**19,50 € p.P.**
Inkl. Buffet

*Samstag, 17. November 2007*
*ab 19.00 Uhr*

**CASINO MAGIC**

Staunen und genießen – nehmen Sie Platz am magischen Tisch von Künstler Mekks. Dort erleben Sie hautnah eine bezaubernde Mischung aus Magie, musikalischer Unterhaltung des Duos Jo & Jo und einem winterlichen Schlemmerbuffet.

**Tipp: Casino Magic ist genau der richtige Rahmen für Ihre Weihnachtsfeier.**

**33,– € p.P.**
Inkl. Programm & Buffet

*Freitag, 30. November 2007*
*ab 19.00 Uhr*

**MMERRUNDE**

…n Sie sich in der kälteren Jahreszeit …it einer köstlichen Gänseplatte für …inklusive leckerer Beilagen und einem …en Dessert!

**21,50 € p.P.**

*1. Dezember 2007*

**S-ZAUBER-BRUNCH**

…tagsstimmung bringt Sie unser Brunch-…zhaften und süßen Köstlichkeiten …er Pianomusik. Außerdem präsentiert …Tischzaubereien für jede Altersgruppe. …nntag ist Verblüffung garantiert!

**18,50 € p.P.**
Kinder bis 12 J. 9,50 €

*Dezember 2007*
*0 Uhr*

**NIKOLAUS TRIFFT „CIAO BELLA"**

Tolle Nikolaustag-Überraschung für Ihre Liebste oder Ihren Liebsten: Unser Küchenchef schlüpft in die Rolle des Nikolaus und trifft an diesem Abend die vier blonden Engel der A-cappella-Formation Ciao Bella. Genießen Sie musikalische Highlights und ein köstliches Knecht-Ruprecht-Menü!

**17,50 € p.P.**
Inkl. Programm & Buffet

*Donnerstag, 6. Dezember 2007*
*19.30–22.30 Uhr*

**WEIHNACHTSBRUNCH – unser Klassiker**

Beginnen Sie den 2. Weihnachtsfeiertag in diesem Jahr doch mal mit einem leckeren Buffet. Für eine harmonisch-lockere Atmosphäre sorgt leichte Pianomusik. So wird der Feiertag ein echtes Fest!

**21,50 € p.P.**
Kinder bis 12 J. 9,50 €

*Mittwoch, 26. Dezember 2007*
*11.00 –14.00 Uhr*

Best Western HOTEL PRISMA Neumünster

### DiDo

Immer wieder **dienstags** und **donnerstags** verwöhnen wir Sie mit unseren Stamm-Spezialitäten.
**Jeden Dienstag** servieren wir Ihnen vielfältige, neu inszenierte Schnitzelgerichte.
**Jeden Donnerstag** steht ein buntes Angebot rund um Steaks & Garnelen auf der Speisekarte. Küchenchef Wolfgang Warthold und sein Team freuen sich auf Ihren Besuch!

### Vorbildlich:

❹ Sehr übersichtliche und ansprechende Präsentation der verschiedenen Angebote und Leistungen; alle Fragen des Lesers („Was, wann, wo, zu welchen Kosten?") werden auf einen Blick beantwortet

❺ Optisch hervorgehobene Störer für Reservierungs-Hotline und Spezial-Angebote

## Hotel Hanse-Kogge: Mit „Hanse-Kogge Urlaubswelten" ins Herz der Zielgruppe

**Das Unternehmen**

Das liebevoll angelegte Hotel Hanse-Kogge liegt in absolut ruhiger Lage in Koserow auf der Insel Usedom. Die von der Familie Raffelt geführte Hotelanlage ist auf Senioren und Behinderte spezialisiert. Sie wurde nach den Vorgaben des Deutschen Seniorenrings e.V. und der DIN 18024 auf die Bedürfnisse von Gästen im Seniorenalter und behinderten Gästen ausgerichtet.

Dazu gehören ein Abholservice, der die Gäste mit hauseigenen behindertengerechten Kleinbussen direkt von zuhause abholt, eine vollständig barrierefreie Wohnanlage und ein an die Zielgruppe angepasstes Sport-, Wellness- und Ausflugsprogramm. Das Hotel Hanse-Kogge bietet mit seinen verschiedenen Serviceangeboten und den modern eingerichteten Zimmern den Gästen „ein Meer an Bequemlichkeit".

**Die Ausgangslage**

Um Neukunden zu gewinnen, schaltet Michael Raffelt, der im Familienunternehmen für das Marketing zuständig ist, schon seit Jahren Anzeigen in Fach- und Tageszeitungen. Zusätzlich präsentiert sich die Hanse-Kogge auch auf unterschiedlichen Publikumsmessen.

Auf Einladung des Direkt Marketing Centers (DMC) Braunschweig nimmt Michael Raffelt an einem Business-Frühstück teil und kann von den vielfältigen Leistungen überzeugt werden.

Für die Stammkundenpflege und die Umwandlung von Interessenten in Gäste nutzt Michael Raffelt seit Januar 2005 das Produkt Bestseller Mail, einen Komplettservice, der den Hanse-Kogge-Inhabern viel Arbeit abnimmt: Hier übernimmt die Deutsche Post die Kreation und den Druck der Werbesendung. Die Sendungen werden dann von der Druckerei direkt an eine Großannahmestelle der Post weitergegeben, die dann die Zustellung organisiert.

**Die Aufgabe**

2006 feierte die Hanse-Kogge gleich zwei Jubiläen: das 15-jährige Firmenjubiläum und 100 Jahre Hotelbetrieb. Diese besonderen Ereignisse sollten in der Kommunikation mit den Kunden gebührend in Form eines besonders ansprechenden und informativen Werbemittels hervorgehoben werden.

Dafür musste der Kontakt zu den vielen Stammgästen wieder intensiviert werden. Außerdem sollten attraktive Angebote, so etwa ein besonders günstiges Jubiläumsangebot, sowohl Stammkunden als auch Interessenten zu einer Buchung animieren.

**Die Lösung**

In den Vorjahren hatte die Hanse-Kogge stets Postkarten als Werbemittel verschickt. Für das Jubiläumsjahr entwickelten die Hotelbetreiber zusammen mit dem DMC die Idee, eine eigene Hanse-Kogge-Zeitung aufzulegen.

So konnten auf breitem Raum in einer journalistischen Aufmachung das besondere Konzept und die preiswerten Angebote des einmaligen Hotels vorgestellt werden. Zugleich waren das attraktive Farb- und Gestaltungsraster sowie der Name der Zeitung „Hanse-Kogge Urlaubswelten" Basis für einen hohen Wiedererkennungswert – was zugleich die Option bot, die Zeitung mehr als einmal erscheinen zu lassen. Als Response-Verstärker war ein Gewinnspiel integriert, das eine Servicereise für zwei Personen auslobte.

Die Auflage richtete sich nach der Zahl der Adressen, die Familie Raffelt aus der eigenen Datenbank selektierte. Um die komplette Abwicklung, vom Briefing der Werbeagentur bis hin zur Zustellung, kümmerte sich das DMC.

Die Gesamtauflage der vierseitigen Zeitung betrug 25.000 Stück; dabei wurde das Ausgangsformat DIN A1 auf ein handliches DIN-A4-Format gefalzt. 23.000 Exemplare wurden als Infopost Groß ohne Umschlag versendet. Die restlichen 2.000 Exemplare nutzte die Hanse-Kogge für eine Messe in Potsdam und für den Eigenbedarf.

**Das Ergebnis**

Die Aktion war ein voller Erfolg: Die Angebote wurden in kürzester Zeit gebucht und das Hotel erzielte bereits vor Saisonbeginn eine Auslastung von 50 %. Die Zeitung „Hanse-Kogge Urlaubswelten" erzielte eine Response-Quote von über 20 % – was nicht zuletzt an dem attraktiven Gewinnspiel lag. Zudem konnte das Hotel mit den eingegangenen Adressen seine Datenbank aktualisieren.

Die Aktion war sowohl hinsichtlich der Response-Quote als auch der

Hotels und Gaststätten

erfolgten Buchungen so überzeugend, dass 2007 die zweite Ausgabe der „Hanse-Kogge Urlaubswelten" mit einer Auflage von 30.000 Sendungen versendet wurde.

Die Inhaberfamilie Raffelt zur Marketing-Aktion: „Zusammen mit dem DMC Braunschweig haben wir mit unserer erfolgreichen Zeitung ein Werbemittel gefunden, das zu uns und vor allen Dingen zu unserer Zielgruppe und zu unserem Produkt Servicereisen ‚Ein Meer an Bequemlichkeit' hervorragend passt."

Das Hotel Hanse-Kogge nutzt seitdem erfolgreich die Möglichkeiten, die das Dialogmarketing im Bereich der Bestandskundenpflege und Neukundengewinnung bietet.

**4-seitige Zeitung im DIN-A4-Format:** Vorderansichten

158 — Hotels und Gaststätten

**4-seitige Zeitung:** Innenseiten

**Vorbildlich:**

❶ Außergewöhnlich: Mailing in journalistischer Aufmachung als Zeitung mit hohem Wiedererkennungswert

❷ Besondere Leistungen und Angebote werden in Form von Pressemeldungen hervorgehoben und wirken daher nicht werblich.

Hotels und Gaststätten

*Urlaubswelten*

Nr. 2 / September 2007
Seite 4

**NEU** **10-tägige Fahrt von Usedom in die 1000-jährige Hansestadt Danzig**

Ab 2008 bieten wir Ihnen erstmals kombinierte Fahrten zur Insel Usedom und der polnischen Ostseeküste an.

**Das Ausflugprogramm**
1. Tag: Abholung an der Haustür, Ankunft Insel Usedom, Check-in im Hotel Hanse-Kogge, Abendessen.
2. Tag: Entspannen am Strand Koserow.
3. Tag: Nach dem Frühstück Fahrt nach Danzig, mit Zwischenstopp in Kolberg. Check-in im Hotel, Abendessen.
4. Tag: Nach dem Frühstück Stadtbesichtigung von Danzig und Zoppot (Altstadt und die größte gotische Backsteinkirche – die Marienkirche). Besuch der Kathedrale in Oliwa mit Orgelvorführung. Anschließend Spaziergang auf der längsten Holzmole Europas. Abendessen im Hotel mit Übernachtung.
5. Tag: Frühstück und Fahrt in die Kaschubei, eine der schönsten Landschaften Polens. Abends Folkloreabend mit Livemusik. Übernachtung.
6. Tag: Frühstück und Fahrt Richtung Leba. Führung im Nationalpark und mit elektrischen Wagen zu den größten Wanderdünen Europas. Abendessen und Übernachtung.
7. Tag: Frühstück und Fahrt nach Marienburg, Führung durch die Burg des Ritterordens. Abschiedsabendessen in der Danziger Altstadt und Übernachtung.
8. Tag: Frühstück und Fahrt zur Insel Usedom. Abendessen mit Übernachtung.
9. Tag: Erholung im Ostseebad Koserow, evtl. Inselrundfahrt. Abendessen und Übernachtung.
10. Tag: Frühstück und anschließend Heimreise direkt zu Ihrer Haustür in unseren modernen Kleinbussen.

**18.6. bis 27.6.2008**
**899,- € p. Pers. im DZ.**
EZ Zuschlag 90,- €

**Servicereisen**★★★
*Ein Meer an Bequemlichkeit*

Das Komplettangebot umfasst auch 2008 wieder 9 Übernachtungen in komfortabel eingerichteten Zimmern, Halbpension mit reichhaltigem Frühstücksbufett und einem 4-gängigem Abendmenü, Inselrundfahrt, Begrüßungsdrink und freie Nutzung des Schwimmbades und des Wellnessbereiches.

**Preise Servicereisen 2008 pro Person im DZ**

| Reisezeit | Preis |
|---|---|
| April und Oktober | 555,00 € |
| Mai und Juni | 685,00 € |
| Juli bis September | 695,00 € |
| Weihnachten | 535,00 € |
| Silvester | 545,00 € |
| November bis März | 390,00 € |

Appartement- und Einzelzimmerzuschlag 90,- €. **Bitte beachten:** Für den Transportservice von der Haustür und zurück veranschlagen wir pro Pers. und Busplatz 99,- € (bis 600 km). Bei kombinierter Buchung von Weihnachten und Silvester berechnen wir nur 999,- €. (Angebot mit Halbpension)

**Preisübersicht Hotel „Hanse-Kogge" in Koserow**

| Preis p. Pers. Ü. Übernacht. inkl. Frühstück & Nutzung des Wellnessbereiches | Winter Januar – März | Frühling & Herbst April & Oktober | Sommeranfang Mai – Juni & Weihnachten | Hauptsaison Juli – September & Silvester |
|---|---|---|---|---|
| Einzelzimmer | 46,00 € | 54,00 € | 65,00 € | 70,00 € |
| Doppelzimmer | 36,00 € | 44,00 € | 55,00 € | 60,00 € |
| teilweise Aufbettungen möglich | | | | |
| Appartement (1 Wohn- und 1 Schlafraum) p. Pers. bei 2 Pers. Belegung | 45,00 € | 55,00 € | 60,00 € | 69,00 € |
| Aufbettung | 25,00 € | 25,00 € | 28,00 € | 30,00 € |
| Halbpension (4-Gang-Menü) | 18,00 € | 18,00 € | 18,00 € | 18,00 € |
| Haustier | 9,00 € | 9,00 € | 9,00 € | 9,00 € |

**Bitte beachten:** Kinder bis zum vollendeten 5. Lebensjahr wohnen im Zimmer der Eltern kostenfrei. Kinder bis zum vollendeten 11. Lebensjahr zahlen den Aufbettungspreis und für die Halbpension 9,00 €. Die Kurtaxe des Ostseebades Koserow wird vor Ort zusätzlich erhoben.

*Familie Raffelt, v.l.n.r.: Chef Michael, Anja, Regina und Steffen Raffelt*

**Neues von der Hanse Kogge**

Die Kalkulationen für die Preise 2008 sind fertig. In den letzten Monaten mußten wir erhebliche Kostensteigerungen bei den Energieträgern und damit bei allen unseren Lieferanten, bei den Lebensmitteln, bei den Rundfunkgebühren und Durchleitungsgebühren für Hotelfernsehern, bei den Steuern und Lohnnebenkosten, sowie bei den Kreditzinsen, verkraften. Diese Kostensteigerungen können wir leider nicht mehr alleine schultern.

Ab 2008 ist die Nutzung von Schwimmbad und Wellnessbereich im Preis enthalten. Das Angebot auf unserem Frühstücksbufett, haben wir schon 2007 erweitert, dies werden wir auch 2008 fortsetzen. Unsere Halbpension besteht jetzt neu, nicht mehr aus 3 sondern aus 4 Gängen. Die kostenlose Internetnutzung sowie die kostenlosen Parkplätze bleiben bestehen. Die Preise für den Transportservice (bis 600 km weiterhin 99,- EUR) von der Haustür und zurück, werden wir trotz gestiegener Kosten 2008 nicht erhöhen.

Wir hoffen, dass unser Preis-Leistungsverhältnis auch weiterhin für Sie nachvollziehbar und akzeptabel ist.

*Hotelanlage Hanse-Kogge*

*Auch im Winter zu genießen...*

**Impressum**

Herausgeber: Hotel & Restaurant Hanse-Kogge
Hauptstraße 22, 17459 Ostseebad Koserow
Tel.: 03 83 75 / 26 00, Fax: 03 83 75 / 26 0 77
E-Mail: reservierung@hotelhansekogge.de
Internet: www.hotelhansekogge.de

---

**4-seitige Zeitung:**
Rückansicht

**Vorbildlich:**

❸ Response-Verstärker (Kreuzworträtsel als attraktives Gewinnspiel mit Servicereise)
❹ Impressum als Response-Element

# Uniphy Elektromedizin: Effiziente Direktansprache von Ärzten

**Das Unternehmen**

Uniphy Elektromedizin ist eine von vier Produktlinien, die im Hause Gymna Uniphy verkauft werden. Uniphy produziert Geräte zur Kaltlufttherapie, Wärmetherapie, kombinierten Elektro- und Ultraschalltherapie sowie zur Stoßwellentherapie. Dabei handelt es sich um besonders schonende Methoden, um Schmerzen zu lindern. Die Geräte sind besonders innovativ und beschleunigen den Heilungsprozess beim Patienten.

**Die Ausgangslage**

Die Geräte unterliegen dem Medizinproduktgesetz und dürfen nur über Medizinprodukte-Berater vertrieben werden. Dafür arbeitet Uniphy mit dem medizinisch-technischen Fachhandel zusammen.

Nun hat der Fachhändler aber mehrere Hersteller zur Auswahl – er entscheidet also selbst, welches Gerät von welchem Hersteller er einem Arzt empfiehlt. Trotz des guten Preis-Leistungs-Verhältnisses der Uniphy-Geräte entscheiden sich immer mehr Ärzte aus Budgetgründen für einfachere und billigere Geräte mit geringerer Qualität.

Uniphy versucht, diesem Trend mit Anzeigen in zielgruppenspezifischen Fachzeitschriften entgegenzuwirken. Jedes Jahr werden bis zu drei Anzeigen geschaltet, eine positive Reaktion in Form von höheren Verkaufsquoten bleibt jedoch aus.

**Die Aufgabe**

Uniphy wendet sich an das Direkt Marketing Center (DMC) Berlin. Das Unternehmen sucht nach einem Werbemedium, das einerseits mehr Erfolg bringt und andererseits den Erfolg auch direkt messbar macht.

Genau dafür eignet sich eine Dialogmarketing-Kampagne hervorragend: Denn damit kann Uniphy Elektromedizin in direkten Kontakt mit behandelnden Ärzten treten und sie ganz gezielt über die Vorteile der Geräte für die Behandlung der Patienten informieren.

**Die Lösung**

Gemeinsam mit Uniphy und einer Werbeagentur erarbeitete das DMC erste Ansätze für die Dialogkampagne.

Die erste Herausforderung war, dass möglichst viele Geräte in dem Mailing angeboten werden sollten. Dies stand der „Prof. Vögele Dialogmethode®" entgegen, derzufolge ein Mailing möglichst nur ein Angebot enthalten sollte, um den Leser nicht zu verwirren.

Die zweite Herausforderung war, die Vorteile angemessen hervorzuheben, die ein Arzt dank der Geräte von Uniphy hat.

Bei Uniphy liegen die Produktvorteile auf der Hand: Zum einen werden die Schmerzen des Patienten schnell gelindert, zum anderen ist die Behandlung sehr schonend. Der Patient ist folglich zufrieden und baut ein Vertrauensverhältnis und Loyalität zu seinem Arzt auf.

Doch wie kommuniziert man diese Vorteile? Indem man Elektrogeräte abbildet? Sicher nicht!

Statt nur eine „trockene" Produktpräsentation umzusetzen, verpackten die Werbeexperten die Uniphy-Vorteile in eine kleine Geschichte, genauer gesagt: in einen Comic zum Thema Schmerztherapie. Dabei wurden parallel drei verschiedene Gerätetypen abgebildet, die sich gut in die „Schmerztherapie-Story" eingliedern ließen. So entstand ein sechsseitiger, aufklappbarer Werbebrief, der zu jedem der drei Geräte eine eigene Comic-Geschichte erzählte.

Um auch tatsächlich die „richtigen" Ärzte zu erreichen, mietete Uniphy Adressen von der Deutsche Post Direkt. Das Mailing ging schließlich deutschlandweit an 8.400 Adressen, darunter Betriebs- und Werksärzte, Physiologen, Orthopäden und Sportärzte. Um die komplette Abwicklung von der Agenturauswahl über Druck bis zum Versand – kümmerte sich die Deutsche Post.

**Das Ergebnis**

Bereits kurz nach der Aussendung gingen die ersten Faxantworten bei Uniphy ein. Zahlreiche Ärzte forderten Informationsmaterial an und orderten einen Vorführtermin der Uniphy-Geräte. Noch knapp drei Monate nach dem Mailing-Versand verzeichnet Uniphy Response auf das Mailing. Bei einer telefonischen Nachfassaktion berichteten viele Ärzte, dass ihre Krankenschwestern das Mailing so gut fanden, dass sie es dem Arzt zur „Pflichtlektüre" übergeben hatten.

Auf das Mailing hin gingen 70 Fax-

Response-Quote von 0,8 %. Auch wenn dies vielleicht wenig klingen mag – in Anbetracht der Tatsache, dass ausschließlich sogenannte „Kaltadressen" angeschrieben wurden, war das Ergebnis sehr zufriedenstellend.

Was einmal gut läuft, kann durchaus auch ein zweites Mal erfolgreich sein. Uniphy folgte dieser sogenannten „rule oft two" und lud die Ärzte – wiederum per Mailing – zu einer Fachmesse auf den Uniphy-Stand ein.

Mailing-Aufhänger war diesmal ein besonders attraktives Angebot: Jeder Besucher erhielt beim Kauf eines Gerätes einen Messerabatt von 10 %; darüber hinaus konnte er ein besonderes Finanzierungsangebot nutzen.

Das Mailing enthielt ein Anschreiben mit einer Faxantwort. Dabei griff das Anschreiben die Comic-Geschichten über die Uniphy-Geräte als zentrale Botschaft auf, was den Wiederkennungswert von Uniphy förderte.

Das Mailing wurde an die gleiche Zielgruppe versendet, jedoch in einer geringeren Auflage (4.900 Exemplare). Die Resonanz: weitere 35 Faxantworten – das entsprach einer Response von 0,7 %.

Die Mailing-Aktion generierte insgesamt über 100 Interessenten. In der folge wurden elf Geräte für einen Gesamtpreis von 38.000 € verkauft. Gekostet hatten die beiden Mailingaktionen aber nur knapp 8.000 € – für Uniphy also ein lohnendes Geschäft!

Gerd Plath, Marketing- und Vertriebsverantwortlicher bei Uniphy, war zufrieden: „Durch die beiden Aktionen haben wir zahlreiche Kunden gewonnen und dem Fachhandel gezeigt, wie angenehm es ist, die Geräte von Uniphy zu vermarkten. Zudem verspreche ich mir weitere Verkäufe im nächsten Jahr, da zahlreiche Ärzte ihre Investitionen verschoben haben. Und schließlich haben wir mit den Mailings die Marke Uniphy bekannt gemacht und ihr ein Gesicht gegeben."

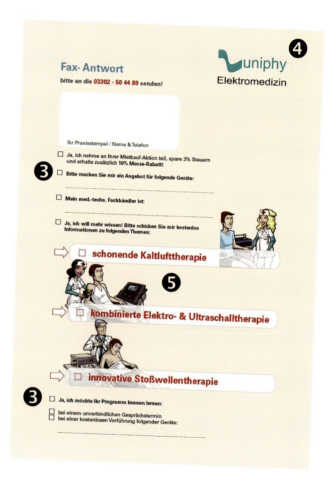

**Mailing-Bestandteil 1:**
neutrale Versandhülle, Anschreiben und Response-Element (Rücklauffax)

### Vorbildlich:

❶ Optisch gut hervorgehobene Headlines mit der Kernbotschaft des Mailings

❷ Hervorhebungen im Fließtext als „Stopper"

❸ Übersichtlich gestaltete Fax-Antwort auf der Briefrückseite mit verschiedenen Ankreuz-Optionen; Kästchen erleichtern dem „Reagierer" das Ausfüllen deutlich

Produzierendes Gewerbe 163

**Vorbildlich:**

❹ Präsente Platzierung des Unternehmenslogos auf allen Mailing-Bestandteilen

❺ Kernbotschaften und Vorteile für den Kunden werden in Form eines Comics spielerisch, einprägsam sowie emotional und optisch ansprechend transportiert; die stringente Verwendung der sympathischen Comicfiguren als Aufhänger im gesamten Mailing bewirkt einen hohen Wiedererkennungswert.

**Mailing-Bestandteil 2:**
Selfmailer Kreativ
(Außen- und Innenansicht

# Swagelok/B.E.S.T. Fluidsysteme GmbH München: Erfolgreicher dank Crossmedia

**Das Unternehmen**

Die Firma Swagelok, 1947 mit Hauptsitz in den USA gegründet, entwickelt und produziert hochentwickelte und innovative Fluidsystemprodukte. Ihre Kunden kommen aus den Industriebereichen Chemie, Petrochemie, Öl- und Gasgewinnung, Stromerzeugung, Biopharmazie und der Halbleiterindustrie. Das Produktangebot umfasst Ventile, Messgeräte, Druckregler, Miniatur-Modularsysteme, Rohre und Rohrzubehör, Schnellkupplungen, Filter, Schläuche und flexible Rohre, Schweißsystem, Probenentnahmezylinder, Lecksuch-, Schmier- und Dichtungsmittel. Der Umsatz liegt weltweit bei ca. 1,3 Mrd. US-Dollar.

Der Vertrieb erfolgt weltweit über mehr als 200 Vertriebs- und Servicecenter. Der Vertrieb für Bayern erfolgt durch die Firma B.E.S.T. Fluidsysteme GmbH München. Swagelok ist in seinem Bereich Markt- und Qualitätsführer.

**Die Ausgangslage**

Das Unternehmen hat bisher hauptsächlich klassisch geworben. Dabei dominierten Anzeigen und Beilagen in Fachzeitschriften das bisherige Werbeverhalten.

**Die Aufgabe**

Zunehmender Wettbewerbsdruck und die Kaufzurückhaltung in der anhaltenden Rezessionsphase ermutigten die Entscheider, neue Wege zu gehen. Gemeinsam mit der Agentur proxenos aus München wurde deshalb ein Mailing konzipiert, das die bestehenden Kunden aktivieren und ihre Kommunikationsbereitschaft testen sollte.

**Die Lösung**

Das Mailing bestand aus einem sogenannten Selfmailer mit zehnseitiger Wickelfalzung und integrierter Antwortkarte. Es war auf 200 g starkem, matt gestrichenem Bilderdruckpapier gedruckt und maß 235 x 125 mm in geschlossenem und 555 x 125 mm in geöffnetem Zustand.

Inhaltlich wurden der Internetauftritt (E-Store) der Firma und das aktuelle Schulungsprogramm beworben. Darüber hinaus wurden Terminvereinbarungen angeboten und – nach erfolgtem Umzug – die neue Firmenanschrift mitgeteilt. Schließlich hatte der Kunde auch noch Gelegenheit, seine eigenen Kontaktdaten zu berichtigen, sofern erforderlich.

Zwei weitere Seiten waren nach Art eines Kundenanschreibens verfasst. Sie enthielten eine allgemeine Vorteils-Argumentation mit persönlicher Ansprache des Kunden sowie ein rabattiertes Angebot für bestimmte Produkte.

Das Mailing wurde an 13.756 Bestandskundenadressen versandt. Zielgruppe waren Entscheider; dabei wurden pro Firma mehrere Entscheider angeschrieben.

Dem Adressaten wurden zwei Reaktionskanäle angeboten: eine sogenannte „klassische" Variante (eine in das Mailing integrierte Antwortpostkarte) sowie eine Online-Variante (per Zugangscode auf eine Landing-Page).

Das Mailing war vierfach personalisiert: Es enthielt neben der Anschrift des Empfängers auch seine Anschrift als Absender der Antwortpostkarte, eine persönliche Anrede und den individuellen Zugangscode für die Landing-Page.

Zwei Verstärker sollten den Adressaten zur Reaktion animieren: So wurden unter den Anmeldern im E-Store drei Sony Playstations 3 verlost. Zudem erhielten die ersten 1.000 „Reagierer" für die Aktualisierung der Kontaktdaten einen 10-€-Aral Tankgutschein.

Das Mailing verfolgte bewusst eine Vielzahl unterschiedlicher Kommunikationsanliegen. Der Empfänger

1. wurde um sein Einverständnis zur Datenspeicherung und zur Datennutzung zu Werbezwecken gebeten,
2. konnte sich zum E-Store anmelden,
3. einen Katalog bestellen,
4. Informationen zum Schulungskonzept anfordern,
5. einen Termin mit dem Kundenberater vereinbaren,
6. sich als „Verweigerer" künftiger Aussendungen (weitere Zusendung/en sind also nicht erwünscht) registrieren lassen
7. und seine Kontaktdaten aktualisieren.

Die Tatsache, dass auf der Antwortkarte und auf der Landing-Page zuerst das Einverständnis zur Datenspeicherung und Datennutzung eingeholt wurde, mag verwundern. In Zeiten besonderer Sensibilität des Marktes macht es jedoch durchaus Sinn, dieses Thema an prominenter Stelle anzusprechen.

Das Werbemittel machte insgesamt einen hochwertigen Eindruck, der durch die hohe Druckqualität, das verwendete Papier und die dadurch bedingte angenehme Haptik unterstrichen wurde.

Interessant war auch die Abbildung auf der Titelseite – ein Frauenhals mit einer Halskette, an der ein Anhänger zu sehen war. Dieser Anhänger, eine metallisch glänzende Schraubverbindung, war ein Produkt der Marke Swagelok.

Durch diese Gleichsetzung des Firmenprodukts mit einem kostbaren Schmuckstück wurde die hohe Qualität, die edle Verarbeitung und die Präzision der Produkte der Marke Swagelok sinnfällig hervorgehoben.

Die Titelseite des Mailings war zudem mit dem Schriftzug „Custom Solution" und dem Logo der Firma versehen. Damit präsentierte sich Swagelok nicht nur als Anbieter technischer Produkte, sondern als Anbieter von individuellen Lösungen für seine Kunden.

Dieser Anspruch zog sich durch das gesamte Mailing. Zudem bot es dem Adressaten einen Zugang zum E-Store, ermöglichte eine Terminvereinbarung mit seinem Vertriebsingenieur und gab einen Überblick über das neue, modulare Schulungsprogramm.

Ziel war, dem Adressaten alles Wissenswerte über Swagelok an die Hand zu geben. Das Mailing wurde deshalb nicht nur an aktive Kunden verschickt, sondern auch an inaktive Kunden, die bereits mehrere Jahre keinen Kontakt mehr zu Swagelok hatten.

**Das Ergebnis**

Der Erfolg der Aktion übertraf die Erwartungen des Kunden bei weitem. Zwar hatten erwartungsgemäß die meisten Reagierer den Kontakt über die Internetseite gewählt – 769 Kunden, also 5,6 % der Adressaten, hatten die Dialogseiten des Kunden aufgerufen. Nur 46 Kunden (0,3 %) antworteten per Postkarte.

Von denjenigen Kunden, die die Dialogseiten aufgerufen hatten, loggten sich dann 258 ein und 174 machten von der Möglichkeit Gebrauch, ihre Kontaktdaten zu berichtigen.

Im Angebot der Deutschen Post enthalten war auch die Response-Auswertung über die eingerichtete Landing-Page. Dieser Service war nicht nur sehr bequem; das Unternehmen konnte sich vielmehr auch jeden Tag ein Bild darüber machen, wie viele Kunden bereits reagiert und welche Wünsche sie geäußert hatten.

Die Geschäftsleitung war mit dem Erfolg sehr zufrieden. „Ich sehe das Projekt als vollen Erfolg! Wir haben viel gelernt, Bestellungen erhalten, neue Produkte verkauft und Hunderte von Katalogen verschickt", so Geschäftsführer Wulf Ast. „Wir werden wohl noch eine weitere Aktion durchführen".

**10-seitiger Selfmailer:**
Vorderansicht (geschlossen)

**Vorbildlich:**

❶ Optisch ansprechendes und aufmerksamkeitsstarkes Bild mit „Swagelok-Collier"

❷ Headlines und Fettdruck stellen die Vorteile optisch deutlich heraus

❸ Crossmediale Verknüpfung: Internetauftritt und persönliche Online-Zugangsdaten als Response-Element sowie Tankgutschein als zusätzlicher Verstärker

❹ Positive Verben als Verstärker

❺ Aufforderung zur Anmeldung im E-Store mit optisch hervorgehobenem, attraktivem Gewinnspiel als Verstärker

❻ Antwortkarte als weiteres Response-Element

Produzierendes Gewerbe

**Selfmailer (offen):**
Vorder-/Außenansicht (oben) und Rück-/Innenansicht (unten)

# SenerTec Center: Erfolgreiches Dialogmarketing für den „Dachs"

**Das Unternehmen**

Die Firma SenerTec Center Harz mit Sitz in Bad Harzburg beschäftigt sich seit 1999 mit dem Verkauf und der Installation des Blockheizkraftwerks „Dachs". Der „Dachs" ist ein sehr langlebiger Heizkessel, der nebenbei auch noch Strom produziert, genauer: ein Mini-Blockheizkraftwerk. Aufgrund dieser Besonderheit ist der „Dachs" wesentlich teurer als ein normaler Heizkessel.

Der Hersteller, die SenerTec GmbH, hat seinen Sitz in Schweinfurt; für den Verkauf sind regionale Partner zuständig. Für die Region Harz, Heide, Hannover, Magdeburg, Altmark und Börde ist das SenerTec Center Harz verantwortlich. Innerhalb kürzester Zeit avancierte das Team zum umsatzstärksten SenerTec Center Deutschlands. Das SenerTec Center Harz bietet den Kunden Komplettlösungen an: von der Berechnung und Planung bis hin zum begleitenden Energiemanagement.

**Die Ausgangslage**

Da der „Dachs" mehr ist als ein normaler Heizkessel, ist er auch erklärungsbedürftiger. Um die Vertriebskosten niedrig zu halten, werden die Erstgespräche mit potenziellen Kunden nicht einzeln beim Kunden geführt; stattdessen wurden Informationsveranstaltungen in Dorfgemeinschaftshäusern und Gaststätten der jeweiligen Region angeboten. Auf diesen Veranstaltungen präsentierte ein Referent Funktionsweise und Vorzüge des „Dachs"; im Anschluss an die Vorträge wurden mit ernsthaft interessierten Teilnehmern Termine für eine persönliche Beratung bzw. für ein Angebot vereinbart.

Um Besucher für die Veranstaltungen zu gewinnen, schaltete SenerTec Zeitungsanzeigen und ließ über Prospektverteiler Flyer verteilen. Trotzdem gab es Veranstaltungen, die von keinem einzigen Teilnehmer besucht werden. Einmal abgesehen davon, dass auch die nicht besuchten Veranstaltungen Kosten verursachten, war das SenerTec Center mit der Qualität der Flyerverteilung überhaupt nicht zufrieden. Deshalb wurde ein neuer verlässlicher Partner gesucht und das SenerTec Center vereinbarte einen Termin mit einem Vertreter der Deutschen Post, um über die Verteilung von Postwurfsendungen zu sprechen.

**Die Aufgabe**

Nach der Energieeinsparverordnung waren alle Eigentümer verpflichtet, bis spätestens Ende 2006 alle Heizkessel auszutauschen, die vor dem 1. Oktober 1978 installiert wurden und weder Niedertemperatur- noch Brennwertkessel waren. Somit brauchten viele Eigentümer von Ein- und Zweifamilienhäusern nun einen neuen Heizkessel.

Allerdings war der Markt für herkömmliche Brennwertheizkessel stark besetzt. Hauseigentümer hatten die Qual der Wahl zwischen verschiedenen Anbietern und verschiedenen Produkten zu sehr unterschiedlichen Preisen. Die Crux für die Hersteller: Hauseigentümer wollen in aller Regel so wenig Geld wie möglich für einen Heizkessel ausgeben. Denn eine Heizungsanlage übt ihre Tätigkeit nun einmal im Verborgenen aus und bringt daher keinen Image- oder Prestigegewinn wie zum Beispiel ein neues Auto oder eine Photovoltaikanlage – eine weitere Herausforderung für SenerTec.

**Die Lösung**

Aus Kostengründen sollte an den Vorträgen festgehalten werden. Da die potenziellen Adressaten durchweg Besitzer von Ein- und Zweifamilienhäusern waren, die vor 1985 gebaut wurden und somit einen neuen Heizkessel benötigen, war die Verteilung von Informationsmaterial als Postwurfsendung nicht ideal.

Um sowohl Streuverluste zu vermeiden als auch das Werbebudget nicht zu sehr zu strapazieren, fiel die Wahl auf die Verteilform „Postwurfspezial". Dies hatte den Vorteil, dass SenerTec damit gezielt alle Ein- und Zweifamilien- sowie Reihen- und Doppelhäuser mit einem Baujahr vor 1985 bewerben konnte, ohne dafür extra Adressen anmieten zu müssen.

Für die Werbeaktion wurde in einigen Leitregionen eine Zählung durchgeführt. Aus dieser Zählung selektierte SenerTec dann diejenigen Postleitzahlgebiete, die nahe der geplanten Veranstaltungsorte lagen. Insgesamt sollten zwei Veranstaltungsorte beworben werden.

SenerTec entwarf einen 6-seitigen DIN-lang-Flyer; das geöffnete Format war DIN A4. Die Vorderseite enthielt die Einladung zur „Dachs"-Informationsveranstaltung, auf der der Fachvortrag über heizkostenfreies Wohnen stattfinden sollte. Die Felder „Wann und Wo" wurden dabei zunächst freigelassen; sie sollten später im Rahmen der geplanten Teilpersonalisierung ausgefüllt werden. Der Vorteil: So konnte ein gemeinsamer Flyer für verschiedene Veranstaltungen gedruckt werden, was die Druckkosten reduzierte. Die Rückseite des Flyers informierte über die Vorteile des „Dachs" gegenüber einem herkömmlichen Heizkessel.

Das Hauptgestaltungselement des Flyers war schnell gefunden: Der „Dachs" wurde in Form seines Namensvetters aus der Tierwelt visualisiert, was für einen hohen Wiedererkennungswert sorgte.

In einem Vertragslettershop der Deutschen Post erfolgte die Teiladressierung der gelieferten Flyer (An die Hausbesitzer Mustermannstr. 123, 12345 Musterstadt). Zugleich wurden per Inkjetverfahren Veranstaltungsort und -zeit aufgebracht. Die Verteilung erfolgte zum vorher von SenerTec festgelegten Termin.

**Das Ergebnis**
Die erste Veranstaltung, die auf diese Art beworben wurde, war direkt ein voller Erfolg: Insgesamt 60 Teilnehmer erschienen, von denen sofort drei als Kunden gewonnen werden konnten. Andere zeigten sich sehr interessiert, wollten sich allerdings vor einem möglichen Kauf noch ausführlicher mit dem Thema befassen.

Insgesamt lag die Reagierer-Quote bei beiden Veranstaltungen zusammen bei über 1 %. Durch den Verkauf der drei Mini-Blockheizkraftwerke konnten die Verteil- und Druckkosten amortisiert und der Break-Even-Point überschritten werden.

Die erste Aktion verlief so positiv, dass kurzfristig weitere Werbeaktionen angeschoben wurden. Im Jahr 2005 verteilte SenerTec insgesamt 433.965 Flyer als Postwurfspezial.

Dabei erfolgte die Abwicklung ohne großen Zeitaufwand für das Unternehmen, denn SenerTec musste lediglich die gewünschten Verteilgebiete sowie die Veranstaltungszeiten und -orte festlegen und an die Deutsche Post AG kommunizieren. Diese übernahm dann – im Zusammenspiel mit einem Lettershop – das gesamte weitere Handling.

Ralph Zickner, beratender Ingenieur für das SenerTec Center Harz und verantwortlich für Werbung, Marketing und Veranstaltungsorganisation, war mit dem Erfolg hoch zufrieden: „Auch wenn der höhere Preis für die Verteilung mich zuerst irritiert hat, ist er angesichts des Erfolgs vollkommen gerechtfertigt. Die gute und unkomplizierte Zusammenarbeit mit der Deutschen Post AG und die Verteilqualität haben mich überzeugt, dass ich bei der Suche nach dem richtigen Partner erfolgreich war. Ich kann schon vor einer Veranstaltung einschätzen, wie viele Interessenten teilnehmen werden. Dies nicht zuletzt auf Grund der Verlässlichkeit der Zustellung. Was bringt mir ein günstiger Verteilpreis, wenn ich nicht sicher sein kann, dass alle Werbemittel verlustfrei zugestellt sind?"

**6-seitiger Folder:**
Außenansicht ...

**Vorbildlich:**

❶ Einladung zum Fachvortrag mit Vorstellung des Produkts „Dachs"; das gleichnamige Tier wird passend als Verstärker eingesetzt

❷ Anspruchsvoll und innovativ: Individuelle Anfahrtskizze für den Mailing-Empfänger zum nächsten Vortrag in seiner Nähe

Produzierendes Gewerbe 171

**Ihre Stromversorgung heute:**

Strom kommt bei uns aus dem Großkraftwerk. Im Durchschnitt arbeiten unsere Kraftwerke unter hohen $CO_2$-Emissionen mit einem Wirkungsgrad von 34 %.
Der Rest wird als Wärme im Kühlturm vernichtet. Diese Menge würde reichen, um das ganze Land zwei mal komplett zu beheizen und mit Warmwasser zu versorgen.
Als Stromkäufer zahlen Sie deshalb sogar für Energie, die Sie gar nicht bekommen: Und das macht genau genommen 2/3 Ihrer Stromrechnung aus.

**Ihre Wärmeversorgung heute:**

Ein herkömmlicher Kessel. Er verbrennt einen Brennstoff, zu Wärme und $CO_2$. Ein neuer Kessel kann da bis zu 30 % einsparen. Im ersten Jahr.
Und nächstes oder übernächstes Jahr sind die Heizkosten durch die gestiegenen Brennstoffpreise wieder wie vorher.

Selbst die Preise für nachwachsende Rohstoffe sind auf Grund der großen Nachfrage stark im Kommen.

**Das Prinzip ist denkbar einfach.**

Das Kühlwassersystem des Motors bringt die gleiche thermische Leistung wie ein Gebläsebrenner. Mit der überschüssigen Kraft treibt er einen Dynamo an und produziert Ihren Strom. Die Überschüsse speist er zu Ihren Gunsten ins Netz. So lassen sich Ihre gesamten Energiekosten für Heizung und Strom zukunftssicher halbieren.

 **Bestnote im Energieausweis.**

Die $CO_2$-Bilanz eines mit Dachs versorgten Hauses liegt nahezu bei null. Denn er nutzt die Energie doppelt.
Damit erreichen selbst ältere Gebäude im Energieausweis die gleichen Einstufungen wie neue Niedrigenergiehäuser.

**Der Wert Ihres Hauses steigt so um ca. 25 %.**

**Präzision made in Germany**

❹

**Solider gebaut, als die Praxis erfordert.**

Ein Dachs ist nicht größer als eine Waschmaschine, bringt aber über 500 Kilo auf die Waage. Weil er vollgepackt ist mit wertbeständiger Mechanik aus massivem Messing, Kupfer und Werkzeugstahl.

Der Motor in dieser robusten Maschine wurde von Fichtel & Sachs entwickelt. Ein SACHS Motor stand schon immer im Ruf, länger zu halten als die Fahrzeuge, die er antreibt.

Handwerkliche Fertigung statt Massenproduktion, Schrauben statt Nieten, Stahl statt Kunststoff, so macht er in Ihrem Keller seinen Job für die nächsten Jahrzehnte.

... und Innenansicht (offen)

---

**Vorbildlich:**

❸ Solide Gestaltung mit klar gegliedertem Aufbau und den wichtigsten Argumenten für eine Anschaffung im Überblick

❹ Das „Made in Germany"-Qualitätssiegel als Störer und Verstärker

# Licharz: Adresspotenzial voll genutzt!

**Das Unternehmen**

Die Firma Licharz ist ein mittelständisches, familiengeführtes Unternehmen mit rund 250 Mitarbeitern. Als Hersteller technischer Kunststoffe und Kunststoffhalbzeuge beliefert Licharz hauptsächlich Geschäftskunden aus Maschinenbau und Industrie. Kunststoffhalbzeuge sind vorgefertigte Bauteile, die in technischem Gerät verbaut werden.

Das Unternehmen wurde 1962 gegründet und ist damit einer der ersten Anbieter von Industriekunststoffen und Kunststoffhalbzeugen überhaupt. In Deutschland zählt Licharz zu den Marktführern in diesem Segment. Das Unternehmen positioniert sich als Qualitätsanbieter, der individuell und kundenbezogen arbeitet und gemeinsam mit dem Kunden Lösungen für dessen konkrete Bedürfnisse entwickelt.

**Die Ausgangslage**

Bislang nutzt Licharz insbesondere Fachmessen für die Neukundengewinnung. Daneben ist ein Außendienst tätig, der Interessenten persönlich berät. Zielgruppe des Unternehmens sind hauptsächlich Einkaufsleiter von Maschinenbauunternehmen und aus dem verarbeitenden Gewerbe.

Der Außendienst ist der wichtigste Vertriebskanal des Unternehmens, da die Komplexität der Produkte eine persönliche Beratung erfordert. Im Laufe der Zeit haben sich durch Messeauftritte und Außendienst etwa 9.000 Adressen von Interessenten angesammelt. Hinter diesen Adressen verbergen sich Unternehmer und technische Einkäufer, die zwar bereits Kontakt zu Licharz hatten, aber noch keine Käufer sind.

**Die Aufgabe**

Die Marketingleitung von Licharz hatte das Potenzial dieser Kontakte erkannt, war sich allerdings nicht sicher, wie sie möglichst effizient genutzt werden konnten. Weil die Kapazitäten im Außendienst begrenzt waren, konnten die Adressen nicht persönlich aktiv nachbearbeitet werden.

Die Marketingabteilung von Licharz wendete sich deshalb an das Direkt Marketing Center (DMC) Köln. Marketingleiterin Elke Licharz: „Wir haben nach einer einfachen und effektiven Möglichkeit gesucht, das vorhandene Adresspotenzial zu nutzen – nicht mehr und nicht weniger."

Dabei sollte die Kampagne möglichst einfach zu steuern sein und intern wenig Aufwand erfordern. Zudem wollte Elke Licharz die Planung und Konzeption der Aktion komplett nach außen geben.

Das DMC empfahl, zunächst einmal eine Testaktion per Mailing zu starten.

**Die Lösung**

Licharz entschied sich für das Fullservice-Angebot Bestseller Mail. Damit gab das Unternehmen die gesamte Konzeption und Organisation an die Deutsche Post ab.

Im Briefing-Gespräch mit dem DMC-Kundenberater und der Partner-Werbeagentur kristallisierten sich dann folgende Ziele für das Mailing heraus: Licharz wollte seinen Bekanntheitsgrad bei den Kontaktpersonen erhöhen und sein Leistungsspektrum klar und deutlich an diese kommunizieren.

Die Wahl des Werbemittels fiel auf eine Postkarte im DIN-A4-Format. Deren Vorderseite konnte das Thema anschaulich transportieren und so bei der Zielgruppe die gewünschte Aufmerksamkeit erzeugen. Die Rückseite hingegen gab einen Überblick über das Leistungsportfolio des Unternehmens und die wichtigsten technischen Parameter. Außerdem erhielten die Empfänger hier die Möglichkeit, weiterführendes Informationsmaterial anzufordern.

Das Ergebnis des Mailings war überaus zufriedenstellend: Zwar ermittelte Licharz keine konkreten Response-Zahlen, verzeichnete aber deutlich mehr Klicks auf die Unternehmenswebsite. Außerdem meldete der Vertrieb eine steigende Zahl an Angebots- und Informationsanfragen.

Drei Monate später versendete Licharz ein weiteres Mailing über den Bestseller-Mail-Service, diesmal für seinen sogenannten E-Cut-Service, ein Online-Tool, mit dem Kunden die Kosten für die Verarbeitung von Kunststoffrohlingen selbst kalkulieren konnten. Dafür gaben sie ganz einfach die gewünschten Endprodukte ein und erhielten sofort ein Angebot.

Da der Kunde in diesem Fall den Produktionsschritt nicht mehr selbst vornehmen muss, sondern auf vorbearbeitete Teile zurückgreift, kann er Kosten im Gesamtproduktionsprozess sparen. Deshalb war das Kalkulationstool gerade für Einkäufer, die für eine Optimierung der Produktionskosten verantwortlich sind, ein echter Vorteil, da sie so jederzeit die Kosten von Eigen- und Fremdproduktion vergleichen konnten.

Um die Response-Quote zu erhöhen, wurde in das Mailing ein Gewinnspiel integriert: Jeder Interessent, der sich auf der Homepage registrierte und den E-Cut-Service testete, konnte einen Apple iPod gewinnen.

Auch in diesem zweiten Mailing wurde bewusst auf viele technische Detailinformationen verzichtet. Stattdessen wurde vorrangig auf Bildelemente gesetzt.

Das Mailing führte zu zahlreichen Registrierungen von Interessenten. Nahezu allen Interessenten war der E-Cut-Service zuvor unbekannt; auch der Vertrieb verzeichnete wieder spürbar mehr Nachfrage. Viele Interessenten konnten in Kunden umgewandelt werden.

Marketingleiterin Elke Licharz: „Die Abwicklung der Mailing-Aktion war völlig unkompliziert, da wir die Konzeption komplett abgeben konnten. Der Erfolg der Aktion hat gezeigt, dass Dialogmarketing ein wichtiges Werkzeug für uns ist."

**Das Ergebnis**
Licharz hat über das Komplettangebot Bestseller Mail ohne großen Aufwand neue Kunden gewonnen. Die Aktionen zeigten, dass auch technische Produkte mit kreativen Mailingideen effektiv beworben werden können.

Und: Das Beispiel Licharz beweist, dass auch diejenigen Kontakte interessant sind, die bisher noch nicht zu Käufen geführt haben. Gerade Interessenten, die noch keine Käufer sind, werden als Vertriebschance oft unterschätzt.

Denn das „Nein" des Interessenten kann viele Ursachen haben. Ändern sich die Rahmenbedingungen, entstehen u.U. auch wieder neue Vertriebschancen – zum Beispiel wenn eine technische Modernisierung ansteht.

Dialogmarketing per Mailing ist ideal, um solche Kontakte zu nutzen, weil Interessenten hier ebenso gezielt wie kostengünstig angesprochen werden können. Dabei ersetzt das Mailing auch nicht etwa den Verkäufer; vielmehr erzeugt es weitere Anfragen für den Außendienst.

Angesichts des Erfolgs hat Licharz das Dialogmarketing fest in seine Marketingstrategie integriert und bereits mehrere Aktionen durchgeführt.

Produzierendes Gewerbe

**Mailing 1 (DIN-A4-Postkarte):**
Vorder- und Rückansicht

**Vorbildlich:**

❶ Das jeweilige Motto des Mailings, das für unterschiedliche Leistungen des Herstellers steht, wird mit viel Wortwitz und in gelungener, emotional ansprechender Text-Bild-Kombination durchgängig umgesetzt.

❷ Deutlich platziertes Logo mit Firmenname

❸ Verschiedene Kontakt-Möglichkeiten als Response-Element

Produzierendes Gewerbe

**Mailing 2 (DIN-A4-Postkarte):**
Vorder- und Rückansicht

**Vorbildlich:**

❹ Integration eines attraktiven Gewinnspiels als Response-Verstärker

❺ Übersichtliche Darstellung der Leistungen und Vorteile

# Riebsamen: Mehr Bekanntheit für den Glasboy!

**Das Unternehmen**

Riebsamen ist ein mittelständisches Unternehmen im Maschinenbau mit Sitz im oberschwäbischen Allmannsweiler. Seine Geschichte beginnt 1990 mit der Entwicklung eines Hebegerätes für Grabsteine. Weitere Neuerungen folgen, wie beispielsweise ein Raupenfahrzeug mit Portalschiene.

Mit dem Aufbau des ersten Krans auf ein Raupenfahrzeug 1995 – dem Wieselkran – legt das Unternehmen den Grundstein für eine zukunftweisende Produktion. Die Entwicklung geht weiter: 1997 fertigt Riebsamen das erste Raupenfahrwerk.

**Die Ausgangslage**

Der Vertrieb erfolgt über Messen und Mundpropaganda. Diese Werbewege reichen Riebsamen bald nicht mehr aus, denn das Wachstum soll beschleunigt werden. Es fehlt nach wie vor an einer breiten Bekanntheit – und an entsprechenden Aufträgen.

Seit Mai 2004 gibt es den Glasboy. Der Glasboy ist ein deutsches Produkt, das in Allmannsweiler im Familienbetrieb Riebsamen gebaut wird. Mit ihm haben die Maschinenbauer eine echte Marktlücke entdeckt: Der Glasboy tauscht schwerste Glasscheiben aus – schnell, bequem und auch in luftiger Höhe: „In einem Einkaufszentrum in Karlsruhe haben wir eine zweieinhalb Meter breite Glasscheibe in knapp vier Metern Höhe ausgewechselt. Die war rund 600 Kilogramm schwer", berichtet Siegfried Riebsamen, Erfinder des Glasboys. Wo früher noch ein Gerüst gebaut werden musste, saugt der Glasboy heute mit einem Vakuumsystem die Großscheiben sicher an und hievt diese an die gewünschte Stelle. Der Glasboy ist das einzige Gerät auf dem Markt, das Glasscheiben bis zu einer Fläche von drei auf sechs Meter bis 500 Kilogramm Gewicht sicher durch Gelände und in Gebäuden transportieren kann.

**Die Aufgabe**

In kurzer Zeit musste die Bekanntheit des Glasboy erhöht werden, um den Marktvorsprung von Riebsamen auszunutzen und in bare Münze umzuwandeln. Zur Vermarktung seines Glasboys suchte der Mittelständler zudem nach einem effektiven und dennoch bezahlbaren Werbeweg.

Eine besondere Herausforderung dabei war die mangelnde Bekanntheit der Firma und des Geräts – die Präsenz auf Messen reicht allein nicht aus, um dem Glasboy zum Marktdurchbruch zu verhelfen.

Siegfried Riebsamen kontaktierte deshalb das Direkt Marketing Center (DMC) Ravensburg, das ihm bereits aus einem vorangegangenen Treffen bekannt war, und bat um Unterstützung bei folgenden Fragestellungen:

- Wie können viele neue Interessenten in kurzer Zeit auf den Glasboy aufmerksam gemacht werden?
- Welche Zielgruppen kommen in Frage und wie werden sie ermittelt?
- Wie können die Vorteile und der Nutzen des Glasboys am besten kommuniziert werden?
- Welches Werbeformat eignet sich dafür?

**Die Lösung**

Siegfried Riebsamen entschied sich für eine ebenso bequeme wie schnelle Lösung: Bestseller Mail, den Fullservice der Deutschen Post. Denn neben der Beratung und Erstellung des Werbemittels sind in diesem Service auch der Druck und die Abwicklung der Werbeaktion enthalten. Bestseller Mail eignet sich deshalb besonders für Unternehmen, die ihre Werbeaktion einfach, professionell und zeitsparend durchführen möchten.

In einem ersten Briefing-Gespräch mit der Partner-Werbeagentur wurde zunächst der Nutzen für die Zielgruppe ermittelt und zu Papier gebracht – so unter anderem

- das Einsetzen von Glasscheiben bis acht Meter Höhe und bis 700 Kilogramm Gewicht,
- die Nutzung auch innerhalb geschlossener Räume,
- die sehr gute Bedienbarkeit per Funkfernsteuerung,
- der Wegfall von aufwändigen Gerüstbauten und vieles mehr.

Durch hartnäckiges Nachfragen erfuhren die Fachleute vom DMC weiterhin, dass der Glasboy das einzige Gerät auf dem Markt war, das Glasscheiben in dieser großen Höhe einsetzen konnte. Riebsamen besaß also im Vergleich zu seinen Wettbewerbern ein Alleinstellungsmerkmal – einen sogenannten USP (Unique Selling Proposition)!

Dies ist heutzutage immer seltener, da sich Produkte immer stärker ähneln. Im Rahmen der Kampagne wurde auch die Bezeichnung „Glasboy" als einprägsamer Produktname kreiert.

Name und USP waren gefunden; nun fragte sich, wer den Glasboy eigentlich gut gebrauchen konnte.

Als Zielgruppe wurden Metallbauer, Baufirmen und Yachtbauer ermittelt. Da die Firma Riebsamen keine Kontakte in diese Branchen hatte, sucht die Deutsche Post nach einem kostengünstigen und schnellen Weg, um an die gewünschten Adressen zu kommen. Diese fanden sich auf einer Business-CD, die Adressen von über fünf Millionen Firmen in Deutschland, der Schweiz und Österreich enthielt. Von dieser CD wurden die Adressen ganz einfach für die Versandaktion heruntergeladen und damit angemietet.

Als Werbemittel diente ein zweiseitiger Selfmailer – ein Werbemittel, das Anschreiben, Prospekt und Antwortelement in einem ist. Dieser machte die Vorteile des Glasboys schnell deutlich und den Empfängern eine Rückantwort extrem einfach: In die Faxantwort war bereits die Adresse des Absenders eingedruckt. Außerdem wurde der Glasboy für den Selfmailer in Szene gesetzt und in Aktion fotografiert, damit seine einzigartigen Vorteile schon auf den ersten Blick zur Geltung kamen.

Der Selfmailer wurde als Infopost an 6.000 Adressen versendet. Ein Highlight der individuellen Gestaltung: Das Mailing war mit einer eigens gestalteten Briefmarke frankiert, die einen Gecko zeigte – ein Tier, das sich wie der Glasboy mit seinen Füßen festsaugen kann.

**Das Ergebnis**
Riebsamen verzeichnete in kurzer Zeit zahlreiche Kunden- und Interessenten-Kontakte.

Die Response-Quote betrug 1,65 %. In der Folge wurde das gleiche Werbemittel mit nur leichten Änderungen mehrmals eingesetz. Denn eine Wiederholungs-Aktion mit dem gleichen Werbemittel erzeugt nachgewiesenermaßen ähnlich viele Reaktionen wie die erfolgreiche Erstaussendung. Diese Erkenntnis machte sich die Firma Riebsamen zunutze.

Hilfreich war der Versand des Mailings auch vor Messen: So konnte die Zielgruppe mit dem Namen Glasboy schon etwas anfangen und ganz gezielt den Messestand von Riebsamen aufsuchen.

Die Reaktionen auf die erste Mailing-Aktion zeigten, dass viele Interessenten den Glasboy zwar nicht kaufen, wohl aber projektbezogen mieten wollten. Diese Option, die in der ersten Aussendung noch nicht berücksichtigt war, konnte dann in das zweite Mailing direkt mit aufgenommen werden.

Das Konzept ging auf: Seit sich herumgesprochen hatte, dass der Glasboy eine innovative Arbeitserleichterung ist, gingen bei Siegfried Riebsamen jede Menge Anfragen für die Anmietung des Geräts ein. „Natürlich kann man den Glasboy ab rund 75.000 Euro auch kaufen, aber der Renner ist momentan, ihn für konkrete Projekte zu mieten", so Siegfried Riebsamen.

Die Erfolgsstory setzte sich 2007 fort: Das Unternehmen hatte den Glasboy bis zu einer Hebehöhe von neun Metern weiterentwickelt, suchte nun im boomenden Markt nach Vertriebspartnern und hat das DMC wieder mit den Kommunikationsmaßnahmen betraut.

**4-seitiger Selfmailer:**
Vorderansicht
(geschlossen)

### Vorbildlich (oben):

❶ Ein Bild mit dem Glasboy in Aktion, der Name des Produkts, ein langer roter Pfeil mit Meter-Angabe sowie ein ergänzender, knackiger Slogan – der Empfänger erfährt sofort, worum es bei dem Mailing geht.

### Vorbildlich (rechts):

❷ Gut gestaltetes Antwortfax mit Ankreuzmöglichkeiten, die dem Leser das Ausfüllen erleichtern

❸ Headline, die den Kernvorteil des Glasboys kurz und prägnant beschreibt

❹ Aussagekräftige Bilder, die die Arbeitsweise des Geräts verdeutlichen

Produzierendes Gewerbe

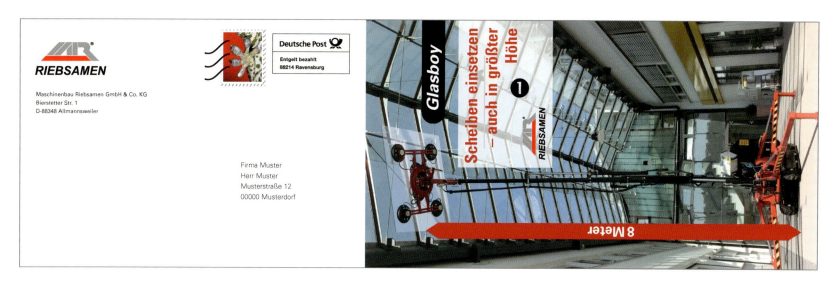

**Selfmailer:**
Außen- und und Innenansicht (geöffnet)

# thermo-plastic: Spannen Sie den Bogen weiter!

**Das Unternehmen**

Reinhold Eiberger gründet 1978 im 15 Quadratmeter großen Büro seines Wohnhauses in Abtsgmünd die thermo-plastic Eiberger GmbH als Ein-Mann-Unternehmen. Mitte der 80er-Jahre beschäftigt der Dämmtechnikspezialist bereits zehn Mitarbeiter, heute sind es 24. Diese arbeiten mittlerweile natürlich nicht mehr in dem 15-Quadratmeter-Büro, sondern in modernen und architektonisch reizvollen Räumlichkeiten.

Anfangs beschäftigt sich Reinhold Eiberger mit Deckenkonstruktionen für landwirtschaftliche Gebäude und Reithallen. Durch eine erweiterte Produktpalette erobern die Abtsgmünder dann aber den Hallen-, Industrie- und Kühlraumbau, da thermo-plastic eine schnelle und einfache Verarbeitung, niedrige Baukosten und die lange Materiallebensdauer von Stahl-Sandwich-Elementen bietet.

**Die Ausgangslage**

Seinen Aufschwung hat thermo-plastic einer Veränderung im Bauverhalten zu verdanken: Dank schnell beziehbarer Stahlbaukonstruktionen statt gemauerter oder betonierter Wänden steigt der Bedarf an Dämmstoffen und Verkleidungspaneelen. Ein weiterer Pluspunkt von thermo-plastic ist die flexible Farbgebung seiner Sandwich-Paneele. „Schnell, preisgünstig, hoher Dämmwert", so umschreibt Geschäftsführer Reinhold Eiberger kurz die Vorteile, die seine Produkte von der Konkurrenz abheben und ihm einen hohen Marktanteil bescheren.

Das Abtsgmünder Unternehmen ruht sich aber nicht auf seinen Lorbeeren aus, sondern ist sehr innovativ – was zum Beispiel die Ziegeldachelemente beweisen, bei denen es sich um Stahlbleche in Ziegeloptik handelt, die bevorzugt in Landschaftsschutzgebieten verbaut werden. Außerdem bietet die Firma neue Lösungen im Bereich Feuer- und Schallschutz oder – rund um die Wärmedämmung – für den Wohnhausbau.

**Die Aufgabe**

„Wir wollen trotz der schwierigen Situation im Baugewerbe Umsatzsteigerungen von 5 bis 10% realisieren", formulierte Katja Eiberger das mittelfristige Ziel von thermo-plastic. Dabei sollte eine neue Generation von Stahl-Sandwich-Elementen für neue Impulse im deutschen und erstmals auch im österreichischen Markt sorgen.

Um dieses Ziel zu erreichen, stockte das Unternehmen seinen Außendienst weiter auf und expandierte nach Österreich; von dort aus wollte man auch gleich in der Schweiz, in Italien, Frankreich und Tschechien Fuß fassen. Wie aber konnte thermo-plastic – am besten möglichst schnell – viele neue und bestehende Kunden über die Neuerungen informieren?

**Die Lösung**

Zielgruppe der geplanten Aktion waren Firmen aus dem Hallen-, Montage- und Industriebau. Eine Zählung bei einem gewerblichen Adressanbieter ergab ein Potenzial von rund 2.700 Adressen. Hiervon stammten 2.000 Adressen aus Deutschland, 430 aus Österreich und 140 aus der Schweiz.

Diese Adressen wurden angemietet; hinzu kamen etwa 100 Adressen aus dem Bestand eines Außendienstmitarbeiters, die bis dato noch nicht kontaktiert wurden. Da die Firmen geografisch breit gestreut waren und verschiedenen Gewerken angehörten, lautete die zentrale Fragen, wie diese Unternehmen zielgerichtet und dennoch kostengünstig informiert werden konnten.

Die Antwort: mit Dialogmarketing! Denn durch im Vorfeld sorgfältig ausgewählte Adressaten lassen sich Streuverluste und somit überflüssige Kosten vermeiden.

Ziel der vom Direkt Marketing Center (DMC) Stuttgart gemeinsam mit regionalen Agentur- und Druckpartnern entwickelten Kampagne war es zunächst, die Empfänger auf die Produktvorteile aufmerksam zumachen. Die Empfänger sollten dann Informationen anfordern und Termine mit dem Außendienst vereinbaren.

Bei der Konzeption des Werbemittels wurden deshalb folgende Aspekte diskutiert:

- Welche Inhalte soll das Mailing transportieren?
- Welche möglichen Leseranfragen soll es beantworten?

Und:

- Durch welche Mechanismen motiviert man den Empfänger, zu reagieren?

Die Wahl fiel auf ein klassisches Standard Mailing: eine Versandhülle DIN lang, ein A4-Anschreiben mit rückseitiger Faxantwort und ein vierseitiger Flyer.

Wichtig für den Erfolg jeder Dialogmarketing-Kampagne ist es, den Nutzen des Produkts für den Kunden herauszustellen – im Fall von thermo-plastic beispielsweise das innovative Ziegeldesign und die preisgünstige Installation der Stahl-Sandwich-Paneele. Anschauliche und aufmerksamkeitsstarke Bilder sollten dabei den Kundennutzen unterstreichen, denn ein schlichtes Design und immer wiederkehrende Bildelemente verstärken die Werbebotschaft zusätzlich.

Die DIN-lang-Versandhülle wurde mit dem Logo der thermo-plastic Eiberger GmbH versehen. Dieses auf mehreren Mailing-Bestandteilen wiederkehrende Bildelement mit dem dazugehörigen Satz „Spannen Sie den Bogen weiter" sollte als Türöffner fungieren und dem Leser den Einstieg in das Mailing erleichtern.

Das Anschreiben führte durch dezente Hervorhebungen den Blickverlauf auf die wichtigsten Nutzenargumente. Als Verstärker diente ein Gewinnspiel, das – passend zum Produkt – einen Sandwichmaker auslobte.

Auf der Rückseite des Anschreibens befand sich die Faxantwort. Diese war bereits vorpersonalisiert, um dem Empfänger die Reaktion so einfach wie möglich zu machen. Auf der Faxantwort war dann noch einmal das Gewinnspiel erwähnt. Außerdem konnte der Empfänger ankreuzen, ob er ein Beratungsgespräch wünschte und ob er – und wenn ja, welche – weitere Informationen wünschte.

Das dritte Element des Mailings war der vierseitige Flyer. Auch dieser nutzte als Einstieg das Logo von thermo-plastic und den Slogan „Spannen Sie den Bogen weiter". Aufgeklappt präsentierte der Flyer nochmals die Vorteile der Stahl-Sandwich-Elemente und wies schließlich auf der Rückseite die Kontaktdaten und die Internetadresse von thermo-plastic auf.

**Das Ergebnis**

Reinhold Eiberger war mit dem Ergebnis der Aktion sehr zufrieden: „Es sind mehr als 40 Faxe bei uns eingegangen." – eine Response-Quote von 1,4 %.

Sehr zufrieden ist thermo-plastic auch mit der Organisation und dem Ablauf der gesamten Aktion, die von der Kreation über den Druck bis zur Zustellung vom DMC Stuttgart koordiniert wurde.

Der Einstieg ins Dialogmarketing ist geglückt!

182 — Produzierendes Gewerbe

**Klassisches DIN-lang Standard-Mailing:**
Briefhülle, Anschreiben (mit Fax-Antwort auf der Rückseite) sowie 4-seitiger Flyer

**Vorbildlich:**

❶ Interesse weckender, zum Bild passender Slogan auf dem Briefumschlag, der später im Mailing wieder aufgegriffen wird
❷ Optisch deutlich hervorgehobene Headline
❸ Fettdruck im Fließtext als Fixationspunkte („Stopper") für den Leser

Produzierendes Gewerbe 183

**Flyer:**
Innenansicht (offen; leicht vergrößert)

**4-seitiger Flyer:**
Vorder- und Rückansicht
(geschlossen)

## Vorbildlich:

❹ Vorbildliches Antwortfax mit optischen Hervorhebungen, der Einbindung einer Verlosung und Möglichkeiten zum Ankreuzen verschiedener Optionen

❺ Hinweis auf Verlosung im P.S. als zusätzlicher Reaktions-Verstärker

❻ Gute, griffige Zwischenüberschriften, die zugleich eine gute Übersicht über die einzelnen Produkte des Anbieters geben

## Marburger STS: Sägewerke sind besonders attraktiv

**Das Unternehmen**

Das Unternehmen Marburger SIGNIER-TECHNIK-SYSTEME, kurz Marburger STS, gehört zu den größten Herstellern auf dem Sektor mechanisches Signieren, Markieren und Codieren. Marburger STS bietet unter anderem ABC-Gummitypen, mechanische Druckgeräte und Kinderstempel.

Die Produkte des Unternehmens finden an vielen ganz unterschiedlichen Stellen Verwendung – so etwa, wenn Herkunft und Mindesthaltbarkeitsdatum auf Milchtüten gedruckt werden oder das Frühstücksei einen Code zu Erzeugerhof, Qualitätskennziffer und Datum erhalten soll.

**Die Ausgangslage**

Bisher generierten Absatzmittler über 80 % des Vertriebsergebnisses von Marburger STS; daraus resultierte zwangsläufig eine große Abhängigkeit. Damit sollte nun Schluss sein: Das Unternehmen wollte einen Direktvertrieb installieren – allerdings ohne seine Absatzmittler zu verärgern – und startete eine Dialogmarketing-Aktion in den drei Testbranchen Holz, Beton und Kunststofffolien.

**Die Aufgabe**

Marburger STS formuliert vier klare Ziele für sein Dialogmarketing: Es sollte die Marktführerschaft ausbauen und sichern, einen stabilen Direktvertrieb aufbauen, Telefon und E-Mail als Vertriebskanäle etablieren und zudem den Verkauf signifikant steigern.

**Die Lösung**

Gemeinsam mit dem Direkt Marketing Center (DMC) Siegen und einer Partner-Werbeagentur entwickelte Marburger STS konkrete Ideen für seinen Werbeplan. Die Mailing-Entwürfe wurden grafisch und inhaltlich umgesetzt und die Zielgruppenauswahl sowie die dazu gehörige Adressenrecherche vorgenommen. Das Resultat: ein dreistufiges Mailingkonzept. Außerdem wurden die bestehenden Werbeunterlagen in Hinblick auf die Werbeziele analysiert und aktualisiert.

Aus den Branchen Sägewerke, Beton und Kunststofffolienhersteller ermittelten die Werbeprofis ein Potenzial von 8.400 Adressen in Deutschland. Jeder dieser ausgewählten Adressaten erhielt in den Monaten September bis November 2007 drei Mailings. Um die Reaktionen auf die Mailings optimal verarbeiten zu können, wurde jede Aussendung halbiert und dabei um 14 Tage versetzt angestoßen.

Die vierseitigen Selfmailer entstanden nach einheitlichem Raster und Layout. Dabei transportierte jede Aussendungswelle eine eigene Aussage. Die erste Mailingwelle lief unter dem Motto: „Individuelle Lösungen für Ihre Kennzeichnungspflicht; Codieren – Markieren – Signieren". In der zweiten Welle hieß es: „Gewinnen Sie …" und in der dritten Welle lautete die Botschaft: „Für Profis von Profis".

Alle Selfmailer folgten inhaltlich dem AIDA-Prinzip. Diese Faustregel für gute Werbung steht für: Aufmerksamkeit erregen (attention), Interesse wecken (interest), Verlangen (desire) und schließlich den Kauf auslösen (action).

Die Gestaltung hingegen folgt der KISS-Formel (Keep it short and simple): Sie arbeitet mit nur je einem herausragenden Verkaufsargument, einer schnell erfassbaren Aussage, prägnanten Bildern sowie kurzen Wörtern und Sätzen.

Ein für alle Beteiligten gültiger Zeit- und Versandplan sorgt dafür, dass jeder zum richtigen Zeitpunkt die richtigen Infos hatte, um professionell arbeiten zu können – angefangen bei der Kreationsabteilung in der Agentur über die Druckvorstufe und den Druck der Selfmailer, bis hin zum Bereitstellen der Mietadressen, zum Adressieren, Postaufliefern und schließlich zur Zustellung. Der zugleich erstellte Budgetplan bot die notwendige Kostentransparenz und schützte vor bösen Überraschungen.

Das DMC hatte sämtliche anfallende Kosten im Vorfeld ermittelt und fest vereinbart. Mit einem Werbekostenbetrag von 163 € je aus der Aktion gewonnenem Neukunden ist Marburger STS sehr zufrieden. Als Cost per Contact (Kosten pro Kontakt) waren 0,61 € kalkuliert.

**Das Ergebnis**

Die abschließende detaillierte Response-Auswertung erfolgte nach Versandwellen und Branchen. Dabei zeigte sich, dass die Branche der Sägewerke besser reagierte als die der Kunststofffolien und Betonwerke. Folgerichtig standen die Sägewerke im Fokus der nächsten Aktionen. Alle gewonnenen Erkenntnisse flossen in die weitere Umsetzung ein.

Produzierendes Gewerbe

Die Aktion generierte 1,5 % Response. Das Unternehmen gewann 94 Neukunden und baute seine Marktführerschaft weiter aus. Zugleich wurden die Basis für den Direktvertrieb gelegt und Folgemaßnahmen geplant.

Die Eingangskanäle Telefon und E-Mail erwiesen sich als praktikabel und die Verkaufserwartung wurde deutlich übertroffen.

Das Unternehmen betrachtete die Gewinnung neuer Kunden nicht als Einmal-Geschäft, sondern als Start in eine erfolgsbasierte langlebige Kunden-Lieferanten-Beziehung. Deshalb hieß es von Marburger STS schon nach dem Zwischenergebnis: „Bisher sind wir sehr zufrieden – wir haben spürbar mehr Anfragen und vor allem mehr Aufträge! Darüber hinaus haben wir erkannt und gelernt, dass unser Markt je nach Branche sehr unterschiedlich reagiert.

Hierzu tragen rechtliche Rahmenbedingungen und andere externe markttechnische Ursachen bei. Diese Erkenntnisse fließen zu 100 % in die nächsten Aktionen mit ein. So bauen wir schrittweise einen lernenden Prozess auf."

**4-seitiger Selfmailer:**
Vor- und Rückansicht

Produzierendes Gewerbe

**Selfmailer:**
Vor- und Rückansicht
(geschlossen und offen)

**Vorbildlich:**

❶ Provokanter Slogan mit ausgefallenem Bildmotiv, um Neugier beim Leser zu wecken

❷ Deutlich platzierte Kernbotschaft mitsamt Logo und Kontaktdaten

❸ Klare Bildwelten mit hohem Wiedererkennungswert

Produzierendes Gewerbe

**Selfmailer:**
Innenansicht, offen
(leicht vergrößert)

## Zur Pflicht geworden = die Kennzeichnungspflicht!

Sehr geehrte Damen und Herren,
sehr geehrte Kunden,
liebe Freunde unseres Hauses,

Sie kennzeichnen Ihre Produkte individuell und kennen das Problem der richtigen Farbe?
Das Problem des richtigen Farbauftrages?
Das Problem des richtigen Klischees?

Als Profis der Signiertechnik bieten wir Ihnen zu jedem Problem eine Lösung!

### Die Basis unserer Klischees ist Gummi.

Gummi ist UV-unempfindlich und daher länger haltbar als gängige Polymer-Klischees.

Der Einsatz selbst aggressiver Farben ist bei der Kennzeichnung problemlos möglich.

Unsere enge Zusammenarbeit mit namhaften Farbherstellern garantiert Ihnen die richtige Farbe für das richtige Produkt und last but not least:

Unsere Signier-Systeme zeichnen sich durch einfachste Handhabung und Montage aus.

### Von Profis für Profis!

Testen Sie uns und fordern Sie bei uns per Fax oder per Mail Muster-Klischees oder Musterfarben an.

❺ Ihre Kennzeichnung erfolgt endlos über einen magnetisierten Metallzylinder?
Wir haben die Lösung:
Superschnelle Montage der Gummi-Klischees durch eingearbeitete Eisenspäne auf der Rückseite der Klischees!

❻ *Wir liefern Ihnen alles, damit alles bei Ihnen läuft!*

### Vorbildlich:

❹ Integrierte Faxantwort mit durch Fettdruck hervorgehobenes „Ja"

❺ Störer mit Details zur Lösung des Problems

❻ Logos mit hoher Signalwirkung als Hinweis auf die Umweltverträglichkeit der eingesetzten Materialien

# ABT: Mit innovativem Mailing direkt zum Kunden

## Das Unternehmen

Mit einer famosen Idee gründete der Kemptener Johann Abt vor 113 Jahren eine Schmiede: Er rüstete Kutschen so um, dass sie sich auch im harten Allgäuer Winter einsetzen ließen.

Seit dieser Gründerzeit hat sich das Unternehmen kontinuierlich weiterentwickelt und auch in harten Zeiten Kurs gehalten.

## Die Ausgangslage

Mittlerweile ist mit Hans-Jürgen und seinem Bruder, dem ehemaligen DTM-Piloten Christian Abt, die vierte Generation am Ruder. Die beiden Geschäftsführer setzen auch in den automobilen Krisenjahren 2008/2009 mit Erfolg auf Wachstum.

So gründeten sie beispielsweise mit ABT ASIA Ltd. eine Tochtergesellschaft, die sich aktiv um den südostasiatischen Raum kümmert. Neue Showrooms, unter anderem in Dubai, Ungarn, Polen und Singapur, sind ebenfalls Zeichen des Expansionskurses, den man beim weltgrößten Veredler von Fahrzeugen des Volkswagenkonzerns eingeschlagen hat.

## Die Aufgabe

ABT Produkte und Dienstleistungen werden in Deutschland nahezu ausschließlich über Volkswagen-Partner-Werkstätten vertrieben. ABT hatte kaum direkten Kontakt zu den Endkunden und war somit stark abhängig von den Verkäufen der jeweiligen Händler. Aus diesem Grund hatte sich das Unternehmen dazu entschlossen, in einer großen Aktion gemeinsam mit den ABT-Partner-Werkstätten direkt auf die Kunden zuzugehen.

## Die Lösung

Die Werkstätten waren sehr darauf bedacht, den Datenschutz zu gewährleisten; außerdem wollten sie ihre eigenen Kundendaten auch nicht aus der Hand geben. Deshalb wurde für die gemeinsame Mailing-Aktion die Deutsche Post AG als Partner zwischengeschaltet. Dabei übermittelten die ABT-Partner-Werkstätten die Kundenadressen an die Deutsche Post, ABT gestaltete das Mailing für den Versand und die Deutsche Post AG übernahm den Druck und die Personalisierung.

30 der 130 angesprochenen Partner-Werkstätten beteiligten sich auf Anhieb an der Dialogmarketing-Aktion. In der Folge wurde an insgesamt 5.200 Volkswagenkunden ein innovatives Mailing zu neuen ABT-Aluminiumfelgen gesandt; dieses war zugleich mit der Absenderadresse des jeweiligen Händlers versehen.

Für das Mailing wurde eine hochwertige, 300 g/m² starke Karte im Format DIN A4 gewählt, die so gestaltet war, dass auf der ersten Seite die Firma ABT und das Produkt (Alufelge) groß zu sehen war. Die Rückseite enthielt sowohl die Empfängeradresse als auch den Absender (das Autohaus vor Ort).

Das gestalterische Highlight: Faltete der Empfänger die Karte und hielt er sie in Blickrichtung des eigenen Fahrzeugs, erhielt er den optischen Eindruck, als seien die Felgen bereits an seinem Fahrzeug montiert! Dies machte das Mailing sehr interessant und aufmerksamkeitsstark und verleitete den Empfänger zur längeren Beschäftigung mit dem Werbemittel.

## Das Ergebnis

Die Werkstätten nahmen die Aktion sehr positiv auf und begrüßten diese neue Art der gemeinsamen Werbung.

Bei ausgewählten Händlern hatten sich nach dem Mailing die Verkaufsstückzahlen verdoppelt. Sowohl ABT als auch die Partnerwerkstätten waren deshalb mit dem Erfolg der Aktion sehr zufrieden.

Weitere gemeinsame Aktionen wurden bereits durchgeführt, so beispielsweise für das ABT-Chiptuning. (Die Ergebnisse der Aktionen lagen bei Redaktionsschluss noch nicht vor.)

Produzierendes Gewerbe

**DIN-A4-Postkarte:**
Rückansicht (links) und Vorderansicht (oben)

### Vorbildlich:

❶ Hochwertige und optisch sehr ansprechende Bildwelt, in der das Produkt klar in den Vordergrund gestellt wird

❷ Integration eines spielerischen, optischen Leckerbissens, der sehr ausgefallen ist und Emotionen weckt: Faltet der Empfänger die Karte und hält er sie in Richtung seines Fahrzeugs, erhält er den optischen Eindruck, als seien die Felgen bereits am eigenen Fahrzeug montiert.

# frischeKISTE: Sonniges Hoffest, viele neue Kunden!

## Das Unternehmen

Das Unternehmen „frischeKISTE Michel und Voigt GbR" aus dem niedersächsischen Syke produziert und vertreibt ökologisch erzeugte Lebensmittel, die den Vorgaben des „Bioland"-Verbands entsprechen. Verkauft werden diese Lebensmittel über den eigenen Lieferservice „frischeKISTE". Weitere Vertriebskanäle sind ein Hofladen, ein Hofrestaurant und der Wochenmarkt in Syke.

## Die Ausgangslage

Auf einer Fläche von rund zwei Hektar baut das Unternehmen Feingemüsearten wie Broccoli, Kohlrabi und Salate an. Weitere fünf Hektar Grünland werden für die Mutterkuh- und Pensionspferdehaltung genutzt. In drei je 250 Quadratmeter großen Folientunneln wachsen Gemüsesorten wie Tomaten, Paprika und Auberginen. Direkt am Hof werden Blumen zum Selbstschneiden angepflanzt.

Der Lieferservice „frischeKISTE" beliefert Kunden im Großraum Bremen. Dabei können sich die Kunden ihre Kisten individuell zusammenstellen. Sie wählen ihre Wunschlebensmittel im Online-Shop aus und erhalten dann eine einmalige Lieferung.

Alternativ kann der Kunde seine Wunschlebensmittel per Abonnement ordern. Hier sind auch sogenannte „Überraschungskisten" möglich, bei denen der Kunde lediglich die Größe der Kiste bestimmt und die Firma den Inhalt je nach Saison zusammenstellt.

Der Hofladen bietet seinen Kunden Lebensmittel wie Gemüse, Obst, Eier, Milch, Käse und Brot, Getränke, Getreide und Gewürze sowie Tiefkühlprodukte. Das Hofrestaurant serviert seinen Gästen Gerichte und Getränke aus ökologischer Erzeugung.

Eine Nebeneinnahme bringen die Räumlichkeiten des Restaurants, die beispielsweise für Seminare vermietet werden. Und nicht zuletzt verkauft die „frischeKISTE" immer samstags auf dem Syker Wochenmarkt Kartoffeln, Obst, Gemüse, Brot und Milchprodukte.

Seit 2004 arbeitet die Firma mit dem Direkt Marketing Center (DMC) Bremen zusammen. Wurden anfangs noch vierseitige Broschüren als Postwurfsendungen an Haushalte mit Tagespost verteilt, testeten „frischeKISTE" und DMC nur wenig später bereits zielgruppenorientiertere Werbung: 25.541 Haushalte erhielten im Februar 2005 „frischeKISTE"-Werbung per Postwurfspezial. Dabei wurden rund 60 neue Kunden gewonnen. Die Aktion wurde im April desselben Jahres wiederholt. Das Ergebnis: weitere 40 neue Kunden!

2006 wollte das Unternehmen bestehende Zustelltouren des Lieferservices intensivieren und neue Zustelltouren einrichten. Eine Postkarte Groß Kreativ sollte für neue Kunden sorgen. Sie wurde über Bestseller Mail gestaltet und produziert und als Postwurfspezial an 33.011 potenzielle Kunden im April 2006 versendet. Das Ergebnis diesmal: gut 130 neue Kunden.

Um Kunden zu aktivieren, die zwar schon einmal gekauft, aber später nicht wieder bestellt hatten, entwickelten DMC und „frischeKISTE" im September 2006 ein eigenes Mailing für diese Zielgruppe, das wiederum über Bestseller Mail abgewickelt wurde. Das Mailing-Anschreiben informierte über die verbesserten Nutzungsmöglichkeiten des neuen Online-Shops und die größere Auswahl an Lebensmitteln. Wer bis zu einem festgelegten Zeitpunkt über ein Code-Wort im Online-Shop bestellt hatte, erhielt zudem eine Flasche Bio-Wein gratis. Für das Mailing wurden vorab 2.000 Adressen von der Deutsche Post Direkt aktualisiert und bereinigt. Die Mailing-Aktion aktivierte zahlreiche Kunden und sorgte für zusätzlichen Umsatz.

## Die Aufgabe

Alle zwei Jahre findet auf dem Gelände der Firma ein Hoffest statt. Das nächste Hoffest, für das auch neue Kunden geworben werden sollten, war für den 16. September 2007 vorgesehen. Dabei stellten sich gleich mehrere Fragen:

- Wie sollen mögliche neue Kunden auf das Angebot aufmerksam gemacht werden?
- Welche Zielgruppen kommen für die Bewerbung des Hoffests in Frage?
- Wie können diese Zielgruppen selektiert werden?
- Welche Angebote sollen in den Vordergrund gerückt werden?
- Welche Vorteile und welcher Nutzen sollen deutlich werden?

- Welches werbetechnische Format soll eingesetzt werden?
- Wie kann die Aufmerksamkeit durch das Format erhöht werden?
- In welcher Form könnte ein Mailing-Verstärker eingesetzt werden?
- Wann ist der richtige Zeitpunkt zur Bewerbung des Hoffests?
- Wie lässt sich der Mailing-Prozess in einer Hand abwickeln?

Ein wichtiges Thema war natürlich auch das Werbebudget, da dieses 2007 geringer ausfiel als in den Vorjahren.

**Die Lösung**

Im Februar 2007 legte die „frischeKISTE" gemeinsam mit dem DMC die ersten Details fest. Um effektiv neue Kunden zu werben, wurde dabei wieder auf Dialogmarketing per Post gesetzt.

Als Zielgruppe kam diesmal nur ein bestimmter Kreis an Haushalten in Frage. Zwar steigt der Konsum ökologisch erzeugter Lebensmittel in immer breiteren Bevölkerungsschichten kontinuierlich an, aufgrund der Erfahrungen hat sich allerdings eine bestimmte Zielgruppe herausgebildet, die 30 Jahre und älter ist und über eine mittlere bis sehr hohe Kaufkraft verfügt. Diese Zielgruppe lebt meist in Ein- und Zweifamilienhäusern, Reihen- und Doppelhäusern sowie in Bauernhäusern – und interessiert sich für Umweltthemen.

Also wurde für das Mailing das Thema Umwelt gewählt. 10.248 sorgfältig selektierte Haushalte aus der Umgebung von Syke sowie aus Teilen größerer Städte wie Bremen und Delmenhorst sollten per Postwurfspezial angesprochen werden.

Als Werbemittel wurde eine Postkarte Groß im Format DIN A4 vorgeschlagen. Diese bot zum einen ausreichend Platz für die Bewerbung des Hoffests; zum anderen ist der Inhalt einer Postkarte für die Leser leicht zu erfassen.

Als Blickfang war auf der Vorderseite ein großes Foto des letzten Hoffests sowie eine der Frischekisten zu sehen. Neben Datum, Ort und Uhrzeit listete eine kurze Agenda dann die Attraktionen des Hoffestes auf:

- Speisen und Getränke aus ökologischer Erzeugung,
- musikalische Begleitung durch die bekannte Jazz-Band „Britta & Joe Dinkelbach-Trio",
- Ponyreiten und Spielefant für die Kleinen,
- Betriebsführung vor Ort.

Prägnantes Symbol war ein Ausrufezeichen, das durch eine Mohrrübe und eine Tomate dargestellt wurde – ein Symbol, das auch auf den T-Shirts der Mitarbeiter auf dem Hoffest aufgedruckt war und somit für Wiedererkennung sorgte. Darüber hinaus erzeugte eine eigens gestaltete Fantasiebriefmarke auf dem Mailing eine zusätzlich aufmerksamkeitssteigernde Wirkung.

Die Rückseite der Postkarte stellte die verschiedenen Kaufoptionen der ökologisch erzeugten Lebensmittel vor und informierte über die Öffnungszeiten des Hofladens und des Hofrestaurants sowie die Präsenztage auf dem Wochenmarkt. Abschließend wurden dem Empfänger noch einmal komprimiert alle Vorteile des Lieferservices präsentiert.

Als Mailing-Verstärker und zusätzliches Response-Element diente ein Gutschein für eine Tasse Kaffee oder Tee bzw. ein Glas Wasser oder Apfelschorle.

Das Unternehmen wählte den Freitag und Samstag in der Vorwoche des Hoffests als Wunschtermine für die Zustellung des Mailings. An diesen Wochentagen ist die Aufmerksamkeit für Werbung per Post erfahrungsgemäß größer als am Wochenanfang. Außerdem konnten die Empfänger so das Hoffest zeitlich besser einplanen.

Dank des Fullservice-Angebots Bestseller Mail der Deutschen Post AG hatte die „frischeKISTE" überhaupt keinen Aufwand mit dem Mailing: Konzeption, Gestaltung, Produktion und Versand lagen komplett bei der Deutschen Post.

**Das Ergebnis**

Das Resultat war sehr erfreulich: „Rund 1.000 Besucher haben an einem sonnigen Tag eine schöne Zeit bei uns verbracht. Wir haben dabei viele neue Kunden für unsere Angebote gewonnen!", freuten sich die beiden Geschäftsführer Heinz-Jürgen Michel und Jochen Voigt.

Groß- und Einzelhandel

**DIN-A4-Postkarte:** Vorderansicht

**Vorbildlich:**

❶ Optisch ansprechende Bildwelten, die zum Text und zum Anlass des Mailings passen

❷ Mögliche Leserfragen werden direkt, klar und übersichtlich beantwortet: Wer schreibt mir? Warum? Was, wann und wo?

Groß- und Einzelhandel

**Postkarte:** Rückansicht

**Vorbildlich:**
- ❸ Crossmediale Vernetzung mit Web-Auftritt/Online-Shop und Bestell-Hotline
- ❹ Gutschein für Getränk, der vor Ort eingelöst werden kann

## Metzgerei Winterhalter: Herzhafte Grüße aus dem Schwarzwald!

**Das Unternehmen**

Das beschauliche Städtchen Elzach hat rund 7.000 Einwohner und liegt im Elztal, ca. 25 km nördlich im „Speckgürtel" von Freiburg. Zahlreiche Spezialitäten-Hersteller aus dieser Genießer-Region wetteifern um die Gunst der Kunden für die weltweit bekannten Produkte Schwarzwälder Schinken, Kirschwasser, Schwarzwälder Kirschtorte und nicht zuletzt die Schwarzwälder Kuckucksuhren.

Im Ort gibt es drei Metzgereien mit Filialstruktur, daneben den Lebensmitteleinzelhandel und einige kleinere Metzgereien.

Eine der drei großen Metzgereien ist die Obere Metzgerei Winterhalter mit acht Verkaufsstellen in ganz Südbaden; Geschäftsführer sind die Brüder Wendelin und Peter Winterhalter.

Das bodenständige Unternehmen kann auf eine lange Tradition zurückblicken. Der Betrieb wird – derzeit in der neunten Generation – seit 1749 in Familienhand geführt. Man ist stolz auf die hochwertigen Fleisch- und Wurstwaren, die in traditioneller Weise nach überlieferten Rezepten hergestellt werden.

Winterhalter bietet in seinen Geschäften den Kunden ein Vollsortiment an hochwertigen Fleischwaren und Spezialitäten an. Diese haben in den letzten Jahren bei Produktprämierungen und Qualitätswettbewerben jeweils vorderste Plätze erreicht.

**Die Ausgangslage**

98 % der Produkte – fast 30 Sorten Salami und Schinkenprodukte sowie frische Salate – werden in eigener Produktion hergestellt und täglich an die acht Filialen ausgeliefert.

Neben dem Privatkundensegment liegt das Hauptaugenmerk des Mittelständlers auf dem Geschäft mit Großabnehmern wie Hotels und Gastronomie, Catering Services sowie Metzgereien, die Teile ihres Sortiments an Fleisch- und Wurstwaren zukaufen. Als Referenz kann die Metzgerei auf zahlreiche hochrangige Kunden verweisen, z.B. das Hotel Adlon in Berlin, das Hotel Bareis in Baiersbronn, den Europapark Rust und den SC Freiburg.

**Die Aufgabe**

Die Herausforderung bestand darin, sich vom Wettbewerb abzusetzen, das Image zu erhöhen und auch bei der Werbung die aus dem Unternehmensleitbild resultierenden hohen Maßstäbe an Qualität und Innovationskraft fortzuführen.

Werbung „von der Stange" kam für die beiden Geschäftsführer nicht in Frage. Sie verlangten nach einer echten Innovation. Wie bei jeder Wurstsorte die Würze das gewisse Etwas ausmacht, sollte auch hier etwas ganz Besonderes die Kunden überraschen und für Gesprächsstoff in der Branche sorgen. Idealer Anlass, um mit einer völlig neuen Werbeform auf den Markt zu gehen, war das 260-jährige Jubiläum – und ideale Plattform die jährlich im Oktober stattfindende Fachmesse für das Fleischerhandwerk Süffa.

**Die Lösung**

Mit DiskMailing, einem innovativen multimedialen Produkt der Deutschen Post AG, traf das Direktmarketing Center (DMC) Freiburg genau den Geschmack der beiden Geschäftsführer: DiskMailing ist eine Kombination aus klassischem Brief und einer eingearbeiteten CD bzw. DVD, die multimediale Inhalte gespeichert hat.

Zwei Besonderheiten zeichnen das Produkt aus: die Versandform ist von der Deutschen Post zertifiziert und die CD oder DVD kann personalisiert werden. So wird der in der Adresse genannte Empfänger nach dem Einlegen des Datenträgers in ein PC-Laufwerk direkt persönlich in der Präsentation begrüßt. Diese bislang einzigartige Personalisierungsmöglichkeit stellt einen besonderen „Aha-Effekt" dar.

Zudem können in die Präsentation Verlinkungen ins Internet eingebaut werden. Dies ermöglicht beipielsweise, statische Inhalte mit hohen Datenvolumina auf der DVD zu speichern, dynamische oder häufig zu aktualisierende (Teil-)Inhalte wie z.B. Preise hingegen über das Internet abzurufen und sogar „nahtlos" in die Präsentation einzuflechten. Wird das Medium auf einem PC mit Internetverbindung genutzt, kann das Response-Verhalten der Empfänger zudem unmittelbar nach Nutzung der CD/DVD über ein Web-Frontend ausgewertet werden.

Beim DiskMailing für die Obere Metzgerei Winterhalter lächelte ein sympathisches Mädchen in Schwarzwald-Tracht mit Bollenhut und einer leckeren Schinkenplatte dem Empfänger auf einem ausgestanzten Herz entgegen. Diese emotionale Botschaft überbrachte die Grüße der Metzgerei – verbunden mit der Einladung, an den Messestand der Winterhalters auf der Süffa zu kommen.

1.300 Bestandskunden wurden personalisiert angeschrieben. Zugleich wurde das DiskMailing mit AdressDialog verknüpft und jedem Empfänger aus der Kundendatei ein eindeutiger persönlicher Gewinn-Code zugeteilt. Mittels dieser Buchstaben-Zahlen-Kombination konnte sich der Empfänger dann auf der eigens im Design der Winterhalter-Homepage gestalteten Aktionsseite einloggen und an einem Gewinnspiel teilnehmen, Adressänderungen vornehmen und Direktbestellungen aufgeben.

Die gefertigte Gesamtauflage betrug ca. 3.100 Exemplare. Davon waren 1.800 unpersonalisierte Messeexemplare, die zur direkten Übergabe bestimmt waren. Eine solche Übergabe des Herzens bot sich insbesondere dann an, wenn sich am Messestand ein hohes Besucheraufkommen (z.B. nach einem Vortrag) gebildet hatte, da auf diese Weise die Informationen allen Besuchern mit auf den Weg gegeben werden konnten. So sorgten auch die unpersonalisierten Herzen für eine gute Response.

Diese Symbiose aus klassischem Medium und moderner Technik verdeutlicht, wie ein idealer Dialog zum Kunden aufgebaut werden kann.

Das „Herz" der Metzgerei Winterhalter arbeitete zugleich die Firmengeschichte mit Bildmaterial emotional auf; dabei wurden die einzigartige Landschaft und die saftigen Wiesen des Schwarzwaldes stimmungsvoll in Szene gesetzt und musikalisch unterlegt. Zudem verstanden es Peter und Wendelin Winterhalter, das Team sympathisch und authentisch zu präsentieren und so eine persönliche Basis zwischen Unternehmen und Empfänger herzustellen.

**Das Ergebnis**
Die auf der Süffa geschlossenen Messekontakte entwickelten sich nach übereinstimmenden Aussagen der beiden Geschäftsführer auf einem deutlich höheren Niveau als in den davorliegenden Jahren. Drehten sich die Messegespräche bislang eher um Preis- und Qualitätszusagen, sorgte die auf dem DiskMailing aufgebrachte DVD – besonders bei den persönlich angeschriebenen Bestandskunden – für einen idealen Einstieg in Verkaufs- und Beratungsgespräche: Das völlig neue Anspracheknzept war emotionaler Wegbereiter für sachliche Verkaufs- und Beratungsgespräche am Messestand. Besonders interessant: Die Preise waren beim Einstieg in die Verkaufsgespräche nicht das Hauptthema.

Und noch etwas war interessant: Die im Vorfeld kontrovers diskutierte Frage, ob ein B2B-Kunde wohl eine ihm zugesendete DVD einlegen würde, wurde durch die Auswertung der Response-Zahlen eindeutig beantwortet. Denn diese wies ganz klar nach, dass die ansprechende Aufmachung des Herzens die Empfänger neugierig machte und zur Nutzung der DVD animierte.

Durch den allgemeinen Inhalt auf der DVD und die Verlinkung mit dynamischen Informationen im Internet hatte das Medium zudem eine deutlich höhere Lebensdauer als die bisher genutzten Werbeformen.

Auch bei den Wettbewerben sorgten die „Herzlichen Grüße aus Elzach im Schwarzwald" für Aufsehen. Wendelin und Peter Winterhalter wollten das DiskMailing deshalb auch im Folgejahr wieder für die Messe einsetzen.

DiskMailing:
**Postkarte in Herzform
und DVD:** Rückansicht

**Vorbildlich:**
❶ Zum Text passende Formsprache des Mailings (Herz)
❷ Einladende Bildwelten
❸ Integration eine DVD zur Steigerung der Neugier beim Empfänger

Groß- und Einzelhandel

❹ **Obere Metzgerei Franz Winterhalter**

79215 Elzach, Schwarzwaldstr. 4
Tel. 0 76 82 / 90 88 - 50 • Fax 0 76 82 / 90 88 - 88
kontakt@obere-metzgerei.de • www.obere-metzgerei.de

❺ **Herzliche Grüße aus Elzach im Schwarzwald**

Der Schwarzwald gilt als Genussregion Deutschlands und ist für viele verheißungsvolle Spezialitäten bekannt. Feinschmecker, Köche und Gastronomen können aus einer reichen Fülle an heimischen Produkten schöpfen und sich dabei stets auf beste Qualität verlassen.

Seit 1749 pflegt jede Generation unserer Familie die traditionellen Rezepturen und handwerklichen Abläufe, um hochwertigste Fleisch- und Wurstwaren herzustellen. Wie unser Vater leben auch wir unseren Beruf als Berufung und setzen den über Jahrzehnte gewachsenen Anspruch an höchste Qualität fort.

Metzgerei, Fachhandel und Partyservice – die Obere Metzgerei Franz Winterhalter hat sich in allen drei Sparten einen weithin bekannten Namen gemacht. Das gesamte Sortiment an hochwertigen Fleisch- und Wurstwaren wird auf einem Areal von 1.800 qm am Stammsitz in Elzach produziert.

Lassen Sie sich von uns zu einer virtuellen Reise in den Schwarzwald verführen, die Lust macht auf mehr.

Ihre Obere Metzgerei Franz Winterhalter

Max Mustermann
Mustermannstr. 1
12345 Musterstadt

**DiskMailing:**
Vorderansicht

**Vorbildlich:**

❹ Klare „Kennung" des Absenders mit Adresse und Absender-Logo

❺ Emotionale Ansprache des Lesers („Brief"-Charakter)

# Lemberg-Kaviar: Genuss auf Bestellung

**Das Unternehmen**

Appetit auf Kaviar? Dann werden Sie bei der Firma Lemberg Lebensmittel GmbH in jedem Fall fündig. Denn diese hat Angebote für jeden Geschmack: Ketalachs-Kaviar, Löffelstör-Kaviar, Bowfinkaviar, Forellenkaviar, Rotlachskaviar und Kaviar vom Russischen Stör.

Ob zu Ostern, zum Weihnachtsfestessen oder einfach so – Kaviar ist eine kostbare aber inzwischen erschwingliche kulinarische Gourmetspeise. „Wir wollen den Kaviar für alle erschwinglich machen", so Ruslan Volny, Geschäftsführer von Lemberg.

**Die Ausgangslage**

Das mittelständische Kaviar-Haus Lemberg aus Mahlow in Brandenburg setzt auf die hohe Qualität seiner Produkte und gewann so das Vertrauen der Kunden: Die eigene Kaviarverarbeitung auf vollautomatischen Produktions- und Verpackungslinien, moderne Kühlanlagen sowie die langjährige Zusammenarbeit mit ausschließlich großen und renommierten Lieferanten aus Kanada und Nordamerika garantieren eine gleichbleibend hohe Qualität des Lemberg-Kaviars. Die sorgfältige Kontrolle in allen Produktionsschritten ist ein unabdingbarer Bestandteil der Arbeit des Kaviar-Hauses Lemberg. Und zudem verfügt Geschäftsführer Ruslan Volny über einzigartige Berufserfahrung, da er sich in Kanada mit allen Produktionsgeheimnissen der Kaviarverarbeitung vertraut machte.
Um stetig frische Rohware auszusuchen, besucht er jährlich in der Fischfangsaison umweltfreundliche Fanggebiete.

Neben der ausgezeichneten Produktqualität und dem breiten Sortiment zählen zu den Standards des Kaviar-Hauses Lemberg auch dauerhaft erschwingliche Preise. Das Unternehmensmotto: „Zu unseren Preisen können Sie Kaviar löffelweise genießen".

**Die Aufgabe**

Als typisch mittelständisches Unternehmen setzt Lemberg auf die zielgerichtete Bewerbung seiner Stammkunden. Diese sind Restaurants, Hotels, Cateringservice-Betreiber und Firmen (für eigene Firmenevents) sowie viele Privatkunden in Deutschland und in ganz Europa, die die Qualität des Hauses schätzen. Die Kunden bestellen ihren Wunschkaviar entweder persönlich per Telefon über eine kostenfreie Hotline, über den Online-Shop oder direkt im Geschäft in Berlin-Charlottenburg.

Lemberg wollte nun zu besonderen Feiertagen eine zusätzliche Werbung an seine Stammkunden verschicken. Deshalb nahm Marketingleiterin Julia Lerman im Sommer 2007 Kontakt mit dem Direkt Marketing Center (DMC) Berlin auf. Frau Lerman suchte dabei nach einer schnelle und zuverlässige Möglichkeit, ihre 30.000 Stammkunden zu überraschen.

**Die Lösung**

Die erste gemeinsame Werbeaktion – eine Postkarte – wurde pünktlich vor Weihnachten versandt. Lemberg ließ sich von den Ideen und Anregungen zur Gestaltung der Werbung bei den Business Frühstücken der Deutschen Post inspirieren und nutzte auch die Beratung zur Portooptimierung. Das von Frau Lerman gelieferte finale Layout wurde dann von der Deutschen Post gedruckt.

Auf diese Aktion folgten 2008 zwei weitere Werbeaktionen, bei denen sich die Anzahl der Adressen auf knapp 40.000 steigerte. Besonders wichtig war dabei der sensible Umgang mit den Adressen – das wichtigste Gut von Lemberg.

Neue Kunden gewinnt Lemberg über Empfehlungen sowie natürlich durch Fachmessen wie die Internationale Grüne Woche in Berlin und die afa Messe in Augsburg. Außerdem ergänzt Lemberg seine Werbung crossmedial mit Anzeigen in Fachzeitschriften sowie TV-Spots in länderspezifischen TV-Programmen.

Ende 2009 sicherte sich Frau Lerman einen attraktiven Druckpreis für fünf Werbeaussendungen mit der Deutschen Post bis einschließlich Weihnachten 2010. Diesmal wurde ein zweisprachiger 4-seitiger Flyer an inzwischen 60.000 Kundenadressen im Umschlag versendet.

Die hochwertig bedruckten Flyer enthielten dabei immer ein besonderes Angebot (z.B. zu Ostern einen Osterkorb). Als Response-Verstärker gab es für die Besteller aus der Flyeraktion ein Geschenk: zwei Dosen Rotlachskaviar.

**Das Ergebnis**

Durch die persönlichen Kundenanschreiben hat die Firma Lemberg

Groß- und Einzelhandel

viele Erstkäufer und Gelegenheitskunden zu treuen Stammkunden umgewandelt. So wurden sogar zusätzliche Mitarbeiter eingestellt, um die wachsende Anzahl an Bestellungen vor Weihnachten und Ostern zu bewältigen.

Frau Lerman freute sich: „Die Telefonleitungen standen nach der Werbeaktion nie still. Für uns zahlt sich der Erfolg dieser Zusammenarbeit einfach durch den Umsatzanstieg und den geringeren Eigenaufwand für die Werbeaktion aus."

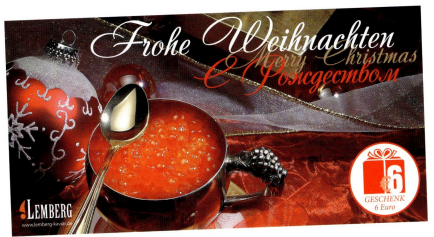

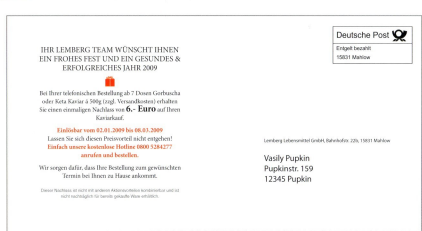

**DIN-lang-Postkarte:**
Rückansicht (oben) und Vorderansicht (r.)

**4-seitiger Flyer:**
Titelseite, Innen- und Rückansicht

**Vorbildlich:**

❶ Optisch ansprechende, saisonal angepasste Themenmailings

❷ Optische Hervorhebung des Gutscheins

❸ Ungewöhnlich: Die Kundenvorteile werden mithilfe einer einfachen mathematischen Gleichung auf einen Blick erkennbar.

Groß- und Einzelhandel

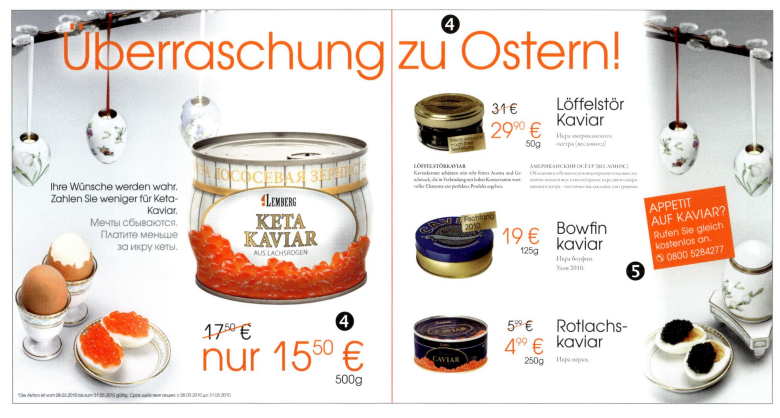

**4-seitiger Flyer:**
Innenansicht

**Vorbildlich:**

❹ Farblich hervorgehoben: Zeitlich limitierte Gültigkeit soll zur Handlung aktivieren

❺ Ebenfalls farblich hervorgehoben: Response-Element in Form einer kostenlosen Hotline

# Möbel Weber: Im kontinuierlichen Dialog mit den Kunden

## Das Unternehmen

Im Essener Stammhaus von Möbel Weber werden Kenner der besonderen Wohnkultur fündig: Mit Rolf Benz, hülsta, LEOLUX oder JORI bietet das Haus gleichermaßen moderne und traditionelle Einrichtungen. Mit dem farbenfrohen, funktionellen und erstklassigen Möbelprogramm Now! von hülsta spricht Weber gezielt die junge Zielgruppe an.

Möbel Weber setzt auf eine fachmännische Beratung und unterstützt den Kunden mit innenarchitektonischem Know-how, fundierter Produktkenntnis und professioneller Planung. Die Möbel werden zudem fachgerecht durch gelernte Schreiner beim Kunden montiert.

## Die Ausgangslage

Bisher hat Möbel Weber Anzeigen geschaltet, um seine Kunden anzusprechen. Allerdings stellte sich im Laufe der Zeit heraus, dass das geänderte Kommunikationsverhalten der Menschen auch den Einsatz anderer Medien erfordert.

## Die Aufgabe

„Unsere Kundenbeziehungen ausbauen, unsere Vielfalt an Möbelprogrammen kommunizieren und neue Kunden gewinnen!" So lauteten die Ziele, die Geschäftsführer Michael Weber mit einer professionellen Dialogmarketing-Kampagne erreichen wollte. Gemeinsam mit dem Team vom Direkt Marketing Center (DMC) Essen plante der Chef des Möbelhauses dabei gleich eine ganze Reihe von Aktionen. Diese sollten ihre Adressaten nicht mit einem „Bauchladen" aller Angebotsformen überfrachten, sondern ganz gezielt den Dialog mit Kunden und Interessenten eröffnen.

## Die Lösung

Mit der ersten Kartenaktion „Hier blüht uns was…" lud das Möbelhaus zum Frühlingsfest an einem verkaufsoffenen Sonntag ins „house of now!" ein. Diese Aktion sollte Interessenten, die bisher nur das Stammhaus kannten, in das etwas abseits gelegene Nebengebäude des „house of now!" führen und damit dessen Bekanntheitsgrad erhöhen. Als Response-Verstärker winkte jedem Besucher ein Töpfchen mit Tulpen.

Der Erfolg der Einladung konnte sich sehen lassen: „Es dauerte nicht lange, da war der Bestand an Tulpen aufgebraucht. Unsere Erwartungen wurden in jeder Hinsicht übertroffen!", erzählt Michael Weber.

Die nächste Dialogmarketing-Aktion, die für kostenlose Planungstage warb, hatte das Motto „Wir lassen Sie nicht alleine …"; dabei war der Zusatz „Und das Porto zahlen wir für Sie!" ein zusätzlicher Response-Verstärker. Auf diesen Planungstagen konnten die Empfänger des Mailings gemeinsam mit Einrichtungsprofis des Möbelhauses ihre künftige Einrichtung planen. Durch die ansprechend gestaltete und personalisierte Karte stieg die Nachfrage nach Beratungsstunden an den Planungstagen um ein Vielfaches. „Wir hatten mehr Nachfrage als Beratungsstunden an den beiden Aktionstagen!", freute sich Seniorchef Hartmut Weber.

„Die hohe Kunst des Beziehungsmanagement ist die Empfehlung. Zeitungen tun es, Versandhäuser tun es – warum nicht auch ein Möbelhaus?", so der Ansatz des DMC-Teams für eine weitere Kartenaktion. Die Aktion hatte das Thema „Freundschafts-Tage" und forderte bestehende Kunden dazu auf, Freunde und Bekannte auf das Möbelhaus Weber aufmerksam zu machen. Unter dem Motto „Ja, ich fühl' mich wohl" sollten sich die Kunden mit Möbel Weber als „ihrem" Möbelhaus identifizieren und es weiterempfehlen.

Die grafische Darstellung der Postkarte war plakativ, farbig, menschlich und witzig. Auf der Rückseite der Postkarte deutet ein Pärchen auf einem Sofa das „W" für Weber an.

Als Verstärker enthielt die Postkarte einen Gutschein über 50 Euro, den der Empfänger einlösen konnte, wenn der von ihm empfohlene Freund bei Möbel Weber kaufte. Außerdem konnten alle Empfänger an einem Gewinnspiel teilnehmen.

Eine weitere Aktion fand anlässlich der Fußball-Weltmeisterschaft 2006 statt. Zur WM erwartete die Polster-Industrie eine Umsatzsteigerung bei Sesseln. Darauf hoffte auch das Möbelhaus Weber und gestaltete gemeinsam mit dem DMC eine Karte, die die Vorfreude auf das Fußballfest erhöhte: „Sitzen Sie 64 Spiele lang bequem in der ersten Reihe," lautete die Aufforderung zum Kauf eines TV-Sessels. Als Verstärker dienten ein

Groß- und Einzelhandel

Gutschein für ein Fußballpräsent und ein Wertgutschein. „Die Kosten der Werbeaktion wurden durch den Mehrverkauf von Sesseln mehr als amortisiert!", berichtete der Geschäftsführer des Möbelhauses.

Auch eine weitere Aktion wurde ein voller Erfolg: Anlässlich seines fünften Geburtstags sollte die Bekanntheit des „house of now!" weiter steigen. Zum Jubiläum sollten möglichst viele Kunden und Interessenten kommen. Also hieß es auf der Postkarte: „Mitfeiern! Zum Fünfjährigen!" Diese Karte wurde einerseits teiladressiert per Postwurfspezial und andererseits gezielt an 1.100 Bestandskunden von Möbel Weber verschickt.

Die Postkarte bestand – stellvertretend für die fünf Jahre des Bestehens – aus fünf Abschnitten, die voneinander abtrennbar waren. Diese Abschnitte standen für die fünf Vorteile, die den Besucher an dem Geburtstag erwarteten: ein Preisgutschein, eine Gewinnspielteilnahme, ein Dankeschön und Gutscheine für eine Tasse Kaffee sowie für ein Stück Kuchen.

Bei der Gestaltung wurde Wert darauf gelegt, dass die Ansprache frisch und jugendlich war und abgebildete Möbel und Personen zum Thema des jeweiligen Abschnittes passten.

**Das Ergebnis**

Zusammenfassend ließ sich festhalten, dass der Return on Investment (ROI) für alle Werbeaktionen erzielt wurde. Die Werbemittel erreichten durch ihre Kontinuität den gewünschten Wiedererkennungseffekt bei den Kunden und die Kundenloyalität zu den beiden Möbelhäusern Weber in Essen wurde erfolgreich ausgebaut.

**Postkarten-Mailingreihe:** Rückansichten

**Postkarte Groß Kreativ:**
Rückansicht

**Vorbildlich:**
❶ Postkarte im Sonderformat wirkt optisch ansprechend und weckt Neugier
❷ Optisch deutlich hervorgehobener Hinweis auf verkaufsoffenen Sonntag

Groß- und Einzelhandel

**Postkarte:**
Vorderansicht

**Vorbildlich:**

❸ Vor Ort einlösbare Gutscheine aktivieren zu einem Besuch des Möbelhauses

❹ Optischer „Störer", der deutlich auf die Rabatte aufmerksam macht

❺ Integration einer Anfahrtskizze mit Adresse und Telefonnummer

## Raiffeisen-Warenzentrale Kurhessen-Thüringen: Alte Liebe rostet nicht!

**Das Unternehmen**

Die Raiffeisen-Warenzentrale Kurhessen-Thüringen GmbH ist ein Groß- und Einzelhändler mit überregionaler Bedeutung. Mit mehr als 120 Vertriebsstützpunkten ist die Raiffeisen-Warenzentrale in ihrem Arbeitsgebiet in Hessen bis an den Main und in Thüringen flächendeckend kundennah präsent. Das Kasseler Unternehmen blickt auf eine über hundertjährige Tradition zurück; es erwirtschaftet einen Umsatz von circa 500 Millionen Euro jährlich und zählt mit 1.200 Mitarbeitern zu den großen Arbeitgebern der Region.

Die Raiffeisen-Warenzentrale Kurhessen-Thüringen GmbH verfügt über langjährige Erfahrung im traditionellen Agrarbereich: Sie ist Marktführer im Handel mit Saatgut, Getreide, Dünge- und Pflanzenschutzmitteln sowie mit Agrartechnik. Außerdem produziert und vertreibt sie Futtermittel. Die hohe Kompetenz des Unternehmens erstreckt sich auch auf andere Unternehmensbereiche, wie etwa den Baustofffachhandel, den das Unternehmen seit den 70er-Jahren betreibt.

**Die Ausgangslage**

Die Raiffeisen-Warenzentrale Kurhessen-Thüringen ist einer der größten und kompetentesten Baustoffanbieter. Daneben spielen der Handel mit Heizöl und Kraftstoffen – auch an eigenen Tankstellen – sowie der Handel mit alternativen Energien eine bedeutende Rolle. Hier setzte die zweigeteilte Aufgabenstellung an.

**Die Aufgabe**

Der Heizölmarkt war hart umkämpft. Nahezu alle Anbieter am Markt offerierten Produkte mit dem gleichen Qualitäts- und Preisniveau. Für den Heizölkunden machte es daher kaum einen Unterschied, von welchem Lieferanten er sein Heizöl bezog. Die Raiffeisen-Warenzentrale Kurhessen-Thüringen verlor in dieser Situation Heizölkunden an umtriebige Wettbewerber und Anbieter anderer Energieformen.

Heizölkunden, die mindestens drei Jahre nicht mehr bei der Raiffeisen-Warenzentrale gekauft hatten, sollten mit einer Mailing-Aktion „reaktiviert", also zurückgewonnen werden. Zugleich sollte das Mailing in Erfahrung bringen, aus welchen Gründen die Kunden nicht mehr bestellt hatten: Die Empfänger konnten deshalb auf einer abtrennbaren Antwortkarte mögliche Gründe angeben (zum Beispiel einen Wechsel zu Gas oder Holzpellets).

Die Zielgruppe des Mailings kannte den mittelständischen Dienstleister bereits seit Jahren – und natürlich auch die Art und Weise, wie dieser bislang zu kommunizieren pflegte: traditionell, seriös und sympathisch.

Um die Aufmerksamkeit der Empfänger zu steigern und tatsächlich das Verhalten der Zielgruppe zugunsten des Unternehmens zu ändern, präsentierten die Marketingexperten die Raiffeisen-Warenzentrale nun aus einer neuen Perspektive: Sie setzten auf einen besonderen emotionalen Überraschungseffekt.

**Die Lösung**

Die Lösung war mutig: Das Unternehmen versendete eine „Liebeserklärung" an seine inaktiven Kunden! Heutzutage werden nur noch sehr selten schöne, handgeschriebene Briefe verschickt – und genau das wurde zur Inszenierung der Botschaft genutzt: Es wurde kurzerhand eine handgeschriebene Liebeserklärung an die ehemaligen Kunden verfasst.

Die gestanzte Postkarte Groß Kreativ stach schon aufgrund ihres DIN-A4-Formats – 29 cm Höhe und 21 cm Breite – aus der üblichen Post heraus. Sie ging an 28.000 Kunden im Vertriebsgebiet der Raiffeisen-Warenzentrale.

Die Karten-Vorderseite zeigte einen fotografierten DIN-lang-Briefumschlag, aus dem der Liebesbrief gut sichtbar herausschaute. Dieser war mit blauer Tinte handgeschrieben und „mundsigniert". Als Verstärker winkte dem Empfänger ein Begrüßungsgeschenk, wenn er der alten Liebe eine neue Chance gab. Ein Gewinnspiel versprach Preise bis zu 600 Liter Heizöl. Die Personalisierung war im Sichtfenster des imitierten DIN-lang-Umschlags platziert.

Die Rückseite des Mailings war bewusst klassisch aufgebaut, um die Brücke zur bekannten Unternehmenskommunikation der Raiffeisen-Warenzentrale zu schlagen. Sie löste die ungewohnte Kundenansprache auf und kommunizierte klar die Vorteile für den Kunden.

„Auf der Rückseite spielten wir alle Trümpfe aus, die die Raiffeisen-Warenzentrale Kurhessen-Thüringen zu bieten hat. Und das sind eine ganze Menge: RAL-Gütesiegel, Werte wie Verlässlichkeit, die genaue und für den Kunden transparente Messung der Abgabemenge oder ein kostenloses Wärmekonto zur bequemen Ratenzahlung. Das sollten die alten Kunden sofort verinnerlichen; wir wollten gezielt an alte – gute – Erfahrungen anknüpfen", so Nico Gundlach, Geschäftsführer Beratung der Werbeagentur neue formen, die für diese Aktion mit dem Direkt Marketing Center (DMC) Kassel kooperierte.

Neben den Kaufvorteilen informierte die Karten-Rückseite auch über die persönlichen Ansprechpartner vor Ort mit direkter Telefondurchwahl. Denn bei der Raiffeisen-Warenzentrale Kurhessen-Thüringen werden erfahrungsgemäß viele zusätzliche Aufträge durch die individuelle, telefonische Beratung abgeschlossen.

Da die Reaktionsgewohnheiten der ländlichen Kunden erfahrungsgemäß sehr unterschiedlich waren, bot das Mailing verschiedene Response-Kanäle an. Die Kunden konnten telefonisch, per Internet unter *www.raiffeisen-kassel.de/heizoelaktion* oder mit der integrierten, abtrennbaren Antwortkarte reagieren.

**Das Ergebnis**

Das Ergebnis begeisterte: Insgesamt reagierten 1.300 „alte" Heizölkunden auf das Liebesbrief-Mailing und kauften erneut bei der Raiffeisen-Warenzentrale. Somit gewann die Aktion 4,64 % der angeschriebenen inaktiven Kunden zurück.

Die Investition in das Mailing wurde in nahezu dreifacher Höhe über die Heizölbestellungen wieder hereingeholt. Fast ein Jahr nach der Mailing-Aussendung gingen noch immer Reaktionen auf den Liebesbrief ein; dabei wurden die dort angebotenen Response-Kanäle Antwortkarte, Internet und Telefon etwa zu je einem Drittel genutzt.

Herbert Sittig, zuständiger Abteilungsleiter für den Bereich Energie bei der Raiffeisen-Warenzentrale Kurhessen-Thüringen GmbH, über die Aktion: „Wir sind mit dem Ergebnis mehr als zufrieden. Seit dem Start der Kampagne haben über 1.300 alte Kunden wieder bei uns Heizöl bestellt, die viele Jahre nicht aktiv waren. Und auch die Umfrage hat uns sehr geholfen. So konnte unser Vertrieb mit ganz gezielten Alternativangeboten auf die Kunden zugehen und ein gutes Neugeschäft generieren. Persönlich fand ich die Rückantworten am schönsten. Es haben sich tatsächlich viele Kunden die Mühe gemacht und mit einem handgeschriebenen Brief geantwortet. Das war eine klasse Aktion, die uns bestärkt hat, auch weiterhin in der Kommunikation durch ungewohnte Kampagnen zu überraschen. Wie sagt man so schön: Alte Liebe rostet nicht …!"

**Postkarte Groß Kreativ:**
Vorderansicht

Mein geliebter Heizölkunde,

Ich vermisse Dich so sehr! Wo warst Du bloß die ganzen Jahre? Meine Gedanken kreisen Tag und Nacht nur um Dich! Du bedeutest mir doch so viel und ich möchte wieder bei Dir sein. Ich will Dir Kraft und Energie schenken. In kalten Zeiten für Dich da sein und Dir ein Gefühl von Wärme und Geborgenheit geben. Du weißt, wenn Du mich brauchst, bin ich ganz schnell bei Dir. Ich bitte Dich um eine zweite Chance. Ohne Dich fehlt mir etwas in meinem Leben. Komm bitte zurück zu mir! Du brauchst mich doch! Und ich brauche Dich!

Dein geliebtes Raiffeisen Heizöl

PS: Ich schenke Dir 50 Liter* Heizöl, wenn Du zurück kommst!

Deutsche Post
Entgelt bezahlt
34117 Kassel

Wenn Empfänger verzogen, zurück! Wenn unzustellbar, zurück!

Raiffeisen-Warenzentrale – Ständeplatz 1-3 – 34117 Kassel

Einfach rückseitig die Gewinnkarte ausfüllen!

Bis 31.12.2007 jeden Monat
600 Liter **1. Preis**
400 Liter **2. Preis**
200 Liter **3. Preis**

**Jetzt gewinnen**

**Vorbildlich:**
❶ Sehr originelle Idee: handschriftlicher Liebesbrief als Werbemailing
❷ Hervorgehobener Response-Verstärker
❸ Aufmerksamkeitsstarke, optisch ansprechende Einbindung eines Gewinnspiels mit hohem Mehrwert

Groß- und Einzelhandel

**Postkarte:**
Rückansicht

**Vorbildlich:**

❹ Alle Vorteile für den Kunden kurz, prägnant und auf einen Blick

❺ Optische Hervorhebung der Internet-Adresse als weiteres Response-Element

❻ Ansprechpartner vor Ort

❼ Die vielen kleinen „Jas"

❽ Gewinnung wertvoller Kundeninformationen

# Landmetzgerei Schießl: Wurst- und Fleischpäckchen über alle Grenzen

**Das Unternehmen**

Die Geschichte des Unternehmens in Teunz beginnt mit dem Großvater: Dieser gründete in den 30er-Jahren des vorigen Jahrhunderts eine kleine Landwirtschaft mit angeschlossener Bierbrauerei und Gasthaus. In den 60er-Jahren jedoch musste Sohn Hans Schießl beide Unternehmungen – die Landwirtschaft und die Bierbrauerei – wegen mangelnder Rentabilität aufgeben. Hans Schießl eröffnete stattdessen eine Metzgerei und vermietete außerdem Fremdenzimmer im oberen Stockwerk des ehemaligen Gasthauses.

1980 stieg auch sein Sohn, Bernhard Schießl, nach bestandener Meisterprüfung im Metzgerhandwerk in das Familienunternehmen ein und übernimmt schließlich die Geschäftsführung der Metzgerei.

Die Metzgerei Schießl versendet „Wurst- und Fleischspezialitäten aus dem Murachtal". Die Kunden sind zum großen Teil Urlauber, die die Spezialitäten des Hauses Schießl in ihren Ferien kennen- und schätzengelernt haben. Schon bald läuft das Versandgeschäft so gut, dass die Familie Schießl das Produktangebot erweitert.

Heute bietet der Schlemmer-Shop Schinken- und Hausmacher-Spezialitäten, Fleisch- und Fertiggerichte genauso wie Schnäpse, Liköre, Schmankerl-Pakete und einen Geschenkservice. Und mittlerweile verschickt die Landmetzgerei ihre Waren und Produkte deutschlandweit und sogar ins europäische Ausland. Doch wie wird ein Metzger Versandhändler?

**Die Ausgangslage**

Mit dem Fall der Mauer 1989 und der Öffnung der deutsch-deutschen Grenze verlor der Tourismus im Gebiet Oberpfalz rapide an Bedeutung. Die Besucherzahlen im Murachtal sanken und damit auch die Umsatz- und Kundenzahlen der Landmetzgerei Schießl – neue Kunden mussten gesucht und gefunden werden.

Die Familie gründete sofort nach dem Mauerfall 1990 einen zweiten Metzgereibetrieb in Leipzig; zu diesem werden später mehrere Filialen in und um Leipzig gehören.

Für das Versandgeschäft vom Stammsitz in Teunz aus verstärkte der Betrieb die Werbung per Dialogmarketing. Familie Schießl beauftragte eine Werbeagentur mit der Gestaltung des Bestellkatalogs. Doch den erhofften Erfolg brachte diese Investition nicht. Die Reaktionen auf die Aussendung des neu entworfenen Katalogs blieben hinter den Erwartungen – und hinter den Erfolgen der bis dato „hausgemachten" Werbemittel – zurück.

„Aller Anfang ist schwer", kommentiert Bernhard Schießl im Rückblick. Er ließ sich von dem Misserfolg nicht entmutigen, sondern setzte weiter auf die direkte Kundenansprache, optimierte dabei aber seine Werbemittel und auch die Verteilformen.

Bis zu diesem Zeitpunkt versandte die Landmetzgerei jedes Jahr einen neuen Katalog an ihre Bestandskunden und Interessenten. Zusätzlich erhielten die Stammkunden zu bestimmten Anlässen – z.B. Fasching, Ostern und Weihnachten – oder auch jahreszeitbezogen – so z.B. zur Grillsaison oder zum Herbst – Post von den Schießls.

Als zusätzlichen Vertriebsweg entdeckte Bernhard Schießl schnell das Internet für sein Unternehmen. Ab 2001 konnten die Kunden über die Internetseite *www.landmetzger-schiessl.de* leckere Wurst- und Fleischspezialitäten bestellen. Seit 2006 gab es zusätzlich einen erfolgreichen ebay-Shop, über den Bernhard Schießl inzwischen sogar europaweit seine Fleisch- und Wurstwaren vermarktete.

**Die Aufgabe**

Trotz all der Marketing-Aktivitäten stagnierte die Zahl der Besteller. Es stellte sich die Frage, wie das Unternehmen kostengünstig neue Kunden gewinnen könnte.

Bernhard Schießl nahm kurzerhand Kontakt mit dem Direkt Marketing Center (DMC) Nürnberg auf. Gemeinsam mit den Beratern und einer DMC-Partner-Werbeagentur entwickelte er einen Ansatz für die Neukundengewinnung. Die Ziele: das Kaufinteresse einer ausgewählten Zielgruppe zu wecken, das Reagieren für den potenziellen Kunden so einfach wie möglich zu machen und dafür gleich mehrere Response-Kanäle anzubieten.

**Die Lösung**

Die Lösung: eine Postkarte im Format Standard Maxi (235 mm breit mal 125 mm hoch)! Die Postkarte bewarb ein Schnupperpaket, das einen starken Kaufanreiz bot: Um das Vertrauen der Neukunden zu gewinnen, gewährte die Landmetzgerei eine Geld-zurück-Garantie, getreu dem Motto „Schmeckt's nicht, kostet's nix". Bestellen konnte der Kartenempfänger mit der integrierten Antwortkarte, die sich auch faxen ließ; dieses Angebot galt natürlich auch bei einer Internetbestellung.

Ein wichtiger Aspekt war die Auswahl der richtigen Adressen. Hier wurde auf die Erfahrung des Unternehmers aus dem täglichen Umgang mit seinen Kunden gesetzt und eine Zielgruppe ausgewählt, die dem typischen Publikum im Ladengeschäft entsprach. Die Karte wurde dann an 10.000 ausgewählte Haushalte deutschlandweit verschickt; der Versand erfolgte teiladressiert als Postwurfspezial.

**Das Ergebnis**

Die angeschriebene Zielgruppe reagierte wie gewünscht und über alle Response-Wege: 92 Bestellungen gingen allein per Antwortkarte ein. Zugleich erhöhte sich die Zahl der Internetbestellungen spürbar. „Das hat prima funktioniert", so Bernhard Schießl zufrieden.

Da die Schweiz aufgrund des Bestellaufkommens über den Online-Shop ein vielversprechender Zukunftsmarkt für die Landmetzgerei zu sein schien, sollte im nächsten Schritt das Versandgeschäft mit der Schweiz forciert werden. Auch hier setzte das Unternehmen auf Dialogmarketing.

Das Kundenpotenzial in Deutschland ist ebenfalls noch lange nicht ausgeschöpft; das Ziel ist, auch hier weitere Marktanteile zu gewinnen. Deshalb hat das DMC Nürnberg auf Basis der vorhandenen Kundendatenbank bereits eine Kundenprofilanalyse erstellt, deren Erkenntnisse in die Zielgruppenauswahl für die nächste Neukundengewinnungsaktion einfließen sollen.

Aus den Anfängen des
Dialogmarketings (um 1980):
**Katalog (oben) und
Bestellkarte (rechts):**

Groß- und Einzelhandel

**Produkt:**
Rückansicht

**Postkarte im Format Standard Maxi:**
Rück- und Vorderseite

**Vorbildlich:**

❶ Origineller Slogan und – für Metzgereien ebenso unerwartet wie innovativ – eine Geld-zurück-Garantie, falls der Kunde nicht mit der Qualität zufrieden sein sollte

❷ Optisch ansprechende Bildwelten

❸ Optisch hervorgehobene Aktion

❹ Kundenvorteile farblich hervorgehoben

❺ Viele kleine „Jas" zum Ankreuzen als positive Verstärker

❻ Farblich hervorgehobene Internet-Adresse

# Modehaus Grehn: Mit Sonnenblumen ins Herz der Neukundin

**Das Unternehmen**

Das Modehaus Grehn in Faulbach ist auf Damenbekleidung spezialisiert.

**Die Ausgangslage**

Lothar Grehn, Geschäftsführer des Modehauses, kauft ein weiteres Modegeschäft. Diese ist in Lohr gelegen, wird vom Voreigentümer aus Altersgründen veräußert und soll Anfang September 2007 neu eröffnet werden. Lothar Grehn wünschte sich ein aufmerksamkeitsstarkes Marketing für den Eröffnungstag und wandte sich dafür an das Direkt Marketing Center (DMC) Würzburg.

**Die Aufgabe**

Die geplante Aktion sollte Kunden im Einzugsbereich des Modegeschäftes auf die Neueröffnung aufmerksam machen und das Modehaus Grehn als Anbieter von Markenkleidung vor Ort positionieren. Chef Lothar Grehn dachte an klassische Anzeigenwerbung in der regionalen Tageszeitung; das DMC regte zusätzlich eine ergänzende Dialogmarketing-Aktion an.

Die Dialogexperten recherchierten zunächst die Selektionskriterien für die Zielgruppe und schlugen dann vor, die noch existierende Kundendatenbank des alten Eigentümers zu nutzen. Dies erschien sinnvoller, als neue Adressen anzumieten; denn Werbung an Bestandskunden ist aller Erfahrung nach sehr viel erfolgreicher als Werbung an Neukunden.

Leider aber stellte sich im vorliegenden Fall heraus, dass der Vorgänger seine Kundendaten schlecht gepflegt hatte: Die „Datenbank" bestand ausschließlich aus handgeschriebenen Notizen und Visitenkarten. Da es viel zu lange gedauert hätte, diese Daten aufzubereiten und in eine neue, IT-gestützte Datenbank zu integrieren, waren sie für die Werbung anlässlich der Neueröffnung nutzlos.

Lothar Grehn und das DMC-Team entschieden sich deshalb nicht für eine personalisierte Werbe-Aktion, sondern für teiladressierte Werbung. Dies hatte den Vorteil, dass nicht nur nach dem Einzugsbereich des Modehauses, sondern auch nach typischen Konsumschwerpunkten potenzieller Kunden – z.B. „Modebewusste Frauen" – selektiert werden konnte.

Über das Mailing und die Zeitungsanzeigen hinaus sollten auch Plakate für die Neueröffnung werben. Eine Partner-Werbeagentur des DMC kümmert sich um die kreative Umsetzung.

**Die Lösung**

Das Mailing war als DIN-A4-Karte konzipiert und im Sonnenblumen-Look entworfen – inklusive Stanzung der Blütenblätter am Kartenrand!

Im gleichen Erscheinungsbild präsentierten sich die Zeitungsanzeigen, die zweimal vorher und am Tag der Eröffnung in der regionalen Presse zu sehen waren. Zudem warb ein drei mal drei Meter großes Sonnenblumen-Plakat an der Außenfassade des Geschäftes für die Neueröffnung.

Dieses „sonnige" Leitbild zog sich konsequent auch durch alle anderen Maßnahmen der Aktion: So erhielt jeder Besucher am Tag der Neueröffnung eine Seiden-Sonnenblume als Dankeschön. Zusätzlich lockte ein Gewinnspiel zur Neueröffnung in das neue Modehaus: Hier waren drei Wellness-Wochenenden für jeweils zwei Personen zu gewinnen; dabei konnte das Response-Element auf dem Postweg oder vor Ort eingereicht werden.

Der Eröffnungstag verlief reibungslos – und Lothar Grehn war froh, dass die Werbeaktion so kurzfristig und professionell umgesetzt werden konnte.

**Das Ergebnis**

„Vom Preisausschreiben habe ich schon 350 Antwortkarten zurückerhalten; und bis jetzt sind schon 500 Kunden im Geschäft gewesen!", freute sich Lothar Grehn bereits wenige Stunden nach der offiziellen Neueröffnung.

Wegen des großen Erfolgs plante Lothar Grehn schon eine Woche nach der Eröffnung seines neuen Modehauses in Lohr eine ähnliche Aktion auch für das Faulbacher Geschäft. Da er maximal 1.000 Euro ausgeben wollte, wandelte das DMC die große Sonnenblumen-Karte einfach in das kleinere Format „Standard Maxi" um. So konnte das Modehaus eine Postwurfsendung versenden, bei der das Werbemittel (die Postkarte) zwar vom Format her kleiner, aber nicht weniger effektiv war.

Bestandteil der Kampagne war auch hier wieder ein Preisausschreiben mit Response-Element. Die Rückläufer wurden von Inhaber Grehn erneut persönlich gemessen.

Auch diese Aktion verlief in jeder Hinsicht sehr erfolgreich: Das Modehaus Lothar gewann weitere 43 neue Kunden. Kein Wunder, dass Lothar Grehn zufrieden resümierte: „Ich bin erstaunt; wie kostengünstig und unkompliziert erfolgreiche Werbung realisiert werden kann."

**Crossmediale Verzahnung:**
Vorankündigungen in der Tagespresse (oben: Anzeigen) ...

... und ein Großplakat an der Außenfassade des Geschäfts am Tag der Neueröffnung

**Postkarte Groß Kreativ:**
Vorderansicht

**Vorbildlich:**

① Deutliche und optisch ansprechende Hervorhebung des Anlasses mit Datum

② Integration eines Gewinnspiels mit attraktivem Preis

Groß- und Einzelhandel

**Postkarte:** Rückansicht

**Vorbildlich:**

❸ Integrierte Postkarte als Response-Element

❹ Geschenk beim Besuch vor Ort als (Reaktions-)Verstärker

# Fahrradies: Ein wahres Fahr(rad)vergnügen!

## Das Unternehmen

Die „Fahrradies Fachgeschäft GmbH" in Halle an der Saale wird 1990 gegründet. Gute, langlebige und schöne Fahrräder zu verkaufen – das ist die Leidenschaft der sechs Mitarbeiter und des Geschäftsführers Thomas Barth.

## Die Ausgangslage

Das außergewöhnlich gut sortierte Fahrradfachgeschäft bietet innovative Technik und einen hervorragenden Service. „Fahrradies" steht für eine schönere Welt rund um das Radfahren; und für alle Dinge rund um das Kinderfahrrad hat Thomas Barth gerade das „Fahrradieschen" eröffnet. Im Internet findet man das Fahrradies Fachgeschäft samt Online-Shop unter der Adresse *www.fahrradies-halle.de*.

## Die Aufgabe

Ziel einer Mailing-Aktion im Frühjahr 2007 war es, neue Kunden zu gewinnen und das Fahrradies Fachgeschäft in den Regionen in und um Halle und Leipzig noch bekannter zu machen. Das Mailing sollte das sehr hochwertige Elektrofahrrad „Flyer" bewerben und dabei ganz gezielt Menschen über 55 Jahre erreichen. Thomas Barth wandte sich deshalb an die zuständige Beraterin des Direkt Marketing Centers (DMC) Leipzig.

## Die Lösung

Thomas Barth, das DMC und dessen Leipziger Partner-Werbeagentur entschieden sich für ein in höchstem Maße ansprechendes Mailing; Werbemittel war eine aufmerksamkeitsstarke Postkarte.

Dabei präsentierte die Vorderseite des Werbemittels zwei Themen: Unter der Überschrift „Flyer Technik" wurden erste technische Detailfragen zum neuen Produkt beantwortet. Der Kunde konnte sich so bereits einen kleinen Überblick über das qualitativ hochwertige Elektrofahrrad verschaffen.

Und unter der Überschrift „Flyer Touren" bot das Fachgeschäft dann außergewöhnliche, geführte Touren mit dem beschriebenen Fahrrad an. Die künftigen Kunden erhielten so die Möglichkeit, in Gesellschaft von Gleichgesinnten das Fahrrad in der Natur zu erleben, es auszuprobieren und seine Vorzüge kennenzulernen.

Auf der Rückseite der Postkarte versprach das Motto „Ein wahres Fahr(rad)vergnügen … Ihre persönliche Unabhängigkeitserklärung" dem Empfänger dank des hochwertigen Elektrofahrrads grenzenlose Mobilität, Unabhängigkeit, Individualität und Freiheit. Bilder aktiver Menschen der älteren Generation unterstrichen diese Botschaft. Das Hauptbildmotiv war zudem sehr naturverbunden und damit perfekt auf naturliebende Fahrradfahrer ausgerichtet. Das Team vom Fahrradies hatte schon im Vorfeld besonders viel Wert darauf gelegt, dass die ältere Zielgruppe sehr sensibel auf das Thema „Mobilität" angesprochen wird.

Als Anreiz für eine positive Rückmeldung lockte die Möglichkeit, mit einem Gutschein im Wert von 20 Euro einen Tag lang kostenfrei das Elektrofahrrad „Flyer" zu testen. Als Reaktions-Verstärker wurde der Gutschein zeitlich begrenzt.

Über die Möglichkeit hinaus, gleich im Fachgeschäft anzurufen oder über die Internetseite der Firma zu reagieren, konnten Interessenten auch die integrierte, abtrennbare Antwortkarte zurücksenden. Dort konnten sie sich unter anderem für den „Flyer-Test-Tag" anmelden, Informationen zu den verschiedenen „Flyer"-Modellen anfordern oder eine telefonische Beratung vereinbaren. Ein weiterer Response-Verstärker war der Freimachungsvermerk mit dem Text: „Das Porto übernehmen wir gern für Sie!"

Die Postkarte erhielten 13.482 Haushalte als Postwurfspezial-Sendung in Halle an der Saale, Leipzig und Umgebung. Die Auslieferung erfolgt im Monat März. Die Zielgruppe war älter als 55 Jahre und verfügte über eine hohe oder sehr hohe Kaufkraft. Die Anrede in der Anschrift lautete: „An alle Fahrrad-Begeisterten".

## Das Ergebnis

„Wir haben dank dieser Aktion viele auswertbare Rückmeldungen erhalten", so Fahrradies-Geschäftsführer Thomas Barth erfreut. Fahrradies verzeichnete 160 Anrufe, 47 Antwortkarten und zahlreiche Internetbesuche innerhalb weniger Tage! Binnen zehn Tagen verkauften die Radprofis zudem drei Elektrofahrräder „Flyer". Kurzum: Die Aktion war sehr erfolgreich.

Abgesehen von den Internetbesuchen lag die Reagierer-Quote bei 1,53 %. Die Kosten für die Kreation, den Druck und die Zustellung der

Groß- und Einzelhandel

Postkarte betrugen insgesamt 6.031 Euro. Pro Interessent (ohne Internetbesucher) hatte Fahrradies somit 29,13 Euro aufgewendet.

Thomas Barth war mit dem Erfolg des Mailings so zufrieden, dass er im Oktober 2007 ein weiteres Mailing versendete. Dieses Mailing, das wiederum in Zusammenarbeit mit dem DMC Leipzig und der Partner-Werbeagentur umgesetzt wurde, ging diesmal nur an Stammkunden und war ebenfalls sehr erfolgreich.

**Postkarte:**
Rückansicht (oben)
und Vorderansicht

**Vorbildlich:**

❶ Eine Headline, die neugierig macht

❷ Integrierte Postkarte; verschiedene Ankreuz-Optionen erleichtern das Ausfüllen

❸ Alle Kontaktdaten übersichtlich und „auf einen Blick" zusammengefasst

❹ Ergänzendes Response-Element (Internet-Adresse) auf der Rückseite

# Freundlieb: Mit Werbemittelmix zu neuen Kunden

**Das Unternehmen**

Freundlieb steht für Kompetenz, Qualität, Preissicherheit und Termintreue und ist seit über 100 Jahren auf dem Markt. Das mittelständische Familienunternehmen wurde im Jahre 1901 gegründet und ist mit dem Feuerungsbau in der Stahlindustrie groß geworden.

**Die Ausgangslage**

Im Laufe der Unternehmensgeschichte wurde das Leistungsspektrum erheblich erweitert: Neben dem Kerngeschäft – der Baudurchführung – kamen weitere, dem Bauen vor- und nachgelagerte Dienstleistungen hinzu. Heute ist Freundlieb auf die schlüsselfertige Erstellung von Gewerbeimmobilien spezialisiert und übernimmt sowohl große, technisch anspruchsvolle Projekte als auch Umbaumaßnahmen und Sanierungen.

Die Kundenpalette reicht vom privaten Bauherrn und jungen Start-up-Unternehmen über mittelständische Unternehmen bis hin zu börsennotierten Marktführern. Mit Christian Freundlieb führt ein Vertreter der vierten Generation die Geschäfte des Dortmunder Baudienstleisters.

**Die Aufgabe**

In einem gemeinsamen Termin im Direkt Marketing Center (DMC) Dortmund legte Christian Freundlieb die Aufgaben fest: Die Firma Freundlieb ist durch Großprojekte – zum Beispiel den Bau des ADAC-Gebäudes direkt an der B1 – bekannt. Deshalb sollt zum einen das Image als geeigneter Partner für Großprojekte gezielt gesteigert werden.

Aber auch private Bauherren und kleinere Unternehmen sind für Freundlieb eine interessante Zielgruppe; dort sollten vor allem die ganzheitliche Immobilienberatung und schlüsselfertige Sanierungen bekannter gemacht werden.

Über die Imagesteigerung hinaus sollte die Werbeaktion auch die Zahl der konkreten Anfragen erhöhen. Deshalb wurden Anzeigenwerbung, Public Relations (PR) und Dialogmarketing miteinander verknüpft, um eine möglichst hohe Wirkung zu erzielen.

Die Umsetzung von Anzeigen und PR-Arbeit übernahm eine DMC-Partneragentur, der Dialogmarketing-Part lag in den Händen des DMCs. Das DMC wählte für die Freundlieb-Aktion das Werbemittel „Bestseller Mail" aus. Bei diesem Fullservice-Produkt erhält der Kunde eine komplette Mailing-Aktion – von der Kreation bis zum fertig produzierten Werbemittel – zum Festpreis: Ein weiterer Vorteil: Der Kunden muss sich um nichts weiter kümmern, denn die Abwicklung seines professionell gestalteten Wunsch-Mailings erledigt ein Fachberater der Deutschen Post.

**Die Lösung**

Die Zeitungsanzeige umfasste eine halbe Seite in der Dortmunder Tageszeitung „Ruhr Nachrichten". Sie bestand zu zwei Dritteln aus einem redaktionell gestalteten Teil mit Text und Foto und zu einem Drittel aus einer klassischen Anzeige. Dies sollte vor allem das Image steigern und über die schlüsselfertigen Sanierungen informieren.

Als Werbemedium für die Dialogmarketing-Aktion kam eine DIN-A4-Postkarte zum Einsatz. Dieses Medium bot sich an, weil es Neukunden aufmerksamkeitsstark anspricht und zugleich zur Imagesteigerung beiträgt. Dank der integrierten Antwortkarte konnten die Empfänger gleich aktiv reagieren.

Die Titelseite der Postkarte zeigte einen gepflegten Herrn mittleren Alters; dies sollte Seriosität und Attraktivität im Alter vermitteln, getreu dem Motto „Ein Bild sagt mehr als tausend Worte". Die dazu passende Headline „Hey, altes Haus, du siehst ja blendend aus!" erregte Aufmerksamkeit und macht Lust aufs Weiterlesen. Das untere Viertel der Karte transportierte kurz und prägnant die Zielsetzung und das Firmenlogo.

Die integrierte Antwortkarte enthielt folgende Optionen:

1. „Bitte rufen Sie mich an". Dieses Element sollte möglichst viele Anfragen generieren.

2. „Ich möchte am Gewinnspiel teilnehmen". Dieses Element sollte die Aufmerksamkeit der Empfänger wecken.

3. „Ich habe kein Interesse, bitte rufen Sie mich nicht an". Der Einsatz dieses Element erhöht erfahrungsgemäß die Quote der positiven Reaktionen.

Die Karte war zweifach personalisiert: einmal durch die Anschrift, zum anderen auf der Antwortkarte. Ein Foto von den Mitarbeitern der Firma Freundlieb weckte zusätzlich

Handwerk und Bau

Sympathie. Dabei hatten die Mailing-Gestalter das Werbemittel bewusst nicht überfrachtet; vielmehr wurde viel Wert auf aussagekräftige Bilder und kurze, prägnante Texte gelegt, um das Interesse potenzieller Neukunden zu erlangen.

Die als Bestseller Mail konzipierte Karte ging an 7.800 Privatkunden, die in einem zuvor genau festgelegten Gebiet in Ein- und Zweifamilienhäuser lebten, sowie an 418 Gebäudeverwalter und 4.029 Postfachinhaber in Dortmund und Umgebung. Neben der halbseitigen Zeitungsanzeige und der Mailing-Aussendung versendete Freundlieb Pressemitteilungen, die wiederum in mehreren Tageszeitungen redaktionell berücksichtigt wurden.

## Das Ergebnis

Christian Freundlieb war zufrieden: „Mit dieser Mailing-, Anzeigen- und PR-Aktion und ihrer dreistufigen Aufbereitung haben wir eine positive und nachhaltige Wirkung für das Image unseres Unternehmens erzielt. Viele unserer Kunden sprechen uns darauf an. Erfreulicherweise erhielten wir sogar kurzfristig Aufträge, die ohne diese Kampagne nicht zustande gekommen wären."

**DIN-A4-Postkarte:**
Vorder- und Rückansicht

**Vorbildlich:**

❶ Neugier erzeugender Slogan, der durch die Verbindung von Bild und Text die Botschaft schnell und effektiv transportiert

❷ Integrierte Antwortkarte mit Ankreuz-Optionen als Response-Elementen

# GaWaSan: Weihnachtsmann sorgt für bessere Auslastung

## Das Unternehmen

Die GaWaSan GmbH wurde im August 1953 gegründet. Sie bietet Produkte – wie Gas-, Wasser- und Abflussleitungen sowie Dachrinnen – und Dienstleistungen wie die Bauspenglerei. In nur wenigen Jahren wächst GaWaSan von drei auf zwölf Mitarbeiter und erweitert ihr Angebot um die Lieferung und Montage von Etagenheizungen für Wohnungsbaugesellschaften.

Der heutige Geschäftsführer Hans Vosseler steigt im April 1979 in das Unternehmen ein. Er legt die Meisterprüfung ab und übernimmt fünf Jahre später die Geschäftsleitung der Firma.

## Die Ausgangslage

Seit 1984 kümmert sich GaWaSan um Komplettsanierungen im Wohnungsbau – insbesondere in bewohnten Wohnungen. Als einer der wenigen Handwerksbetriebe garantiert GaWaSan Termintreue, ein Service, den die Kunden sehr schätzen.

Mittlerweile stehen 15 motivierte und gut ausgebildete Mitarbeiter den Kunden zum gesamten Thema „Haustechnik" mit Rat und Tat zur Seite. In der für den Mittelstand ungewöhnlich stark ausgeprägten Firmenphilosophie sind wichtige Aspekte der internen Führung, wie etwa Schulungen und Motivation, sowie ein tiefes Verständnis für den Kunden verankert. Eine der elementarsten Aussagen – „Nur ein zufriedener Kunde ist ein guter Kunde." – spiegelt sich im alltäglichen Kundenkontakt wider.

## Die Aufgabe

„Das Kundenverhalten ist seit Jahren konstant.", erzählt Geschäftsführer Hans Vosseler. „Von Januar bis Mai ist im Handwerk ‚Saure-Gurken'-Zeit: Endkunden vergeben nur sehr wenige Aufträge und nutzen die Zeit, um selbst einmal tief Luft zu holen."

Somit ist die Mitarbeiterauslastung zu Jahresbeginn nicht zufriedenstellend. Manchmal ist dies auch noch im Juni der Fall; zu dieser Zeit ist die Auslastung der Mitarbeiter wegen Urlaubszeiten und Brückentagen aber insgesamt besser.

Nach den Sommerferien platzt dann der Knoten: Plötzlich wollen alle auf einmal ihre Leitungen repariert, die Bäder saniert und die Heizungsanlage ausgetauscht bekommen. Dies beschert GaWaSan regelmäßig volle Auftragsbücher und eine gute Mitarbeiterauslastung für die folgenden sechs Monate. „Hinzu kommen nun auch noch die gesamten kleinen Reparaturen, die schon lange anstehen", erklärt Hans Vosseler aus jahrelanger Erfahrung. Dazu zählen der tropfende Wasserhahn, der laufende Spülkasten und die Dusche, die unschöne Geräusche macht.

Die in dieser Zeit ohnehin hohe Arbeitsbelastung wird mit diesen Kleinreparaturen noch einmal erhöht und ist mit den vorhandenen Mitarbeitern nicht mehr zu bewerkstelligen. Darunter leidet nicht nur das Überstundenkonto der Mitarbeiter, sondern auch die Kundenzufriedenheit. Denn: Kein Kunde wartet gern lange auf die Erledigung seines Auftrages.

Aus diesem Grund entwickelte das für seine exzellente Kundenbetreuung bekannte Unternehmen in Kooperation mit der Deutschen Post AG eine intelligente und effiziente Taktik, um das anstehende Arbeitsaufkommen einerseits zu entzerren und andererseits dennoch alle Kunden zufrieden zu stellen.

## Die Lösung

Als GaWaSan und die Experten vom Direkt Marketing Center (DMC) Frankfurt an einem Tisch sitzen, war das Ziel schnell klar: die Anfrageverschiebung der Kleinreparaturen in den wenig ausgelasteten Jahresbeginn. Die Kunden sollten einen finanziellen Anreiz erhalten, Aufträge, die nicht zwingend sofort erledigt werden mussten, erst ab Januar an die GaWaSan zu richten.

Da die Anfahrtskosten gerade bei diesen Kleinreparaturen einen hohen Anteil an dem Gesamtrechnungsbetrag aufweisen, wurde genau an dieser „Schraube" gedreht: „Für alle großen und kleinen Reparaturen, tropfende Wasserhähne oder undichte Heizkörper berechnen wir bis Ende März keine Anfahrts- und Kraftfahrzeugkosten", entschied Hans Vosseler.

Damit stand zugleich die zentrale Botschaft der Marketing-Aktion fest. Nun galt es, sie in die Tat umzusetzen. Das DMC holte für die GaWaSan-Werbung ihre Partner-Werbeagentur mit an Bord und die breit aufgestellte Werbeagentur entwickelte eine eigenständige Bildsprache für GaWaSan.

Als Werbemittel wählte das Team eine Postkarte. Weil diese Karte im Dezember versendet werden sollte, zeigte sie natürlich auch einen Weihnachtsmann. Dies ließ vermuten, dass GaWaSan seinen Kunden ein Weihnachtsgeschenk machen wollte.

Die Karte wies ein auffälliges Format auf (235 x 125 mm / Standard Maxi) und bot damit gleich mehrere Vorteile: Erstens erregte die außergewöhnliche Größe sofort die Aufmerksamkeit des Empfängers, weil sie aus der restlichen Post herausstach, zweitens konnte sie kuvertfrei verschickt werden und drittens kostete sie für ihre Größe vergleichsweise wenig Porto.

Die Vorderseite der Karte zeigte den Weihnachtsmann, den Claim „Der berechnet Ihnen ja auch keine Anfahrtskosten" sowie das Logo und die Kontaktdaten von GaWaSan. Die Rückseite griff die Bildidee wieder auf und ergänzte diese unter anderem durch den Aktionszeitraum und die Aktionsbestandteile (keine Berechnung der Anfahrts- und der Kraftfahrzeugkosten).

Die Karte wurde in einer Auflage von über 6.000 Exemplaren produziert und wurde sowohl an Stammkunden als auch – über eine Verteilaktion in Kooperation mit der Deutschen Post – an potenzielle Neukunden versendet.

**Das Ergebnis**

Hans Vosseler war mit dem Erfolg des Mailings mehr als zufrieden – seine Erwartungen wurden übertroffen!

Die Kartenaktion zum Jahresende ist mittlerweile ein fester Bestandteil im Marketing von GaWaSan. Kunden fragen teilweise schon im Herbst nach, ob im kommenden Jahr wieder die „Weihnachtsmann-Aktion" startet – sie ist seit 2004 jedes Jahr ein voller Erfolg.

Und auch Hans Vosseler hat sein Ziel erreicht: Die große Anzahl an Kleinreparaturen in der zweiten Jahreshälfte wurde auf ein Minimum reduziert und in das erste Quartal im Folgejahr verlagert. Hinzu gesellen sich jedes Jahr einige Neukunden, die sich über diese Aktion von den professionellen Leistungen von GaWaSan überzeugen.

Damit führte das Mailing zu einer klassische Win-Win-Situation: Das Unternehmen profitierte von einer besseren Auslastung, von schnelleren Reaktionszeiten im Herbst und einer stetig steigenden Anzahl an Neukunden; der Endkunde hingegen freute sich über die Ersparnis und nahm GaWaSan als innovatives und einfach anderes Unternehmen positiv wahr.

**Postkarte Standard Maxi:**
Rückansicht

**Vorbildlich:**

❶ Gleiches Grundmotiv, dadurch höherer Wiedererkennungswert und geringere Druck- und Layoutkosten; nur der Störer (blauer Stern) ändert sich und weist auf die verschiedenen Aktionen hin

❷ Deutliche Hervorhebung des Kundenvorteils durch die Headline

❸ Zeitliche Limitierung der Aktion als Reaktions-/Handlungs-Verstärker

Handwerk und Bau

**Postkarte:**
Vorderansicht

**Vorbildlich:**

❹ alle Leistungen im Überblick, übersichtlich präsentiert durch Aufzählung und Fettdruck

❺ Durchgängige Bildsprache: Bildmotiv der Rückseite wird vorn wieder aufgegriffen

❻ Klar hervorgehobenes, sofort erkennbares Response-Element (Telefonnummer)

# Malermeister Ingo Wehner: 84 Prozent Umwandlungsquote!

## Das Unternehmen

Familie Wehner blickt auf eine lange Tradition zurück: Malermeister Willy Raschke gründet das Familienunternehmen 1955 in Claußnitz. Er übernimmt damals ein bestehendes Malergeschäft, baut es aus und hinterlässt seinem Ziehsohn Rolf Wehner 1977 ein kleines erfolgreiches Unternehmen.

Dessen Sohn Ingo Wehner lernt das Malergeschäft von der Pike auf. 1986 beginnt er seine Ausbildung. Er erinnert sich oft an die ersten Jahre: „Zu DDR-Zeiten war vor allem die Materialbeschaffung ein schwieriges Thema. Über Konkurrenz brauchten wir uns zu der Zeit keine Gedanken machen. Aber wir mussten pfiffig sein, um aus Wenig tolle Ergebnisse zu erzielen." Nach dem Fall der Mauer kommt 1990 der große Bauboom. Das Unternehmen hat viel zu tun, Vater Rolf Wehner und Sohn Ingo arbeiten Seite an Seite. Über Werbung machen sich die beiden zu diesem Zeitpunkt keine Gedanken. Doch die Zeiten ändern sich.

## Die Ausgangslage

Ab 1995 nehmen die Aufträge schleichend ab. Nur durch einen spürbaren Kundenzuwachs könnte das Familienunternehmen den Umsatz der letzten Jahre erreichen. Die Aufgabe war also, möglichst schnell neue Kunden zu gewinnen.

Doch die Marktsituation war nicht mehr so einfach, die Zahl der Mitbewerber gewachsen. Im Jahr 2003 übergab Rolf Wehner das Geschäft an seinen Sohn Ingo. Dieser musste möglichst schnell handeln.

## Die Aufgabe

Im Rahmen einer Seminarreihe zum Thema „Marketing und Vertrieb im Malerhandwerk" wurde Ingo Wehner auf die Leistungen des Direkt Marketing Center (DMC) Erfurt (heute Leipzig) aufmerksam.

Der erste persönliche Kontakt war schnell hergestellt. Der Geschäftsinhaber schilderte seine Situation und charakterisierte seine Kunden. Gemeinsam machten sich der Malermeister und das DMC-Gedanken, welche Merkmale neue Kunden erfüllen mussten und mit welchem Medium sie am besten erreicht werden konnten.

## Die Lösung

Die Wahl fiel auf ein Bestseller Mail zum Festpreis; hier übernimmt ein Fachberater der Deutschen Post die komplette Projektsteuerung, eine DMC-Partneragentur kreiert das Werbemittel, eine DMC-Partnerdruckerei druckt und personalisiert es und die Deutsche Post stellt es schließlich termingenau an die gewünschten Haushalte zu.

Im Mailing waren Ingo Wehner und sein komplettes Team abgebildet – damit erhielt es eine persönliche und vertrauenerweckende Note. Mit den Fotoaufnahmen wurde ein professionelles Fotostudio beauftragt; auch das war Bestandteil des Full-Service-Pakets.

Damit das Mailing möglichst zielgenau die potenziellen Kunden erreichte, wurde es als Postwurfspezial-Sendung an sorgfältig ausgewählte Haushalte verteilt. Der geplante Versandtermin lag kurz vor der Wintersaison, eine für das Malerhandwerk erfahrungsgemäß eher schwierige Zeit – in den vergangenen Jahren hatte Ingo Wehner zeitweise sein Team reduzieren müssen, um die Wintermonate zu überbrücken. Die Mailing-Aktion sollte deshalb vor allem gerade diesen Zeitraum besser auslasten.

Nachdem die Zielgruppe des Betriebs ganz genau analysiert wurde, erfolgte eine Zählung der Haushalte im Einzugsgebiet. Diese Zählung berücksichtigte die Kriterien Wohnsituation, Alter und Kaufkraft; von 10.000 unter die Lupe genommenen Haushalten gehören demnach rund 70 Prozent der gewünschten Zielgruppe an. Das war zwar noch kein Garant für eine erfolgreiche Werbung, aber eine gute Vorraussetzung. Im November wurde das Mailing verschickt.

## Das Ergebnis

Eine exakte Aussage über die eingegangen Reaktionen ist kaum möglich. Der Grund: Über zwei Jahre nach dem Versand des Mailings kamen noch immer Nachfragen! Viele Kunden hoben sich die Karte für den Bedarfsfall auf.

Direkt nach der Aktion waren 0,2 % Response zu verzeichnen, nach einem halben Jahr verdoppelte sich die Zahl der Reaktionen. Der wichtigste Erfolg: 84 % aller unterbreiteten Angebote konnte Ingo Wehner in Aufträge umwandeln. Und anschließende Empfehlungen und Folgeaufträge bewiesen, dass nicht nur das Werbekonzept, sondern auch die Qualität der ausgeführten Arbeiten die Kunden überzeugte.

Handwerk und Bau

Angesichts dieses großen Erfolgs startete Ingo Wehner im folgenden Herbst die nächste Mailing-Aktion mit dem DMC. Diesmal wurde ein klassisches Mailing in einer Auflage von 2.500 Stück verschickt. Der Aufhänger: Renovierungsarbeiten konnten nun auch beim Finanzamt als Ausgaben geltend gemacht werden. Ingo Wehner legt dem Mailing Flyer der Maler-Innung bei.

Auch für diese Aktion wurde die Zielgruppe sorgfältig ausgewählt. Über die Deutsche Post Direkt mietete das Unternehmen Privatadressen zur einmaligen Nutzung an. Das Anschreiben entwarf Ingo Wehner selbst, mit Unterstützung des DMC Erfurt. Auch diese Aktion war erfolgreich, wenn auch nicht in dem Maße wie die zuvor gelaufene Dialogmarketing-Kampagne. Auch hier stellte sich der volle Erfolg erst über einen längeren Zeitraum ein; er lag schließlich bei 0,25 % Response.

Ende November 2007 folgt eine weitere Aktion. Diese bautet auf Bewährtem auf: Sie zeigte Ingo Wehner und sein Team, wurde nur textlich aktualisiert und wiederum teilpersonalisiert versendet – und war erneut ein voller Erfolg!

**Bestseller Mail (Postkarte):**
Vorder- und Rückansicht

**Vorbildlich:**

❶ Sympathische Fotos wecken Vertrauen

❷ Klar erkennbarer Aktionstermin

❸ Integrierte Antwortkarte als Response-Element

❹ Alle Kontaktdaten auf einen Blick

## Volksbank Neckartal: Ein KUSS für die Kunden

### Das Unternehmen

Die Volksbank Neckartal ist eine Genossenschaftsbank mit 30 Geschäftsstellen, 250 Mitarbeitern und rund 65.000 Kunden. Sie hat einen starken regionalen Bezug innerhalb der ländlich strukturierten Region zwischen Heidelberg und Heilbronn. Neben den üblichen Hauptgeschäftsfeldern des Bankhauses steht besonders die in der Satzung und in dem Leitbild der Bank formulierte Förderung der Mitglieder im Fokus: „Gesundes Wachstum und ein angemessenes Ergebnis".

### Die Ausgangslage

In den letzten Jahren hatte – wie in anderen Branchen – auch im Bankgewerbe der Wettbewerbsdruck erheblich zugenommen. Viele Mitbewerber mit hohem Bekanntheitsgrad, so zum Beispiel Direkt-, Auto- und Großbanken, gingen mit Anzeigen, Fernseh- und Radiospots, aber auch mit Direktwerbung auf die Privatkunden zu.

Dieser Wettbewerbsdruck veranlasste die Geschäftsführung, den Vertrieb und die Marketingabteilung dazu, Gegenmaßnahmen zu ergreifen, um den Einlagenabflüssen entgegenzuwirken.

Ein weiterer Auslöser war die 2006 erstmals verzeichnete Stagnation von Mitglieder- und Gewinnsparerzahlen. Es galt also dringend

- Geldabflüsse an andere Bankengruppen abzuwehren,
- neue Einlagen zu gewinnen und
- das Image der Volksbank zu stärken.

Außerdem sollten sich sowohl Bankkunden als auch Mitarbeiter mit dem Unternehmen und dessen Zielen noch stärker identifizieren.

### Die Aufgabe

Basierend auf der einige Jahre zuvor entwickelten Idee der regionalen Förderkonzepte für Schulen, Vereine, Kirchengemeinden und Kindergärten wurde dabei auf das Anlageprodukt KUSS zurückgegriffen. Der Name, der sich aus den Anfangsbuchstaben der regionalen Konzepte **K**ultur, **U**mwelt und **S**ozial **S**ponsoring ergibt, unterstreicht zugleich den sozialfördernden Aspekt des Einlageprodukts.

Hauptzielgruppe der ersten Marketing- und Vertriebskampagne waren diejenigen Kunden, die fester an die Volksbank gebunden werden sollen. Zugleich sollten durch die Kampagne aber auch Gewinnsparer neu gewonnen werden. Als Gewinnsparer konnte jeder Kunde neben der Spareinlage zugleich auch drei Sparlose erwerben.

In KUSS spiegelte sich einerseits der regionale Bezug der Bank wider, da die Einlageform ihre Keimzelle in den regionalen Förderkonzepten hatte. Andererseits konnte sich – als zusätzlicher Nutzen – der Kunde mit dem Anlageprodukt zugleich für ein soziales Projekt engagieren. Dabei war von Vorteil, dass die Einrichtungen, für die sich der Anleger einsetzte, in der Region bekannt waren, sodass ein Vertrauensvorschuss vorhanden war.

Es galt nun, die Argumente für das Produkt mit all seinen Facetten auf dem Werbemittel nutzenorientiert, aufmerksamkeitsstark und aussagekräftig in Szene zu setzen. Zugleich wollte sich die Volksbank Neckartal mit ihrem Werbeversprechen für die KUSS-Einlage ganz deutlich von ihren Mitbewerbern abheben: „Geiz-ist-geil"-Strategien oder „Zinskeulen"-Modelle kamen dabei nicht in Frage, da sie weder zum Leitbild der Bank noch zum Produkt KUSS passten. Stattdessen entschied man sich für eine Strategie der Exklusivität.

### Die Lösung

Die Bank beauftragte das Direkt Marketing Center (DMC) Mannheim und dessen Partner-Werbeagentur mit der Umsetzung der Dialogmarketing-Aktion. Das Ansprachekonzept sollte Aufmerksamkeit erzeugen und einen informativen Textanteil aufweisen; es galt also, eine auffällige Gestaltung mit einem seriösen Werbeauftritt zu verbinden. Zudem sollte die Werbebotschaft sowohl Stamm- als auch Neukunden über möglichst viele Kanäle von dem Produkt begeistern.

Um dem Mailing eine individuelle Note zu verleihen, bot sich ein an die Kunden persönlich adressierter Versand per Infopost an.

Briefhülle und Anschreiben des Mailings waren nach den Regeln der Prof. Vögele Dialogmethode® gestaltet. Den Eyecatcher bildeten ein Mutter-Kind-Motiv sowie der Werbeslogan „Ein KUSS für die Heimat".

Das personalisierte Mailing ging an rund 8.000 Stammkunden der

Bankfiliale, die dort unter anderem ein Privatgirokonto unterhielten. Eine Woche später erhielten potenzielle Neukunden in 34.000 Haushalten der Region unpersonalisierte Wurfsendungen. Flankierend warben alle Geschäftsstellen auf Plakaten und Flipcharts für das KUSS-Produkt. Hinweise auf Kontoauszügen und natürlich die Website der Volksbank Neckartal verstärkten den Werbedruck noch zusätzlich.

Jeder Käufer der KUSS-Einlage erhielt als Werbegeschenk eine Musik-CD mit der Cover-Version des Hits „Rote Lippen soll man küssen". Zur Kundenbindung und Unterstreichung der Exklusivität bekamen alle, die eine Mindesteinlage von 3.333 Euro tätigten, zudem ein hochwertiges Zertifikat. Zum Jahreswechsel rundete eine an alle bisherigen KUSS-„Paten" gerichtete „Dankeschön"-Anzeige des Vorstands die Werbeaktion für das KUSS-Projekt ab.

**Das Ergebnis**
Die Aktion war in jeder Beziehung ein Erfolg. Die gesteckten Ziele wurden erreicht, die Erwartungen übertroffen: Die Volksbank Neckartal gewann neue Gewinnsparer – und zwar sowohl innerhalb ihrer Bestandskunden als auch bei Empfängern, die bisher noch keine Kunden der Bank waren.

Die Ergebnisse der Aktion sprachen eine eindeutige Sprache:

- 2.300 Kunden beteiligten sich an dem KUSS-Projekt, darunter rund 750 neu gewonnene Anleger.
- Rund 24 Prozent der gesamten KUSS-Geldanlagen waren neue Gelder.
- Die Volksbank gewann ca. 500 neue Gewinnsparer mit rund 2.000 zusätzlichen Monatslosen für die spezielle Projektförderung.

Auch die internen Ziele der Volksbank Neckartal – Motivation und Identifikation der Mitarbeiter mit der Bank und dem Projekt – wurden erreicht. Die besten KUSS-Verkäufer wurden in einer betriebsinternen Veranstaltung für ihr Engagement und ihren Einsatz ausgezeichnet.

„Selten konnten in der Vergangenheit Mitarbeiter und Kunden gleichermaßen mit einem Angebot der Volksbank Neckartal so begeistert werden", so Hugo Sablowski, Marketingleiter der Volksbank Neckartal und Ideengeber der Kampagne. „Eine Genossenschaftsbank, die traditionell Heimat und Menschen verbunden ist, muss sich durch ihr gesellschaftliches Engagement im Bewusstsein von Kunden und Mitarbeitern – auch mit Kampagnen wie KUSS – verankern."

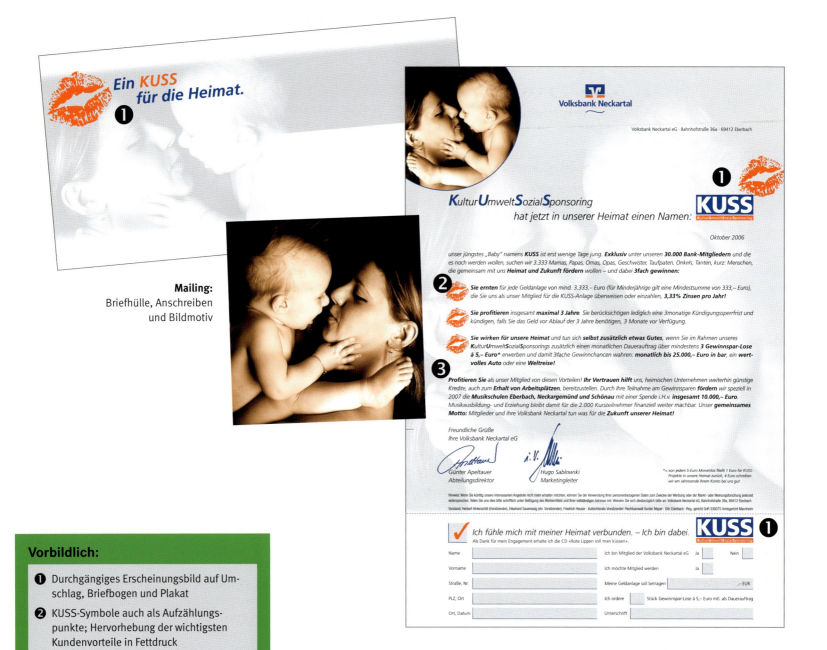

Banken und Versicherungen

**Crossmediale Verzahnung:**
Plakat

*Exklusiv-Angebot an* **3.333**
*unserer* **30.000** *Bank-Mitglieder*
*und die es noch werden wollen, denn*

**K**ultur**U**mwelt**S**ozial**S**ponsoring
*hat jetzt in unserer Heimat einen Namen:*

❶

❸

*Heimat und Zukunft* **fördern** *und* **3fach** *gewinnen:*

 **Sie ernten** *für jede Geldanlage von mindestens 3.333,– Euro*
**3,33% Zinsen pro Jahr!**
*(für Minderjährige gilt eine Mindestsumme von 333,– Euro)*

 **Sie profitieren** *insgesamt* **maximal 3 Jahre**.
Sie berücksichtigen lediglich eine 3monatige Kündigungssperrfrist und kündigen,
falls Sie das Geld vor Ablauf der 3 Jahre benötigen, 3 Monate vor Verfügung.

 **Sie wirken für unsere Heimat** *und tun sich mit dem Erwerb
von mind.* **3 Gewinnspar-Losen** *á 5,– Euro\* selbst etwas Gutes,*
die Sie im Rahmen unseres **K**ultur**U**mwelt**S**ozial**S**ponsorings erwerben und 3fache Gewinnchancen
wahren: **monatlich bis 25.000,– Euro bar**, **wertvolles Auto oder Weltreise!**

❸ **Profitieren Sie** *als unser Mitglied von diesen Vorteilen!*
*Unser* **gemeinsames Motto:** *Mitglieder und ihre Volksbank Neckartal eG
tun was für die* **Zukunft unserer Heimat!**

*Weitere Informationen erhalten Sie auf Anfrage.*

*\*= von jedem 5 Euro-Monatslos fließt 1 Euro für KUSS-Projekte in unsere Heimat zurück, 4 Euro schreiben wir am Jahresende Ihrem Konto bei uns gut*

**Vorbildlich:**

❸ Verstärkende Verben wie „gewinnen",
„profitieren" etc. erzeugen viele kleine
„Jas" beim Leser.

# SHK: Erfolgreiches Händlerkonzept für Badplaner

## Das Unternehmen

Die in Bruchsal ansässige Handwerkskooperation SHK Einkaufs- und Vertriebs AG unterstützt Badgestalter und Spezialisten für umweltgerechte Haustechnik und organisiert bundesweit die Einkaufs- und Verkaufsaktivitäten von rund 800 Fachbetrieben.

Die SHK ist ein Leistungsverbund führender Badspezialisten und SHK-Fachbetriebe in Deutschland. Die Verbundgruppe ist der führende Einkaufs- und Dienstleistungsverbund des unabhängigen mittelständischen Sanitär- und Heizungsfachmarktes. Seit seiner Gründung im Jahr 1988 haben sich hier mehr als 800 der innovativsten Unternehmen der Branche zusammengeschlossen.

## Die Ausgangslage

Die enge Zusammenarbeit mit den Fachhandwerksbetrieben und den Industrie- und Dienstleistungspartnern sichert sowohl die Wirtschaftlichkeit als auch die Wettbewerbsfähigkeit jedes Partners. So werden den angeschlossenen Betrieben spezielle Finanzdienstleistungen, von Leasing über Inkasso bis hin zur Endkundenfinanzierung angeboten. Außerdem finden regelmäßig praxisgerechte Schulungen durch die SHK-Akademie statt. Zusätzlich erhalten die Fachbetriebe professionelle Marketingunterstützung. Diese reicht von der Bereitstellung der Werbemittel über die Kundenselektion bis hin zum Verteilservice.

Zu Beginn der Kooperation gab es weder Gemeinschaftsaktionen noch ein konzertiertes Vorgehen im Marketingbereich. Jeder Händler entschied selbst darüber, welche Werbeform er wann und wie nutzte. Dadurch wurde viel Zeit bei den einzelnen Händlern gebunden. Auch waren die Einzelaktionen sehr teuer. Deshalb scheuten viele der teilnehmenden Händler den Aufwand und verzichteten ganz auf werbliche Aktionen.

Zunächst musste eine innovative Marktzugangsstrategie gefunden werden, um den Endverbraucher gezielt zu erreichen. Dies stellte eine große Herausforderung dar: Denn der Konsument von heute stellt hohe Ansprüche im Bereich Lebensraumgestaltung, verlangt aber gleichzeitig nach einem guten Preis-Leistungs-Verhältnis, bezogen auf den Service wie auch auf das einzelne Produkt.

Dabei lassen sich Konsumenten heute nicht mehr in reine Qualitäts- oder reine „Billig"-Käufer einteilen. Der Käufer von heute ist vielmehr ein Wanderer zwischen den Welten „teuer" und „preiswert", „Topqualität" und „Schnäppchen".

Bereits 2004 erarbeitete das Direkt Marketing Center (DMC) Karlsruhe eine erste Strategie. Die erstellten Werbemittel wurden erfolgreich mit Postwurfspezial verteilt.

## Die Aufgabe

Die Herausforderung bestand darin, ein innovatives Händlerkonzept zu entwickeln, mit dem anspruchsvolle Kunden noch besser als bisher erreicht werden konnten. Hierzu wurde eine Marktzugangsstrategie mit dem Namen „WIB" (Wege im Badmarkt) erarbeitet, ein Begriff, der beim Kunden Assoziationen zum englischen VIP – very important person – hervorrufen sollte. Es galt ein Händlerkonzept zu entwickeln, in das diese Marktzugangsstrategie einfloss.

## Die Lösung

Gemeinsam mit dem DMC Karlsruhe entwickelte SHK ein ausgefeiltes Konzept, um vorhandene Käufergruppen effizienter zu bearbeiten, verlorene Kunden zurückzuholen und neue hinzuzugewinnen.

Mit Hilfe eines renommierten Marktforschungsinstituts wurde zunächst ermittelt, in welchem Rhythmus und mit welchen Medien welche Zielgruppen am besten erreicht werden konnten. Dabei kamen zwei bewährte Instrumente zum Einsatz: der Zielgruppen-Scout* und Postwurfspezial.

Diese Instrumente ermöglichen eine besonders zielgenaue Verteilung (und nicht nur eine Verteilung z.B. nach Postleitzahlgebieten). Zugleich wurden auf diese Weise diejenigen Kunden selektiert, die über einen Zeitraum von zwei Jahren regelmäßig und intensiv beworben werden sollten.

Grundlage für die Selektion war eine Datenbank mit allen 40 Millionen Haushalten in Deutschland. Diese Datenbank wurde mit der Kundendatei und dem Einzugsgebiet der beteiligten Badspezia-

---

* Details siehe Teil II, „Wirkungsvolle Praxis-Tools im Dialogmarketing"

listen abgeglichen. Dabei wurden Bestandskunden und auch die uninteressanten Adressen gekennzeichnet. Resultat des Abgleichs war das tatsächliche Käuferpotenzial. Die Zustellgebiete wurden dabei so festgelegt, dass es so gut wie keine Überschneidungen gab.

Kernelemente des WIB-Konzeptes waren die exakte Ermittlung des Käuferpotenzials und der Zielgruppe im Einzugsbereich des einzelnen Badspezialisten und die hieran angeschlossene Adress-Selektion. Aus der Analyse des jeweiligen Mailing-Rücklaufs ließen sich Kundenprofile ermitteln, über die derzeit normalerweise nur Großversender verfügen.

Als Werbemittel wurde eine vierseitige Klappkarte gewählt; diese war zugleich als Reihe – also mit wechselnden Themen – konzipiert. Jede der Aussendungen hatte folglich ihr eigenes Thema und erweiterte das Leistungsprofil „Badspezialist" sowohl in die Tiefe – so etwa „Lebensraum-Profi Bad" oder „Renovierer" – als auch in die Breite, so zum Beispiel „Solider Produktverkauf".

Das Händlerkonzept WIB wurde zentral von der SHK gesteuert; diese kümmerte sich auch um die Umsetzung der Maßnahmen. Jeder Konzeptpartner profitierte davon und erreichte so – auf Basis einer Potenzial-Ermittlung und Adress-Selektion – die hausgenaue Verteilung von zehn Kundenmailings, inklusive Gestaltung, Produktion, Druck und Versand mit zehn verschiedenen Themen über einen Zeitraum von zwei Jahren an 10.000 ausgesuchte Adressaten pro Jahr.

**Das Ergebnis**

Das Konzept war so erfolgreich, dass Michael Hoffmann, Marketingleiter der SHK, nicht nur zufrieden, sondern begeistert war: „Eine solch konzertierte Aktion zur Neukundengewinnung hat das sanitäre Fachhandwerk bislang noch nie angepackt. Das konnte nur in einem Verbund gleichgesinnter Kollegen und mit Unterstützung des Direkt Marketing Centers Karlsruhe gelingen. Unser Konzept war darauf ausgerichtet, die lokale und regionale Marktbearbeitung unserer Verbundpartner zu fördern.

Über einen Zeitraum von zwei Jahren erhielten bundesweit alle zweieinhalb Monate 10.000 Adressaten Post von uns. Erfreulich war, dass wir bereits nach der ersten Aussendung eine überdurchschnittliche Response-Quote verzeichnen konnten. Wir gehen davon aus, dass sich der Rücklauf insgesamt nochmals erhöhen wird, da es nach unserer Erfahrung vom Erstkontakt an bis zu zwei Jahren dauern kann, bis der Konsument eine Kaufentscheidung in Sachen Bad trifft."

Durch das Ineinandergreifen von Adressgenerierung seitens WIB und Adressbearbeitung seitens der WIB-Partner wurde das vorhandene Marktpotenzial weitaus effektiver abgeschöpft als mit herkömmlichen Werbemethoden. „Eine überzeugende Form des Mikro-Marketings, bei dem Streuverluste weitestgehend vermieden werden!", so Michael Hoffmann.

**4-seitige Klappkarten:**
Rückansicht

### Vorbildlich:

❶ Gleicher gestalterischer Grundaufbau, der bei jedem Mailing wieder aufgegriffen wird; Vorteile: niedrigere Kosten für die Layout-Gestaltung und hoher Wiedererkennungswert beim Empfänger

❷ Im roten Icon befindet sich stets ein Kundenvorteil (Gewinnspiel oder Gutschein)

❸ Sehr ansprechende Gestaltung mit thematisch passenden Bild- und Farbwelten

Dienstleistungen

**Klappkarten:**
Innenansicht und Rücklaufkarte

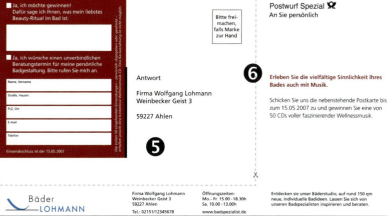

**Vorbildlich:**

- ❹ Hinweis auf spezielle Aktionen in Form eines auffälligen Störers
- ❺ Antwortkarte als Response-Element
- ❻ Erneutes Aufgreifen der jeweiligen Kundenvorteile aktiviert den Leser nochmals zum Ausfüllen der Antwortkarte

## interkey: Marketing-Know-how vom Branchenverband

**Das Unternehmen**

Interkey, der Fachverband für europäische Sicherheits- und Schlüsselfachgeschäfte, hat seinen Sitz im emsländischen Lingen. Er ist Deutschlands ältester Fachverband in der Sicherheitsbranche und in den zurückliegenden Jahren stetig gewachsen.

Interkey wurde 1964 gegründet und gehört als einziger deutscher Verband der Sicherheitsbranche der European Locksmiths Federation (ELF) an.

**Die Ausgangslage**

Zeitgemäße Dienstleistungen anzubieten und die Interessen der Verbandsmitglieder zu vertreten, steht im Fokus von interkey. Über den interkey-Einkaufsprospekt können Waren aus der Beschlags- und Sicherungstechnik zu besonders günstigen Konditionen bestellt werden. Im Bereich Aus- und Fortbildung bietet der interne Arbeitskreis interkey Activ aktuelle Seminare. Die zweimonatlich erscheinende Verbandszeitschrift versorgt die Mitglieder mit Branchen-News. Das Marketingteam bietet den Mitgliedern individuelle Konzepte für deren Kundenwerbung; dazu zählen neben Dialogmarketing unter anderem auch maßgeschneiderte Angebote für die Laden- und Schaufenstergestaltung oder die Unterstützung bei PR-Maßnahmen.

Bis Anfang 2005 nutzte der Fachverband vor allem das Internet und die jährlichen Fachmessen, um seine Mitglieder zu kontaktieren. In einem Dialogmarketing-Seminar des Direkt Marketing Centers (DMCs) Münster lernte interkey-Geschäftsführer Hartmut Wöckener verschiedene Dialogmarketing-Konzepte kennen. Kurze Zeit später beauftragte interkey das DMC Münster mit der aktiven Unterstützung bei geplanten Dialogmarketing-Aktionen sowie mit dem Aufbau einer Händlerplattform für die Mitglieder.

**Die Aufgabe**

Der Verband wollte seine Leistungen rund ums Marketing ausbauen, zudem eine Marketingplattform für die Mitglieder aufbauen und die Eigenvermarktung forcieren. Mit dieser Eigenwerbung sollten potenzielle Neumitglieder über Verbandsleistungen informiert und zu regionalen Informationsveranstaltungen eingeladen werden.

Auch für die Endkundenwerbung der Mitglieder suchte interkey erfolgreiche Lösungen: So sollten Haushalte mit einem besonderen Bedarf an Sicherheit und Gebäudeschutz über die Leistungen der Partner vor Ort informiert werden. Response-Elemente sollten dabei zugleich den direkten Vertrieb von Dienstleistungen und Produkten fördern. All diese Aktivitäten mussten zentral organisiert und gesteuert werden, um den teilnehmenden Mitgliedern direkt verwertbare Lösungen anbieten zu können. Schließlich sollten sie sich auf das Kerngeschäft konzentrieren und im Marketing entlastet werden.

**Die Lösung**

Im Oktober 2005 startete die erste Aktion zur Gewinnung neuer Mitglieder: 3.030 Sicherheitsfachgeschäfte und Schlüsseldienste erhielten eine DIN-A4-Postkarte von interkey. Die Adressen wurden von mehreren Quellen gekauft und nach Abgleich der Dubletten in einer Kundendatenbank zusammengeführt.

Die Karte informierte über die umfangreichen Verbandsleistungen und die direkten wirtschaftlichen Vorteile aus Informations- und Wissensaustausch, Marketingunterstützung und Interessenvertretung gegenüber Wirtschaft und Politik. Zugleich wurden – in Zusammenarbeit mit den DMCs Hamburg, Dortmund, München, Potsdam, Leipzig und Würzburg – kleine Regionalveranstaltungen beworben; hier sollten dann wichtige Neumitglieder aus der Branche gewonnen werden.

Die Aktion war sehr erfolgreich: Die Regionalveranstaltungen besuchten rund 40 Teilnehmer, 15 davon konnten als Neumitglieder gewonnen werden.

Der Erfolg der ersten Akquise-Aktion beschleunigte auch die Umsetzung der geplanten Marketing-Plattform; diese sollte den Mitgliedern jetzt möglichst schnell zur Verfügung gestellt werden.

Die Marketing-Plattform wurde zur direkten Verkaufsunterstützung vor Ort entwickelt. Sie bot – durch Bündelung der teilnehmenden Mitglieder – eine günstige Möglichkeit, auch mit kleineren Auflagen in ausgesuchten Haushalten zu werben.

Die Plattform verfolgte dabei sowohl klassische Werbeziele – etwa die Steigerung von Image und Bekanntheit von Fachbetrieben –

als auch Dialogmarketing-Ziele, bei denen es darum geht, eine unmittelbare und direkte Reaktion der Zielgruppe hervorzurufen.

Das erste Mailing trug die Headline „Ihre Sicherheit liegt in Ihrer Hand" und zeigte das aufmerksamkeitsstarke Bild einer Bergsteigerin, die ihre helfende Hand anbietet. Auf angsteinflößende Bilder wurde ganz bewusst verzichtet. Das Mailing bot neben Informationen rund ums Thema Sicherheit auch einen kostenfreiern Sicherheits-Check und ging an 225.000 ausgesuchte Haushalte in Ein- und Zweifamilienhäusern, Reihen- und Doppelhäusern sowie ländlichen Häusern mit mittlerer bis sehr hoher Kaufkraft. Das Verteilgebiet wurde nach Postleitzahlenbereichen rund um die jeweiligen Standorte der insgesamt 26 teilnehmenden Mitgliederbetriebe selektiert. Namhafte Hersteller von Sicherheitstechnik unterstützten die Aktion mit Werbekostenzuschüssen.

**Das Ergebnis**
Die meisten Teilnehmer waren mit den Ergebnissen sehr zufrieden! Etliche Verbandsmitglieder generierten dank der Aktion neue Aufträge in fünfstelliger Höhe. Außerdem wurde der Verband angesichts des reibungslosen Ablaufs und der günstigen Preise für die Händler äußerst positiv wahrgenommen.

Deshalb wurden im Frühjahr 2007 erneut rund 200.000 teiladressierte Postwurfsendungen Spezial rund um die jeweiligen Standorte der – diesmal insgesamt 24 – teilnehmenden Mitgliederbetriebe verteilt. Dabei wurden das Konzept und die Headline beibehalten; die Postkarte wies lediglich ein verändertes KeyVisual, also ein anderes zentrales Bildmotiv, auf.

Die Aktion sollte sich bei den Mitgliedern etablieren und ein bis zweimal pro Jahr durchgeführt werden. Darüber hinaus startete interkey eine Aktion zur weiteren Stärkung der Position des Verbandes innerhalb der Branche und zur Gewinnung weiterer Mitglieder.

Nach dreijähriger Zusammenarbeit und regelmäßigen Mailing-Aktionen fasste interkey-Geschäftsführer Hartmut Wöckener seine Erfahrungen wie folgt zusammen: „Die Aktionen haben uns in der Entwicklung des Verbands ein deutliches Stück weitergebracht."

**DIN-A4-Postkarte:**
Rück- und Vorderansicht

**Vorbildlich:**

❶ Emotionale Ansprache und Verstärkung durch die Verbindung von Text und Bild

❷ Integrierter Gutschein für kostenlosen Sicherheitscheck als Response-Verstärker

❸ Antwortkarte in Form eines Beratungs-Coupons

Verbände und Vereine

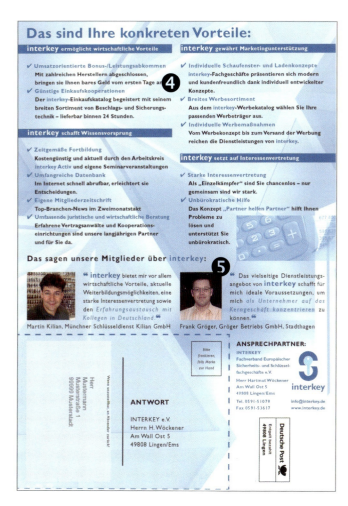

**DIN-A4-Postkarte**
(Verbands-Eigenwerbung):
Vorder- und Rückansicht

**Vorbildlich:**

❹ Alle Vorteile auf einen Blick und durch Fettdruck deutlich hervorgehoben

❺ Aussagen und Fotos zufriedener Mitglieder als Referenzen

## Winzerverein Deidesheim: Spitzenwein + Spitzenmailing = Spitzenerfolg!

**Das Unternehmen**

Der Winzerverein Deidesheim ist aus der Not geboren: Ende des 19. Jahrhunderts befinden sich die Deidesheimer Kleinwinzer in einer Krise. Viele sind durch Missernten und Abhängigkeiten in der Vermarktung ihrer Moste hoch verschuldet. Nur durch die Gründung von Winzervereinen kann diese Notlage beseitigt werden. Am 16. September 1898 konstituieren 45 Winzer in einer Gründungsversammlung den Winzerverein Deidesheim als erste und somit älteste Winzergenossenschaft der Pfalz.

**Die Ausgangslage**

Heute leiten ein innovativer und junger Vorstand und Aufsichtsrat die Geschicke des Winzervereins. Die Optimierung der Weinqualität bei gleichzeitig schonendem Umgang mit Umwelt und Natur steht im Vordergrund aller Aktivitäten. 442 engagierte und erfahrene Mitglieds-Winzer und -Winzerinnen tragen dazu bei. Sie bewirtschaften rund 165 Hektar Weinbergflächen, die, gut geschützt, am Rande des Haardtgebirges liegen und große und (wein-)renommierte Namen tragen: Paradiesgarten, Herrgottsacker, Kieselberg, Grainhübel, Leinhöhle und Mäushöhle in Deidesheim, Ungeheuer und Pechstein in Forst sowie Reiterpfad in Ruppertsberg.

Hier fühlt sich vor allem der Riesling wohl – und darin liegt auch die Stärke des Winzervereins: Gut 67 % der gesamten Rebfläche sind mit dieser begehrten Rebsorte bestockt. Rivaner, Gewürztraminer, Morio-Muskat, Grau- und Weißburgunder runden das Weißwein-Geschmackserlebnis ab.

Mit dem „König der Weißweine" – dem Riesling – genießt Deidesheim einen weltweit ausgezeichneten Ruf. Die klimatischen Voraussetzungen und geografischen Gegebenheiten sind hier für Weine der Spitzenklasse hervorragend.

Die Rotweinklassiker Dornfelder, Spätburgunder und Portugieser haben in jüngster Zeit Gesellschaft bekommen: Internationale Rebsorten wie Merlot und Cabernet Sauvignon gehören mittlerweile zum Standardsortiment.

**Die Aufgabe**

Infolge einer veränderten Marktsituation – unter anderem bedingt durch die Globalisierung der Weinmärkte, ein verändertes Konsumentenverhalten und die soziodemografische Entwicklung – stand der Winzerverein Deidesheim vor einschneidenden Veränderungen in der Kundenkommunikation. Der Winzerverein war deshalb auf der Suche nach effektiven und kostengünstigen Kommunikationskonzepten für Neu- und Bestandskunden.

**Die Lösung**

Im April 2004 nahm Silke Gummels, die Marketingleiterin des Vereins, an der Veranstaltung „Neukundengewinnung mit den Instrumenten des Dialogmarketings" des Direkt Marketing Centers (DMCs) Saarbrücken teil. Außerdem besuchte sie das „Weinforum I", ein Forum, das vom DMC speziell für Winzer, Winzergenossenschaften und Weinhändler entwickelt wurde.

Hier erhielten die Teilnehmer wertvolles Know-how, wie sie Dialogmarketing zielgerichtet und erfolgreich in ihren Unternehmen einsetzen können. In einem Workshop am zweiten Tag wurde ein praxisbezogenes verkaufsorientiertes Mailing von den Teilnehmern selbst erarbeitet. In einem sich anschließenden Weinforum II vertiefte die Marketingleiterin ihr Fachwissen im Bereich Text und praxisorientiertes Telefonmarketing.

Überzeugt von den beiden Foren, beauftragte Silke Gummels dann das DMC Saarbrücken mit der aktiven Unterstützung bei der Entwicklung einer neuen Dialogmarketing-Aktion zur Reaktivierung von Weinkunden. Gemeinsam wurde folgendes Konzept entwickelt:

Rund 8.300 Weinkunden aus der eigenen Kundendatenbank, die seit vier Jahren keinen Einkauf getätigt haben, wurden angeschrieben. Ergänzt wurde die Liste durch Weininteressenten aus der Interessenten-Datenbank des Vereins.

Den Mailing-Empfängern wurden drei Probepakete zu einem ermäßigten Preis angeboten. Response-Verstärker war ein in das Werbemittel integriertes Gewinnspiel. Das Werbemittel bestand aus einer hochwertig gestalteten Postkarte Groß Kreativ mit integrierter Antwortkarte, entwickelt von einer Partner-Agentur des DMCs mit Sitz in Kaiserslautern.

Die Gestaltung der Postkarte Groß Kreativ berücksichtigte die folgenden Kriterien:

- Große, gut lesbare und eingängige Headline, die dem Kunden die beiden Hauptnutzen nahe bringt;
- Formstanzung der Postkarte und emotionale Ansprache durch die Verwendung von großformatigen Landschaftsbildern aus der Region Deidesheim;
- Gewinnspiel als Handlungsverstärker;
- Response-Beschleunigung durch Begrenzung des Angebotes;
- Deutliche Darstellung des Preisvorteils für Besteller.

Die Aktion war derart erfolgreich, dass der Winzerverein Deidesheim im direkten Anschluss eine Folgekampagne startete. Nun sollten bestehende Kunden zum Kauf von fünf verschiedenen Weinen und einem Sekt motiviert werden. Als Response-Verstärker diente die Zugabe eines hochwertigen Kellnermessers für die ersten 50 Besteller.

Als Teilziel wurde die Nutzung der Kundennummer durch den Kunden verfolgt. Hierfür wurde eine personalisierte Vorteilskarte in das Werbemittel integriert, die den Empfängern beim Vorzeigen einen Einkaufsvorteil gewährte. Bestärkt durch den Erfolg der ersten Aktion entschied sich der Verein dabei wieder für die aufmerksamkeitsstarke Postkarte Groß Kreativ.

Bei der Gestaltung dieses Werbemittels legte die Agentur folgende Kriterien zugrunde:

- Kurze, prägnante Headlines;
- Weckung von Emotionen durch großformatige Fotos mit Weinbezug, die die Produktabbildungen begleiteten und einrahmten;
- Response-Beschleunigung durch einen zusätzlichen Vorteil für die ersten 50 Besteller;
- Deutliche Darstellung der Preisvorteile bei ausgewählten Produkten;
- Integration einer heraustrennbaren, personalisierten Vorteilskarte für zwei Überraschungspräsente;
- Vereinfachung des Bestellablaufs durch Antwortkarte mit aufgedrucktem Bestellformular.

Insgesamt erreichte das Mailing 15.000 Kunden mit mittlerer bis hoher Kaufkraft im Raum Hamburg; davon wurden 3.000 Adressen von Post Direkt angemietet.

**Das Ergebnis**

Die Marketingleiterin war mit dem Abverkauf der einzelnen Weinsorten sehr zufrieden; der Abverkauf konnte bei einzelnen Weinen um fast 500 (!) % gesteigert werden. „Der gute Erfolg dieser Maßnahmen hat mich selbst überrascht!", so Silke Gummels im Anschluss an die zweite Kampagne.

Weitere Dialogmarketing-Aktionen, beispielsweise der Preislistenversand, wurden von dem DMC zusammen mit der Partner-Agentur und dem Winzerverein Deidesheim entwickelt und bis zur Abwicklung gemeinsam betreut. Außerdem wurde eine Kundenprofilanalyse erstellt – ein erheblicher Erfolgsfaktor für die Generierung weiterer Neukunden. Zudem wurde für künftige Dialogmarketing-Aktionen über die Einbindung von crossmedialen Maßnahmen nachgedacht.

In der Folge übernahm die Partner-Agentur des DMCs alle Kreativleistungen in enger und stetiger Zusammenarbeit mit den Beteiligten. Die Druck- und Lettershopleistungen hingegen wurden aufgrund ihrer Komplexität durch externe, regionale Dienstleister übernommen.

Verbände und Vereine

**Mailing 1/
Postkarte Groß Kreativ:**
Rück- und Vorderansicht

**Vorbildlich:**

❶ In der Headline optisch hervorgehobene positive Verben und Nomen als Reaktions-Verstärker

❷ Ansprechende Gestaltung mit ästhetischen Bildwelten und ausgefallenem Format

❸ Integrierte Antwortkarte mit Ankreuz-Optionen

Verbände und Vereine

**Mailing 2/
Postkarte Groß Kreativ:**
Vorder- und Rückansicht

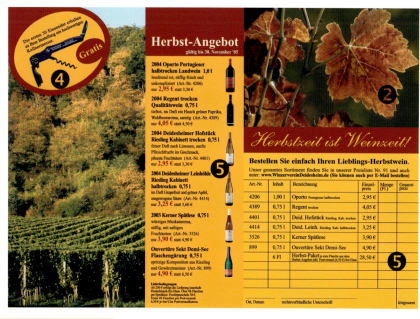

**Vorbildlich:**

❹ Hochwertiges Geschenk als Response-Verstärker

❺ Übersichtliche Darstellung des Angebots mit farblicher Hervorhebung der Preise sowie vorbereitete Bestellkarte

# Anhang

## Quellenverzeichnis

*Bruhn, M., Homburg, C. (Hrsg.)*, Handbuch Kundenbindungsmanagement, 3. Aufl., Wiesbaden 2001

*Deutsche Post DHL*, „Dialogmarketing Deutschland 2009/ Dialogmarketing Monitor", Bonn 2009

*Gerdes, J.*, in: Siegfried Vögele Institut: „Macht sich der Dialog bezahlt?", Bonn 12/2003

*ders.*, a.a.O.: „So macht sich der Dialog bezahlt!", Bonn 12/2003

*ders.*, a.a.O.: „Optimieren Sie den Dialog!", Bonn 05/2005

*ders.*, a.a.O.: „Erfolg im Dialog ist planbar!", Bonn 12/2006

*Giering, A.*, Der Zusammenhang zwischen Kundenzufriedenheit und Kundenloyalität, Wiesbaden 2000

*Hesse, J./Neu, M./Theuner, G.*, „Marketing: Grundlagen", 2007

*Holland, H.*, CRM im Direktmarketing, Wiesbaden 2001

*ders.*, CRM erfolgreich einsetzen, Göttingen 2004

*ders.*, Direktmarketing, 2. Aufl., München 2004

*Kotler, P.*, Marketing Management, 11. Aufl., Stuttgart 2003

*Krafft; M./Hesse, J./Knappik K.M./Peters, K./Rinas, D.*, Internationales Direktmarketing, Wiesbaden 2005

*Lammoth, F.*, Aktion ist gleich Re-Aktion, in: Response, Heft 5, 1990

*Prochazka, K.*, Direkt zum Käufer, 2. Aufl., Freiburg 1990

*Schefer, D.*, Bedeutung, Marktangebot und Qualifizierung von Adressen für die schriftliche Werbung, in: Holland, H. (Hrsg.), Das Mailing, Wiesbaden 2002

*Schwarz, T.*, Grundlagen des Permission Marketing, in: Dallmer H. (Hrsg.), Das Handbuch, Direkt Marketing & More, 8. Aufl., Wiesbaden 2002

*ders.*, „Leitfaden Online-Marketing", Waghäusel 2007 u. 2009

*ders.*, „Leitfaden E-Mail Marketing 2.0",Waghäusel 2010

*Siegfried Vögele Institut*, „Effizienz und Effektivität im Direktmarketing", Königstein/Ts. 2003

*ders.*, „Die Wirkung des Kundendialogs messen", Königstein/Ts. 2007

*ders.*, „ Der Katalog der Zukunft", Königstein/Ts. 2009

*Textor, A. M.*, „Sag es treffender", Essen 2002

*Vögele, S.:* „99 Erfolgsregeln für Direktmarketing", Frankfurt a.M. 2003

*ders.*, Dialogmethode: Das Verkaufsgespräch per Brief und Antwortkarte, 12. Aufl., Landsberg a.L. 2005

## Stichwortverzeichnis

ABC-Analyse  75 ff.
Adressmiete  32 ff.
AIDA-Formel  69
Aktionskosten (pro Bestellung)  85
Augenkamera(-Test)  102 ff.
B2B-Dialogmarketing  64 f.
Blickverlaufsforschung  104 ff.
Business-to-Business  siehe B2B
Corporate Dialogue
   (Corporate Identity/Culture/Design/Communication)  17, 43
CRM  siehe Kundenbeziehungs-Management
Crossmediale Kundenansprache  43, 89
Customer Lifetime Value/CLV  81
Datengewinnung  22
Deckungsbeitrag  84
Dialogmarketing  4 ff.
   Planung (von Dialogmarketing-Aktionen)  23
   Praxis-Tools  101
Dialogmethode  51 ff.
   siehe auch Prof. Vögele Dialogmethode
E-Commerce  (Elektronischer Handel)  87
Effizienz  67
Effektivität  67
Festbestellungen  85
Geomarketing  110 ff.
Integriertes Dialogmarketing  43 f.
Kaufentscheidungs-Prozess  104 ff.
Kaufentscheidungs-Verhalten  68
Kontaktfrequenz  76
Kontrolle (von Dialogmarketing-Aktionen)  66 ff.
Kunden...
   -bewertung  75 ff.
   -beziehungs-Management  39
   -bindung  38
   -portfolio  81
   -wert  75 ff.
   -zufriedenheit  36
Listbroking  siehe Adressmiete
Lokalisierung (von Kunden)  110 ff.
Mailing  46 ff.
   Bestandteile  46 f.
   Gestaltung  49 ff.
   Kosten  83 ff.
   Kurzdialog  52

   Lesevehalten (-schwelle)  54
   testen  70
   texten  47 ff.
   Stichproben  73
Marktforschung  21 ff.
Online-Marketing  86
   Affiliate-Marketing  89 f.
   Bannerwerbung  89
   Communities  91 f.
   E-Mail-Marketing  94 ff.
   Mobile Marketing  89
   Newsletter  94
   Twitter  93
Permission Marketing  63
Prof. Vögele Dialogmethode  siehe Dialogmethode
Regionales Dialogmarketing 110 ff.
Regionales Online-Marketing  110 ff.
Response  12 ff.
   -Anzeigen  61
   -Kurve  70  70 f.
   -Messung
   -Quote  84
   -Statistik  70 ff.
Retouren(-Quote)  84
Sinus-Milieus (Lifestyle-Segmentierung)  28
Telefonmarketing  41
Web 2.0  86 ff,. 90 ff.
   Begriffe (im Web 2.0)  86
   Internetnutzung (Entwicklung)  88
   Suchmaschinen-Optimierung  87 f.
   Usability (Nutzerfreundlichkeit)  87
Werbebrief-Gestaltung  49 ff., 114. ff.
Werbe-E-Mails  94 ff.
   Datenschutz  98
   Double-Opt-in  98
   Einwilligungsklausel  98
   Kopplungsverbot  98
   Rechtsgrundlagen  98
   Spam  98
Werbemittel-Optimierung  107 ff.
Werbesendungen
   adressiert  41
   unadressiert  41
Werbewahrnehmung  102 ff.
Zielgruppen-Segmentierung  27 ff.

## Glossar

**Dialogmarketing-Medien**

Medien, die eine direkte Ansprache potenzieller Kunden mit der Aufforderung zur Antwort enthalten

- Volladressierte Werbesendungen
- Teil- und unadressierte Werbesendungen
- Aktives Telefonmarketing
- Passives Telefonmarketing
- E-Mail-Marketing
- Internetauftritt
- Externes Online-Marketing (Bannerwerbung, Suchmaschinen-Marketing, Affiliate-Marketing, PR/Öffentlichkeitsarbeit)

**E-Mail-Marketing**

Systematischer Versand von Werbe- oder Produktinformationen an (potenzielle) Kunden per E-Mail

**Externes Online-Marketing**

Werbung im Internet für das eigene Unternehmen auf anderen Internetseiten oder in Suchmaschinen außerhalb der eigenen Homepage mittels

- **Display-Werbung**
  Nutzung von Werbeflächen auf nicht-eigenen Websites, z.B. Bannerwerbung
- **Suchmaschinen-Marketing**
  Marketingaktivitäten, die in Zusammenhang mit Suchdiensten stehen
- **Affiliate-Marketing**
  Nutzung von Werbeflächen auf Websites von Partner-Unternehmen. Hierzu werden z.B. Links zur eigenen Website oder Werbebanner auf der Website des „Affiliates" platziert. I.d.R. erhält das Partnerunternehmen eine Provision, wenn über die Vermittlung bzw. Weiterleitung messbare Transaktionen erfolgen.
- **Online-PR/Öffentlichkeitsarbeit**
  Gezielte Platzierung und Beobachtung des Unter-

nehmens im Internet, z.B. in Blogs, Newsgroups, Verbraucherportalen oder Foren
- **Internetauftritt**
  Gigener Internetauftritt bzw. Website/Homepage des Unternehmens

**Klassikmedien**
Medien ohne direkten Dialog zwischen Sender und Empfänger der Werbebotschaft
- TV-Werbung
- Radiowerbung
- Kinowerbung
- Anzeigenwerbung
- Beilagenwerbung
- Plakat- und Außenwerbung

**Medien mit Dialog-Elementen**
- Faxwerbung
- Promotion-Aktionen
- Kundenzeitschriften
- Messen
- Mobile Marketing
- Couponing

**Mobile Marketing**
Kontakt mit der Zielgruppe per SMS. Hierbei kann der Kontakt sowohl vom Kunden zum Unternehmen als auch umgekehrt stattfinden.

**Passives Telefonmarketing**
Systematische Beantwortung der Anrufe von Kunden (z.B. Einrichtung einer Hotline), die durch eine Werbeaktion ausgelöst wurden

**Response-Elemente**
Durch Response-Elemente werden Empfänger aufgefordert bzw. haben die Möglichkeit, unmittelbar auf die Werbung zu reagieren und Kontakt mit dem werbetreibenden Unternehmen aufzunehmen. Folgende Kommunikationswege sind dabei möglich:
- schriftlich
  (z.B. mit einer Antwortkarte oder Coupon),
- telefonisch (z.B. über Servicenummern),
- online (z.B. per Kontaktformular) oder
- per Fax.

**Teiladressierte Werbesendungen**
Werbebriefe, die an eine konkrete Straße mit Hausnummer adressiert sind, jedoch nicht den Namen des Empfängers enthalten.

**Unadressierte Werbesendungen**
Haushaltswerbung, Postwurfsendungen, Prospekt- oder Handzettelverteilung ohne Angabe von Empfänger und Adresse

**Volladressierte Werbesendungen**
Persönlich adressierte Werbebriefe oder Kataloge mit Name und Anschrift